What the hell is quality?

Elisabeth Lack ist Referentin für das wissenschaftliche Leitbild an der Humboldt-Universität zu Berlin.

Christoph Markschies ist Professor für Kirchengeschichte, Leibniz-Preisträger und seit 2006 Präsident der Humboldt-Universität zu Berlin.

Elisabeth Lack, Christoph Markschies (Hg.)

What the hell is quality?

Qualitätsstandards in den Geisteswissenschaften

Campus Verlag
Frankfurt/New York

Das dieser Publikation zugrunde liegende Vorhaben wurde mit Mitteln des Bundesministeriums für Bildung und Forschung (BMBF) unter dem Förderkennzeichen 01 UH 0701 gefördert. Die Verantwortung für den Inhalt dieser Veröffentlichung liegt bei den Autorinnen und Autoren.

Bibliografische Information der Deutschen Nationalbibliothek
Die Deutsche Nationalbibliothek verzeichnet diese Publikation in der Deutschen Nationalbibliografie; detaillierte bibliografische Daten sind im Internet über http://dnb.d-nb.de abrufbar.
ISBN 978-3-593-38749-9

Umschlaggestaltung: Guido Klütsch, Köln
Umschlagmotiv: © iStockphoto.com/kihoto
Redaktion: Annette Zerpner, Berlin
Satz: Marion Jordan, Frankfurt/Main
Druck und Bindung: KM-Druck, Groß-Umstadt
Gedruckt auf säurefreiem und chlorfrei gebleichtem Papier.
Printed in Germany

Besuchen Sie uns im Internet: www.campus.de

Inhalt

3. Haben uns Moden die Qualität verdorben?

4. Wer wird berufen?

5. Publikationsgepflogenheiten und Diskursstile in den Geisteswissenschaften

6. Nach welchen Kriterien vergeben wir Geld?

Einleitung – Das Zauberwort »Standards«

Elisabeth Lack

Eine Tagung zur richtigen Zeit

Als im Frühjahr 2007 die Idee zum Berliner Symposium »Geisteswissenschaften und Qualitätsstandards« und zu dieser Publikation entstand, wirkte der Begriff ›Standards‹ wie ein Zauberwort. Wurde das Projekt einer großangelegten Verständigung über Qualitätsstandards in den (deutschen) Geisteswissenschaften näher erläutert, schien es, als lege sich sogleich eine merkliche Entspannung auf die Gesichter von Forschern, Studierenden, Forschungsförderern, Ministerialbeamten, selbst von Journalisten und Verlegern und bisweilen – aber bezeichnenderweise seltener – auch auf jene der Geisteswissenschaftler selbst. Doch wenn letztere auch anmerkten, dass es sich um ein äußerst komplexes Unterfangen handele, man wohl kaum mit einer festgelegten Maßeinheit für die Geisteswissenschaften, ja noch nicht einmal mit konkreten Ergebnissen aus der Tagung hervorgehen werde, klang durch alle Skepsis und Ironie selbst in diesem Kreis zumindest eine Ahnung davon durch, dass eine öffentliche Verabredung von Standards im Fachkollegenkreis die Geisteswissenschaften eventuell zur Selbstgewissheit von Natur- und Technikwissenschaften aufschließen ließe.

Bei Vertretern der Geisteswissenschaften stellt sich zuweilen der Blick des Ethnologen ein, der auf ihm Unbekanntes, ja essenziell Fremdes trifft. Das geschieht, wenn diese beispielsweise Berichte von Kollegen der Naturwissenschaften über *die* drei *top journals* hören, in denen man genau so und so viele Aufsätze zu platzieren habe, um ein bestimmtes und klar definierbares *standing* zu erreichen, oder wenn sie aufschnappen, dass eine Publikation in den Augen ihres naturwissenschaftlichen Autors (selten ist es nur einer) schon ›fast fertig‹ ist, wenn dieser sie ›nur noch zusammenschreiben muss‹. Die routinierte Einlassung auf Messungen in festgelegten Rhythmen und anhand vereinbarter Instrumente schien aber den einen oder anderen Geisteswissenschaftler im Vorfeld des Berliner Symposiums doch zu reizen, wenn er auch innerhalb seiner Community bislang immer das Gegenteil behauptet haben mochte.

Die Absicht, Experten zu versammeln, um im Fachkollegenkreis Orientierungsgrößen für die Qualitätsmessung von Geisteswissenschaften zu ermitteln und dies unter der weithin geteilten Annahme zu tun, dass für die Geisteswissenschaften nur eine anders gestaltete Form der Qualitätsermittlung als die der Naturwissenschaften nutzbar zu machen sei, flößte in ihrer Solidität Vertrauen ein und war in ihrer Aktualität unmittelbar eingängig. Das Projekt kam zum richtigen Zeitpunkt.

Schließlich hatte sich in den letzten Jahren gleichzeitig und auf verschiedenen Ebenen ein Kontext formiert, der die Zielsetzung des Berliner Symposiums gleichermaßen neu wie dringlich erscheinen ließ. Die Debatte war zwar nicht gerade eben erst in Gang gekommen, aber sie hatte erst jetzt öffentliche Sichtbarkeit entfaltet. Denn nach einer sehr stabilen Phase der dauerhaften Beschwörung ihrer ›Krisenhaftigkeit‹ regte sich in den Geisteswissenschaften plötzlich ein neues, geradezu verwegenes Selbstbewusstsein, vereinzelt äußerte man sich sogar stolz zu Leistung und Originalität deutscher Geisteswissenschaften.

Im Januar 2006 hat der Wissenschaftsrat diese neue Tendenz auf eine solide Grundlage gestellt und in den »Empfehlungen zur Entwicklung und Förderung der Geisteswissenschaften in Deutschland«[1] in deutlicher Abkehr von der chronisch gewordenen Autoaggression der Geisteswissenschaften davon gesprochen, dass deren Leistungen »in einem selbstverständlich gewordenen internationalen Austausch erbracht« werden, »auf vielen Feldern Maßstäbe« setzen und zu den Wissenschaftsbereichen gehören, »die international Ausweis der Kultur- und Forschungsnation Deutschland sind«.[2] Um aber »die Kontinuität der geisteswissenschaftlichen Fächer zu sichern«, gelte es, so der Bericht an

1 Vgl. http://www.wissenschaftsrat.de/texte/7068-06.pdf; letzter Zugriff 27.9.2008.

2 Auch Carl Friedrich Gethmann, Dieter Langewiesche, Jürgen Mittelstraß, Dieter Simon und Günter Stock, Autoren des schmalen Bandes *Manifest Geisteswissenschaften* aus dem Jahr 2005, weisen die Krisenrhetorik der Geisteswissenschaften zurück.

anderer Stelle, eine »Verständigung über disziplinäre Standards« herzustellen, der Bezug auf Standards und Kernkompetenzen schaffe überhaupt erst »die Grundlage, auf der die Vielfalt der methodischen Konzepte sinnvoll entfaltet werden« könne. Parallel zu diesen fachinternen Entwicklungen hatte das allgemeine Schaulaufen der Universitäten in der Exzellenzinitiative des Bundes und der Länder den zunehmenden Wettbewerb um Forschungsgelder in den Jahren 2006 und 2007 nicht nur besonders offensichtlich gemacht, sondern zum ersten Mal auch äußerst öffentlichkeitswirksam exponiert und dabei die Frage nach der Vergleichbarkeit der Wissenskulturen angesichts ihrer unterschiedlichen Fördermöglichkeiten brisant zugeschnitten.[3] Außerdem kam durch die schon seit längerem gestiegene Bedeutung der Drittmitteleinwerbung an den Universitäten ein verstärkter Legitimationsdruck auf die Geisteswissenschaften zu, sowohl nach außen, also gegenüber Forschungsförderern und Zuwendungsgebern, wie auch nach innen, gegenüber den eigenen Hochschulleitungen, die sich zunehmend dem Credo der Profilbildung verschrieben. Zudem schienen die »wissenschaftsstrategischen und wissenschaftspolitischen Auseinandersetzungen über die Evaluationsmethoden«, so Georg Braungart in diesem Band, zum Zeitpunkt des Symposiums bereits tatsächlich zu *dem* Ort geworden zu sein, an dem über den »Status und die Zukunft der geisteswissenschaftlichen Disziplinen« entschieden wurde.

Angesichts dieser Ausgangssituation lag nahe, dass sowohl die Präsentation der Ergebnisse geisteswissenschaftlicher Forschung als auch das Nachdenken über die Überprüfbarkeit ihrer Qualität mit dem Ziel ihrer Sicherung – nicht zuletzt im vom Bundesministerium für Wissenschaft und Forschung für 2007 ausgerufenen »Jahr der Geisteswissenschaften« – zusätzlichen Schwung erhalten würde.

Aus der subkutanen Spannung zwischen neuem Selbstbewusstsein und gewachsenen Anforderungen ergab sich eine große Erwartung an das zweitägige Berliner Symposium am 21. und 22. November 2007. Dessen Ergebnisse liegen heute in diesem Band vor. In sechs Kapiteln

---

3 Vgl. Dieter Borchmeyer, »Unsere Universität ist tot. Ein Nachruf«, *Süddeutsche Zeitung,* 21.10.2006, und Peter Strohschneider, »Die Universität lebt. Warum die Kritik an der Exzellenzinitiative die Lage der Geisteswissenschaften verkennt«, *Süddeutsche Zeitung,* 30.10.2006.

wird das titelgebende Begriffsgespann des Bandes in seiner ganzen Multidimensionalität und anhand der zahlreichen Gebiete, in denen es eine Rolle spielt, gezeigt. Da die Debatte um »Qualitätsstandards und Geisteswissenschaften« noch an ihrem Anfang steht, soll im Folgenden eine möglichst umfassende Einführung gegeben und zugleich ein erster Vorschlag zu ihrer Ordnung unterbreitet werden. Denn die Definition eines Qualitätsbegriffs in den Geisteswissenschaften (Kapitel 1 »Ein Gespräch über Qualität in der geisteswissenschaftlichen Forschung und Lehre«) hat unmittelbare Auswirkungen auf die Möglichkeiten und Grenzen, diese zu messen (Kapitel 2 »State of the Art der Qualitätsbeurteilung geisteswissenschaftlicher Forschung«). Die Methoden der Feststellung von Qualität wiederum müssen bestimmte Spezifika wie wechselnde Theoriemoden identifizieren können und Instrumente entwickeln, sie bei ihrer Bewertung zu integrieren (Kapitel 3 »Haben uns Moden die Qualität verdorben?«). Um adäquat reagieren zu können, sollten beispielsweise Kommissionen in Berufungsverfahren den brillanten theoretischen Neuentwurf vom sinnvollen Anknüpfen an Trends oder vollkommenen Epigonentum unterscheiden können, um auf dieser Basis valide Entscheidungen zu treffen (Kapitel 4 »Wer wird berufen?«). Publikationen, vielfach Monographien, sind in den Geisteswissenschaften die primäre Datengrundlage unter anderem für Berufungen. Fachspezifische Diskursstile und unterschiedliche Verbreitungsmöglichkeiten beeinflussen einmal mehr die Definition ihrer Qualität (Kapitel 5 »Publikationsgepflogenheiten und Diskursstile in den Geisteswissenschaften«). Dass Publikationen das Fundament für Förderentscheidungen der Zuwendungsgeber sind und retrospektiv auch deren Angemessenheit dokumentieren (Kapitel 6 »Nach welchen Kriterien vergeben wir Geld?«), führt schließlich wieder zur Ausgangsfrage nach der Definition von Qualität zurück. Überhaupt bestehen jenseits der hier genannten Zusammenhänge zahlreiche weitere Verstrebungen zwischen den in den Kapitelüberschriften aufgeworfenen Fragen, etwa der Konnex zwischen Moden und Forschungsförderungspolitik oder zwischen geisteswissenschaftlichen Publikationsstilen und der Feststellbarkeit von Forschungsqualität, zumal im Zeitalter der Digitalisierung. Mit der *response*-Struktur des Bandes, worunter die Beleuchtung eines Themas aus zwei unterschiedlichen Blickwinkeln und deren Ergänzung durch einen dritten kommentierenden Beitrag zu verstehen ist, wurde versucht, dieser Vielschichtigkeit Ausdruck zu verleihen. Darüber hinaus wird in den *responses* nicht nur ›geantwortet‹, sondern das Themenfeld durch neue Aspekte weiter verdichtet und seine Mehrstimmigkeit berücksichtigt.

Der vorliegende Band – einige Schlussfolgerungen

Festhalten lässt sich, dass eine Mehrzahl der Autoren für die Geisteswissenschaften Gefahr im Verzug sieht, wenn ihre Vertreter nicht beginnen, die eigene reflexive Kompetenz auf sich anzuwenden und selbst anfangen, über die Bestimmbarkeit ihrer Forschungsqualität nachzudenken. Geisteswissenschaftler sollten nicht länger als »die *Betroffenen*« oder als »mehr oder weniger widerspenstige Datenlieferanten« (Braungart) in einem Spiel auftreten, das »zunächst einmal von den sozialwissenschaftlichen Partnern« definiert wird (Braungart). Die Entwicklung einer für die Geisteswissenschaften spezifischen Bewertungskultur ist gefragt, die der Komplexität ihrer Fächer mit der Aushandlung, Definition und Neudefinition ebenso komplexer Kriterien für die Bestimmung ihrer Qualität begegnet. Ein Prozess, für den dieser Band eine umfangreiche Zusammenstellung zu beachtender Merkmale leistet und dabei nicht nur jene übliche Definition von Qualitätsmaßstäben bereitstellt (Breite der Materialkenntnis, Plausibilität des Urteils etc.), bei der noch jeder, wie Ulrich Herbert bemerkt, »für sich still und befriedigt« konstatieren kann, »wie vortrefflich all diese Kategorien auf das letzte eigene Werk zutreffen«. Stattdessen wird in den fünfzehn Beiträgen dieses Bandes ein Anforderungskatalog an die Kriterienbildung für Qualitätsmaßstäbe formuliert. Welcher Fülle von Anforderungen dieser Katalog zu genügen hätte und welche Herausforderung darüber hinaus eine adäquate Erfassung geisteswissenschaftlicher Forschungsqualität durch »verfahrensmäßig organisierte Qualitätsbeurteilungen« auf der Basis von »Datenkollektionen« (Hornbostel) darstellt, lässt sich an einigen wenigen Beispielen verdeutlichen. Dem breiten und schwer abgrenzbaren Themenspektrum der Geisteswissenschaften wäre durch den Entwurf eines variablen, in sich gestaffelten Sets von Haupt- und Nebenkriterien zu begegnen, die auch das Feld des Unentscheidbaren berücksichtigen; die Bedeutung von Sprache (und damit auch von Nationalsprachen) als

Medium geisteswissenschaftlicher Forschung sollte in der engen Verwobenheit mit ihren Forschungsergebnissen analysiert und Möglichkeiten gefunden werden, dieses Einflussverhältnis abzubilden; die extrem diverse geisteswissenschaftliche Zeitschriftenlandschaft, welche eine hierarchisierende Struktur kaum wiedergeben kann, wäre in eine gewichtete und von verschiedenen Perspektiven sich jeweils auch verschieden darbietende Darstellung zu überführen. Schließlich gilt es, das in den Geisteswissenschaften anders als in den Naturwissenschaften akzentuierte Verständnis von Erkenntniszuwachs offenzulegen und auch hier Kriterien zu entwickeln, die eher die Erweiterung des Erkenntnisraumes bzw. die Koexistenz konkurrierender Erkenntnisse erfassen und weniger auf einen Fortschrittsgedanken im Sinne linearer Höherentwicklung abheben. Insgesamt gilt es, eine Kombination von messenden und beurteilenden Verfahren zu entwickeln.

Die Autoren haben dieser Liste ein Vielfaches hinzuzufügen. Ihr dringlicher Hinweis auf die Frage der Angemessenheit disziplinärer Standards unter dem Signum der Interdisziplinarität, auf die vielfach als Antagonismus verstandene Relation zwischen dem Bemühen, wissenschaftliche Qualität zu erfassen, und dem Anspruch auf nutzenfreie Wissbegier speziell der Geisteswissenschaften oder die Warnung vor der Gefahr der Ressourcenverschwendung bei fortwährender gegenseitiger Leistungsbewertung, schließlich die nicht zu unterschätzenden inhaltlichen Vorbehalte – und nicht nur Idiosynkrasien – vieler Geisteswissenschaftler gegenüber Begrifflichkeiten wie *performance index* sprechen dabei nicht gegen eine Entwicklung von Kriterien, sondern für sie. Wird auch nur die Mehrzahl der Punkte, an denen sich dieser Katalog zu messen hätte, beantwortet, also durch eine die Spezifik geisteswissenschaftlicher Fächer adäquat wiedergebende Merkmalserfassung und anschließend fachspezifisch profilierte Kriterienfindung etwas herausgebildet, das über allgemeinen Minimalkonsens hinausgeht, wäre dies Ausweis des hohen Grades an Selbstreflexion und der Problemlösungskompetenz, gewissermaßen eine Aktualisierung des traditionell von den Geisteswissenschaften beanspruchten Deutungs- und Ordnungsvermögens. Auch im Vergleich zu den Naturwissenschaften, die wie Ulrike Felt argumentiert, bereits »jahrzehntelange Überlegungen und Forschungen zu Arbeits- und Innovationskulturen« ihrer Wissenschaft angestellt haben, ist es spätestens jetzt an den Geisteswissenschaften, sich ihrer »Produktionszusammenhänge« gewahr zu werden, von denen bislang nur »ein recht fragmentiertes und nur punktuelles Verständnis« existiert. Der geisteswissenschaftlichen Community, unter anderem unter Beteiligung ihrer Fachgesellschaften geeignete Arbeitsbedingungen für eine so komplexe Aufgabe der Kriterienvereinbarung zur Verfügung zu stellen, etwa in Form einer intensiven Arbeitsgemeinschaft, die über ein Jahr konzentriert und mit allen Ressourcen – beispielsweise für die Einholung internationaler Expertise – ausgestattet Kriterien für die Leistungsmessung entwickelt und diese in der Folge auch aktuell hält, wäre von den Fördermittelgebern dieses Landes zu erbitten, ja ein solches Projekt ist bereits so überfällig wie großzügige Unterstützung dafür unerlässlich wäre. Die Schweizer Universitäten haben übrigens bereits die Initiative ergriffen und beginnen aktuell eine internationale *Best Practices Review* zu »Leistungsmessung in den Geisteswissenschaften«.

Neben der großen Frage nach der Qualitätsbestimmung geisteswissenschaftlicher Forschung, spielt Qualität aber in vielen Bereichen des geisteswissenschaftlichen Forschungs- und Lehralltags auch in pragmatischerer Hinsicht eine bedeutende Rolle. Genau hier wird dieses Thema aber noch seltener offen angesprochen, vielleicht weil an dieser Stelle die Frage der Qualität nicht einmal mehr vom Nimbus des überaus Komplexen umgeben ist und fehlende Standards hier nur mit größten Anstrengungen als Genialitätsbeweis der Geisteswissenschaften umgedeutet werden können. So sollte etwa die Verabredung von Qualitätsstandards in der Lehre (für Dozenten und für Studierende) nicht wieder separat und erst mit Verspätung bedacht werden, wie in diesem Band abermals eingefordert wird. Auf diesem Weg könnte beispielsweise die »unter Geisteswissenschaftlern stark verbreitete Neigung« überwunden werden, Prüfungen »für etwas dem Geist ganz Unangemessenes zu halten«, weil »jeder Standard *konstruiert*« und deshalb »womöglich nur Ausdruck momentaner Machtverhältnisse, also Ideologie«[4] sei. Doch ist damit leider beiden Seiten nicht geholfen. Die Vereinbarung eindeutiger Kriterien im Vorfeld hingegen würde – vor allem auf den höheren Qualifikationsstufen (Promotion/Habilitation) im *high risk*-Berufsfeld der geisteswissenschaftlichen Universitätslaufbahn – wenigstens ein Min-

---

4 Jürgen Kaube (2006), »Das Mengengerüst des Geistes. Zur quantitativen Bestimmtheit der schönen Wissenschaften«, *Neue Rundschau* 2, S. 9–25, hier: S. 11f.

destmaß an Planungssicherheit gewährleisten. Aber auch Stichworte wie durch Hochschulen etablierte Betreuungsstandards für die Promotionsphase oder eine Langzeitplanung der Forschungsförderer mit Augenmaß und Aufmerksamkeit für die neuralgischen Punkte in akademischen Karrierepfaden – die »unkontrollierte Produktion von Post-Doktoranden« (Herbert) in den zahlreichen jüngst eingerichteten Graduiertenprogrammen ist angesichts des Mangels an Anschlussoptionen ein Teil dieses Problems – sollten in eine ausgeweitete Debatte aufgenommen werden. Schließlich müsste das Qualitätsthema, das sich, wie oben ausgeführt wurde, vor dem Hintergrund der veränderten Hochschule zugespitzt hat, neu interpretiert werden, denn wie an Jürgen Kaubes entgeisterter Frage »Kann man sich Hans Blumenberg als Sprecher eines Exzellenzclusters vorstellen?« abzulesen ist, gilt es für die Geisteswissenschaften, auf neue Gegebenheiten zu reagieren.

Die Beiträge

Ulrich Herbert und Jürgen Kaube stecken in ihrem Gespräch das Panorama ab, vor dem sich die Debatte um Qualitätsstandards in den Geisteswissenschaften entwickelt hat: ein sich überschlagendes Publikationstempo, die ausbleibende oder schwierig gewordene Verständigung über das, was innerhalb einer Disziplin methodisch redlich ist oder nicht und die fragwürdigen strukturellen Rahmenbedingungen – von übervollen Seminarräumen bis zu leeren Dozententaschen.

In ihrem Gespräch verdeutlichen Kaube und Herbert, dass zwischen der Frage nach den Voraussetzungen für qualitätsvolle Geisteswissenschaft auf der einen Seite und der Bestimmung der Ausgangsbedingungen, um überhaupt Kriterien für die Messung dieser Qualität entwickeln zu können, auf der anderen Seite zu unterscheiden ist. So zählen die gestiegenen Betreuungsrelationen in den Geisteswissenschaften oder die unattraktiv gewordene Professorenbesoldung sicherlich zu den Hemmnissen für die Entfaltung wissenschaftlicher Qualität. Dass aber beispielsweise beim Thema Qualität in der Lehre ein »Schweigekartell« (Herbert) herrsche, mache es zugleich auch so schwierig, hier Standards zu vereinbaren. Faktoren wie die »diffuse Produktion« (Kaube) in der

Forschung und Publikationen, die sich kurzfristig nach den jeweils finanzierbaren Forschungsthemen ausrichten (Jürgen Kaube: »Gelder suchen Ideen, nicht Ideen Gelder.«), erhöhen zudem die Unübersichtlichkeit und verringern die Möglichkeit einer soliden Herstellung von Vergleichbarkeit. Wenn beispielsweise abgelehnte Zeitschriftenbeiträge dazu führen, dass deren Autoren neue Zeitschriften gründen (Kaube), werde der inflationäre »Zwang zum Publizieren« zum »Irrweg« der Geisteswissenschaften (Herbert).

Will man nun Standards definieren, müsste in einem Dreischritt das »Bewusstsein vom Stand des Erreichten« (Kaube) in den Geisteswissenschaften hergestellt, ja erst recht ein »Konsens über ihre Gegenstände« erreicht werden (Herbert), um schließlich zu dem vorzudringen, was er als »verbindliche Übereinkünfte« bezeichnet »über das, was man als gute Wissenschaft ansieht«, Vereinbarungen, die er seit den 1960er Jahren in den deutschen Geisteswissenschaften im Schwinden sieht.

Um eine solche Einigung auch in Zeiten enormer »Diversifizierung und Pluralisierung« (Herbert) zu erlangen, wäre das Ziel, über die überall praktizierte informelle Formulierung von Standards hinauszukommen. Wo Jürgen Kaube für das »Lesen als dem primären und irgendwie auch einzigen verlässlichen Verfahren der Qualitätsbeurteilung« eine Lanze bricht, wirft Ulrich Herbert ein, dass die Geisteswissenschaften »an Bedeutung stetig verlieren« werden, wenn sie nicht mittels eines konkreteren »Qualitätsbegriffs« von der »informellen zur expliziten Bewertung« gelangen und dies nicht nur im Rahmen einer eilfertigen Affirmation der Gegebenheiten der neuen »Wettbewerbshochschulen«.

Wie der Kriterienkatalog für eine solche hinreichend differenzierte Bewertung, die über »rein quantitative Auszählungsverfahren hinausgeht«, auszusehen habe, deutet Herbert stichwortartig an, indem er sich auf die besonderen Spezifika der Geisteswissenschaften bezieht, denen in einem solchen Katalog Rechnung zu tragen sei: die »Bedeutung der Einzelforschung«, die »individuelle statt arbeitsteilige Forschung«, die »Bedeutung der archivalischen, lexikalischen und editorischen Wissensspeicherung«, die »Pluralität der Methoden«, die »Vielfalt der Gegenstände« und die »Bedeutung von Sprache und künstlerischer Gestaltung«. Die geisteswissenschaftlichen Disziplinen sollen auf diesem Weg überhaupt in die Lage versetzt werden, innerhalb ihres Faches »belastbar zu kommunizieren« und ihre »Neuerungen, auch Qualitätssprünge, zu bemerken«. Dabei geht es nicht darum, ein »neues Zeitalter der Begrenzungen« zu betreten, sondern im Gegenteil um die Möglichkeit, anhand eines genaueren »Qualitätsbegriffs« auch die »Sprengung desselben« zu provozieren.

Das »Recht auf angemessene fachspezifische Bewertungskriterien« der Geisteswissenschaften klagt auch *Stefan Hornbostel* ein, an dieser Stelle Peter Strohschneider zitierend. Im Unterschied zu Jürgen Kaube und Ulrich Herbert sieht er jedoch die Ursache für die enorme Verspätung der Geisteswissenschaften bei der Entwicklung eines datenbasierten »Reflexionswissens« über sich selbst in deren »tief sitzendem Unverständnis gegenüber jeder Form symbolischer Repräsentation von Sachverhalten« begründet. Für ihn ist diese Verzögerung der »nostalgischen Erinnerung an die verloren gegangene Möglichkeit einer synthetisierenden geisteswissenschaftlichen Klammer um die disziplinären Ausdifferenzierungen der modernen Wissenschaft« geschuldet und gebunden an »verschwörungstheoretische Politisierungen, die sich gegen jeden rationalen Diskurs immunisieren«. Nach Hornbostel verfügen die Geisteswissenschaften über keine verbindlichen Qualitätsübereinkünfte, sie hätten also keine, noch nicht einmal eine »einigermaßen konsensuale Vorstellung« davon, was als »wissenschaftliche Leistung angesehen werden soll«. Er stützt diese Feststellung allerdings mit gänzlich anderen Mitteln als Kaube und Herbert und stellt weniger die Möglichkeit einer Kriterienvereinbarung in Frage, als anhand der einschlägigen, im Rahmen von Forschungsevaluationen berücksichtigten Faktoren aufzuzeigen, wie lamentabel die Datenlage in den geisteswissenschaftlichen Fächern sei und wie wacklig sich das Fundament für »verfahrensmäßig organisierte Qualitätsbeurteilungen« der Geisteswissenschaften darstelle. In einer *tour d'horizon* durch die gängigen Bewertungsmaßstäbe für Forschungsleistung, von »bibliometrischen Standardverfahren« über »Drittmittel«, »Nachwuchs« und »Transfer« bis hin zu »Input und Strukturdaten«, führt Hornbostel aus, dass bislang auf allen Ebenen eine »Konstruktion aussagekräftiger Indikatoren« problematisch sei. Diese Schwierigkeiten seien aber eben nicht allein von der besonderen Komplexität der geisteswissenschaftlichen Forschung abzuleiten, so Hornbostels zentrales Argument. Anhand der bibliometrischen Standardverfahren führt er exemplarisch aus, dass es der »geringe Erfassungsgrad, der Sprachbias, die Nicht-Berücksichtigung von Monographien und Sammelbänden, die Fragmentierung der Kommunikation in den verschiedenen Communities, der unklare Status populärwissenschaftlicher und ›grauer Literatur‹ und die vergleichsweise kleine Zahl statistisch analysierbarer Einträge« seien, die eine quantitative Erfassung und in der Folge auch qualitative Leistungseinschätzung so schwierig machten. Seine Sicht auf die Folgen einer fehlenden Datenbasis skizzierend, deutet Hornbostel an, dass die Geisteswissenschaften »gegenüber den Naturwissenschaften auf allen politischen Ebenen ins Hintertreffen geraten«, weil es ihnen »an einer wichtigen Quelle für Selbststeuerungs- und Reflexionsprozesse mangele«, und regt im Anschluss an, »aussagekräftige Indikatoren zur Forschungsbewertung in den Geisteswissenschaften und belastbare, langfristige Datenkollektionen zu verschiedenen Leistungsdimensionen« zu entwickeln. Um nicht »mit viel Ressourceneinsatz inkompatible Datenbestände mit unterschiedlichsten Definitionen« zu schaffen, müsse dies auf europäischer Ebene geschehen.

Claire Donovan gibt einen aktuellen Praxisbericht über ihre Erfahrungen mit der Beurteilung geisteswissenschaftlicher Forschungsqualität speziell in Australien, einem Land, in dem Evaluationsforschung bereits über Jahrzehnte als Disziplin gewachsen ist und die Finanzierung der Universitäten wesentlich über Evaluationen gesteuert wird. Anders als Stefan Hornbostels Bestandsaufnahme der gegenwärtigen deutschen Evaluationsforschung kann Donovan also nicht nur den Prozess der Entwicklung, sondern auch den der Implementierung von Indikatoren für Forschungsqualität retrospektiv beschreiben und dies anhand der »radikalsten Schwankungen nationaler Forschungsevaluationen der letzten Jahre«.

So führte beispielsweise der Versuch, eine Rangliste bedeutender Fachzeitschriften in einem bestimmten geisteswissenschaftlichen Fachgebiet aufzustellen – nach Hornbostel eine der Vorbedingungen, um geisteswissenschaftliche Forschung erfassen zu können –, in Australien jüngst zu einem Aufruhr in der Community und schließlich zum Scheitern des Vorhabens. Die Haupteinwände aus der Wissenschaft lauteten, »zum Fetisch erhobene Ranglisten« würden »neu entstehenden Disziplinen und Zeitschriften vorzeitig den Garaus machen« und sich »der Konkurrenzdruck, in auf den Ranglisten vorne stehenden Zeitschriften zu veröffentlichen, negativ auf die Entwicklung von Forscherkarrieren auswirken«. Bevor Donovan erläutert, wieso dieser Konflikt »beispielhaft für die Interessengegensätze von Regierung, Forschungsmanagement und Wissenschaft – jenen Akteuren, die in den letzten etwa zehn Jahren Bestrebungen zur Evaluierung der Qualität der geisteswissenschaftlichen Forschung vorangetrieben haben« ist, bringt sie drei Kernelemente der Debatte um die Entwicklung von Indikatoren für geisteswissenschaftliche Forschungsqualität auf den Punkt: die Breite und Heterogenität des geisteswissenschaftlichen Themenspektrums, die allgemeine Abhängigkeit einer Definition von Forschungsqualität von »sozialen und kognitiven Faktoren« und »der Art ihrer Erhebung« sowie schließlich den Einfluss der »konkurrierenden Ansprüche von Regierungen, Universitäten, Forschungsmanagern und verschiedenen akademischen Disziplinen« auf die Entwicklung von Evaluationsmethoden. In einem Überblick über neuere Trends in der Qualitätsevaluation und einer Diskussion ihrer jeweiligen Vor- und Nachteile zeigt Donovan auf, inwiefern die dahinterstehenden Ansprüche interessengeleitet und einander oftmals völlig entgegengesetzt sind, und wie sich in Australien nach einem ständigen Hin und Her der letzten Jahre zwischen verschiedenen Evaluationssystemen jetzt ein *»ausgewogener Ansatz«* abzeichnet, ein »Amalgam von *objektiven* Maßnahmen«, die einer »Mediation von Expertenmeinungen aus der Wissenschaft unterworfen werden«. In Bezug auf die Kriterienbildung für die Evaluation geisteswissenschaftlicher Forschung kommt Donovan allerdings zu einem provokanten Schluss: »Geisteswissenschaftler könnten sich die Frage stellen«, ob sie »ruhiggestellt werden sollen, um hinzunehmen, dass die Geisteswissenschaften derzeit mit ungeeigneten Methoden bewertet werden«. Hinsichtlich der Entwicklung und Ausgestaltung geeigneterer Methoden in Deutschland rät Claire Donovan von einer »Einheitslösung« ab und gibt den Hinweis, dass die Geisteswissenschaften »von solchen Evaluationsverfahren profitieren, die *peer review*, kontextbezogene Ansätze, neuartige disziplinenspezifische Metriken und einen um den öffentlichen Nutzen erweiterten Begriff von Forschungs-*impact* miteinander verbinden«.

Georg Braungart konfrontiert die Beiträge Donovans und Hornbostels mit weiteren Beweisen geisteswissenschaftlicher Heterogenität, beispielsweise der Relativität von »Zitierhäufigkeiten«, die er nicht allein im Mangel an Datenbeständen begründet sieht, oder dem Kriterium Drittmitteleinwerbung, das, so Braungart, »die Qualität des Forschungsmanagements, nicht eigentlich der Forschung« messe. Auch den Anspruch, eine fächerübergreifende Vergleichbarkeit zu erreichen, hält er für eher abwegig: »Wie kann man die Leistungen eines Kardiologen und eines Kodikologen miteinander vergleichen? Und warum sollte man es auch?« Für Braungart sind jedoch »Relativismus und Defätismus« keine Antwort auf die Frage nach der Qualitätssicherung in den Geisteswissenschaften. Ganz im Gegenteil, er votiert ähnlich wie Donovan für eine »Kombination (oder auch Kompromißbildung)« zwischen den »Methoden des Messens (*scientometrische* Methoden) und *weicheren* Verfahren des Beurteilens (*peer reviews*)«. Nicht nur am Beispiel der Drittmitteleinwerbung zeigt Braungart allerdings auf, dass die »Unterscheidung von *objektiven*, datenbezogenen Methoden einerseits und qualitativen Verfahren andererseits« gar keine »echte Disjunktion« darstelle.

Dieses Analyseergebnis könne bereits als erstes Beispiel für die neue Rolle der Geisteswissenschaften dienen, die für Braungart in »einer offensiven Beteiligung an der Diskussion um Rankings, Evaluation, Exzellenz und Standards« bestehen sollte. Nicht vom »Nachholbedarf« der Geisteswissenschaften in der Evaluationsdebatte sei zu sprechen, die »methodologischen Verunsicherungen«, die Donovan und Hornbostel in ihren Aufsätzen benennen, seien vielmehr Beispiel dafür, »dass die Frage der Qualitätsbestimmung in den Geisteswissenschaften – mehr als in anderen Disziplinen – fundamentale Probleme ihrer erkenntnistheoretischen Grundlagen tangiert« und sie aus diesem Grund eine »Figur des abgewiesenen Relativismus bei gleichzeitige Ablehnung falscher Objektivitätsideale« herausgebildet hätten. Eine Erkenntnis, die für Forschungsmessung allgemein nutzbar zu machen wäre. Hier stehe eine genuin geisteswissenschaftliche Expertise zur Verfügung, auf deren Grundlage einmal auch die naturwissenschaftlichen Disziplinen – in einer »Umkehrung der Fragerichtung« – mit dem »Mythos der Quantifizierbarkeit und der harten Methodik in der Forschungsevaluation« konfrontiert werden sollten. Vor allem aber gelte es, eine »Evaluation zweiter Stufe« einzuleiten, in der die »Qualität der Qualitätssicherung« gewährleistet wird, nicht jedoch wenn »die Evaluations-Forschung teurer wird als die evaluierte geisteswissenschaftliche Forschung selbst«.

Mit der provokanten titelgebenden Frage des dritten Kapitels setzt sich der Beitrag von *Erika Fischer-Lichte* auseinander und fragt einerseits, ob sich der Modebegriff, wie ihn Georg Simmel bestimmt hat, sinnvoll auf die Entwicklungen in den Geisteswissenschaften übertragen lasse, und andererseits, ob diese denn »vor dem Auftreten derartiger *Moden schön* und *rein*« waren, das heißt, ob sie einst »über hohe Qualitätsstandards verfügten, die ihnen nun durch derartige *Moden* verdorben wurden«. Am Beispiel der semiotischen Theoriebildung und der Performanztheorien betont Fischer-Lichte, dass man hier keinesfalls von Moden sprechen könne. Was beide Fälle davon unterscheide, sei ihre besondere Leistung, zu einer bestimmten Zeit ein auf neue »Frage- und Problemstellungen ausgerichtetes heuristisches Instrumentarium bereitzustellen« und »aufgrund dieser neuen Perspektiven den Geisteswissenschaften ganz neue Forschungsobjekte und -felder zu erschließen«. Allgemein sei Ausweis der Ernsthaftigkeit jeder wissenschaftlichen Auseinandersetzung mit Theorien, wenn es erlaubt ist, deren »Plausibilität zu erschüttern« und jenseits von Proselytentreue »Inkonsistenzen in ihnen nachzuweisen«. Für die Einschätzung einer Theorie als Mode spräche hingegen, wenn diese »nach einer gewissen Zeit als *outmoded* stigmatisiert, in toto verworfen und durch eine neue, angeblich wiederum allein seligmachende, nämlich alles erklärende Theorie ersetzt wird«, die ihre »sektiererischen Anhänger« erneut »wie ein Dogma gegen jegliche Kritik zu immunisieren suchen«.

Die zweite Frage, ob nämlich die Geisteswissenschaften vor den 1960er Jahren etwa durch höhere Qualitätsstandards geprägt gewesen seien, beschreibt Fischer-Lichte ebenfalls als »unzutreffend gestellt«, schließlich sei es »allein die Anwendung der Theorie in einer methodisch gesicherten Prozedur, die über die Qualität entscheidet: *The proof of the pudding lies in the eating*«, und so könne »nicht die Rede davon sein, dass die neuen Theorieentwicklungen uns eine vorher garantierte Qualität verderben«.

Gegen Ende ihres Beitrags verdeutlicht Fischer-Lichte, dass diese neuen Theorieentwicklungen »rasanten gesellschaftlichen Veränderungen geschuldet« seien. In ihrem Versuch, »Antworten auf Probleme zu geben, die durch die Veränderungen entstanden sind«, müssten sie sich transdisziplinär ausprägen, was den komplizierten und immer neu zu vollziehenden Prozess einer »Verständigung über die Qualitätsstandards, von denen auszugehen ist« erforderlich mache, aber auch Garant für deren Weiterentwicklung und Aktualität sei.

Unternimmt Erika Fischer-Lichte eine Analyse des Terminus Mode, versucht sich *Christoph Markschies* der Fragestellung dieses Kapitels über den Begriff der Qualität zu nähern, wie ihn Aristoteles definiert hat. Dessen Bestimmung mache in vier zum Teil gegensätzlichen Typen auf besonders plastische Weise anschaulich, dass »Qualität offenkundig nichts Statisches ist«. Dies drücke sich auch in der Schwierigkeit aus, Qualität zu erklären und zu definieren, obgleich man ihrer sicher ist, gemäß Augustinus' berühmtem Paradox: *Wenn mich niemand danach fragt, weiß ich es; will ich es einem Fragenden erklären, weiß ich es nicht.* Aus dieser besonderen »Verquickung von fundamentaler Unklarheit wie basaler Klarheit in Zeiten, da ein unreflektiertes *Höher, Schneller, Weiter* den Takt der Entwicklung deutscher Universitäten anzugeben droht«, resultiert für Markschies »ein hohes Risiko für die Geisteswissenschaften«. Um dieses Risiko der Verdrängung geisteswissenschaftlicher Fächer im inneruniversitären Wettbewerb wie das der Qualitätseinbuße geisteswissenschaftlicher Forschung durch florierende Moden näher zu beschreiben, reagiert Markschies ähnlich wie Fischer-Lichte mit einer Umstellung der Fragestellung: »Die Frage muss umformuliert werden in *Welche Moden haben uns wo die Qualität verdorben?*«

Anders als Fischer-Lichte bezeichnet Markschies aber anhand der »Wenderhetoriken« der verschiedenen *cultural turns* in den Geistes- und Kulturwissenschaften bestimmte theoretische Strömungen durchaus als Moden, denn ihr »beständiger Wechsel unterschiedlicher Neuorientierungen« (die er der Definition Bachmann-Medicks folgend *experimentell* und *nicht-fundamental* nennt) separiere sie »von wirklichen wissenschaftlichen Revolutionen« und markiere sie als Moden. »Fundamentale Revolutionen im Sinne einer Dauerhaftigkeit und Ausschließlichkeit«, wie beispielsweise im *linguistic turn* verwirklicht, unterschieden sich hiervon kategoriell, so Markschies, interessanterweise an dieser Stelle dasselbe Theoriebeispiel aufrufend wie Fischer-Lichte, allerdings auf anderem Wege hergeleitet. Am Beispiel der Berliner Arbeitsgruppe »Die Welt als Bild« an der Berlin-Brandenburgischen Akademie der Wissenschaften macht Markschies dann deutlich, wie die Theoriebewegung des *iconic turn* in der Arbeit dieser Gruppe auf vielen Ebenen nutzbar gemacht werden konnte, ja er betont, dass sich das ganze Projekt »erkennbar den Anregungen des *iconic turn* verdankt«. Zugleich sei dabei allerdings bisweilen »das Kerngeschäft der Kunsthistoriker«, die Bildanalyse präzise zu betreiben, Gefahr gelaufen, ganz aus dem Blick zu geraten. Wirkliche Innovation setze das rechte Gleichgewicht von Modebewusstsein und Moderesistenz voraus, schließt Markschies seinen Beitrag.

Wolfgang Kemp fügt den Beiträgen von Erika Fischer-Lichte und Christoph Markschies eine bissige Philippika gegen jene Annahme »oberster Qualitätshüter« hinzu, die Qualität der Universität hinge von der Qualitätssicherung ab. Dagegen setzt er seine These: »Nicht die Moden, sondern die Mode, Qualität institutionell bestimmen und fördern zu wollen, habe uns die Qualität verdorben«, weil »Qualitätsmanagement heute mehr gilt als Qualitätsproduktion«. Neben dieser Kritik an aktuellen Tendenzen in der Allokation von Hochschulmitteln nimmt Kemp das Problem der Moden noch in einem weiteren Bereich von einem abweichenden Blickwinkel aus in den Blick: Weniger *Scholarship's Next Topmodel* solle uns beschäftigen, also jene kleineren Forschungstrends, die kontinuierlich entstehen, sich ablösen und verlöschen, sondern die »viel wirksameren Megatrends« der Forschung, wie sie beispielsweise in den weitreichenden Entscheidungen für »Gruppen- und Großforschung und gegen Einzelforschung, für Interdisziplinarität und gegen Disziplinarität, für Institutionalisierung und gegen Charismatisierung« zum Ausdruck kommen. Diese »Megatrends stehen immer im Bündnis mit den Mächten, den Zuwendungsgebern, wie sie sich so schön nennen«, basieren die Kriterien für deren Auswahl und Unterstützung doch auf nur »scheinbar zeitlosen Moden der Entscheider«. Sind deren Entscheidungen einmal getroffen, verfestige sich »ein sich selbst bestätigendes und steigerndes System«, »das nach dem Prinzip ›Der Teufel scheißt immer auf den größten Haufen‹« operiere. Werde dieses Forschungsförderungssystem und in der Folge auch Evaluierungssystem endgültig auf die europäische Ebene und in eine zentrale Institution überführt, wird sich dieser »Vielfraß«, so Kemp, »an den Megatrends mästen« und »Qualität endgültig in messbare *items* überführen«. Eine Perspektive auf die Etablierung international vergleichbarer Messgrößen für geisteswissenschaftliche Forschungsevaluation, die Wolfgang Kemp wohl in genau dem gleichen Maße abwegig erscheint, wie sie beispielsweise für Stefan Hornbostel ein Desideratum darstellt.

Das vierte Kapitel wirft Licht auf einen Aspekt von Qualitätsstandards in den Geisteswissenschaften, über den selten gesprochen wird und über den wir, so *Christine Färber*, »trotz der großen Bedeutung für die Institution«, auch wenig wissen: Standards in Berufungsverfahren. Ausgehend von der Beobachtung, dass für die meisten Bewerberinnen und Bewerber auf Professuren die Verfahren »eine Black Box« sind, »intransparent, unkalkulierbar und willkürlich«, führte Färber im Rahmen eines vom Bundesministerium für Bildung und Forschung geförderten Projekts unter anderem eine qualitative Interviewstudie durch, »in der sich ein Muster herauskristallisierte, wie Qualität im Verfahren konzipiert wird und wie Bewerberinnen und Bewerber an den Qualitätskriterien gemessen werden«. Dabei eignete sich die »Chancengleichheitsdimension *Geschlecht*« sehr gut, um, so Färber, in der Studie »herauszuarbeiten, wie leistungsfremde Kriterien in die Auswahl der Kandidatinnen und Kandidaten eingehen«, und diese Kriterien hier auf »Qualitätskriterien und Passfähigkeitsdimensionen« der Berufungsverfahren in den Geisteswissenschaften zu beziehen. In einer ersten Passage über »die Festlegung der Qualifikationskriterien« schildert Färber Berufungsverfahren als »Immunisierungsprozesse gegen Nicht-Favoriten«, in denen die Entscheidungen im informellen Umfeld der Verfahren fallen: »*Das eigentliche Geschehen spielt sich außerhalb der Kommissionssitzung ab.*« Ausgehend von den »Qualifikationskriterien im Verfahrensverlauf« beschreibt Färber dann das Auswahlverfahren als »langwierig, vielstufig und komplex«. Zudem weise es Lücken auf, so sei es beispielsweise »nicht möglich, von allen Personen die Publikationen zu lesen«. In einem Überblick beschreibt Färber die Gewichtung der verschiedenen Faktoren für die »Bewertung der Forschungsleistung« von der Rolle der »Habilitation, Publikationen und Projekten« über »Vorträge, Kooperationen und Konferenzorganisation«. Färber kommt hier zu dem Schluss, dass häufig »formal gleiche Leistungen unterschiedlich bewertet« werden, und bezieht sich wiederholt auf die in den Interviews geäußerten Marginalisierungen von Frauen in Berufungsverfahren, beispielsweise im Feld der Mitteleinwerbung: »Hat eine Frau nicht genug Drittmittel, hat sie zu wenig, hat eine Frau viele Drittmittel, forscht sie zu breit«. Aber auch die

»Beurteilung der Persönlichkeit und Passfähigkeit« der Kandidaten spiele eine entscheidende Rolle, bei der häufig zu »Hilfskriterien« gegriffen werde. Färber schreibt: »Die Versuche der Berufungskommissionen, Schlüsselqualifikationen im Gespräch abzutesten, sind eher unqualifiziert, überschreiten Grenzen, sind verletzend und erfassen die falschen Merkmale«. Die »Passfähigkeit« des Bewerbers sei hier ein Hauptkriterium, sie werde aber zumeist »nicht über fachliche Leistung, sondern über einen als Leistung interpretierten fachspezifischen Habitus hergestellt«, den Färber in den Geisteswissenschaften durch eine betonte »Praxisferne«, die »Liebe zum abgelesenen Vortrag« und den »Verzicht auf Visualisierung« hergestellt sieht. Die Bedeutung der sozialen Passfähigkeit und die Rolle von *doing gender* untersucht Färber unter anderem auch in Bezug auf die Rolle des Lebensalters: »Jugend ist für Frauen fast immer ein Handicap, bei Männern kommt hier eher die Genialitätsunterstellung zum Tragen« und anhand der Bedeutung von Elternschaft. Dem »Muttersein«, so Färber, hafte »etwas Körperliches an, was in den Geisteswissenschaften als Antagonismus zum vergeistigten Genie gewertet wird«. Färber resümiert: »Der Stellenwert des Privaten bei der Entscheidung der Berufungskommissionen ist hoch«, die »Ausgestaltung der Berufungsverfahren« sei in Deutschland »im internationalen Vergleich besonders benachteiligend gegenüber Personen, die nicht nach hegemonialen Sozialkriterien passfähig sind«. Sie empfiehlt, die Verfahren »in Bezug auf Transparenz, Zügigkeit, wertschätzenden Umgang, die Zusammensetzung der Berufungskommission, die Kommissionsleitung und die Festlegung der Kriterien einem gleichstellungsorientierten Qualitätsmanagement« zu unterziehen und entlang dieser Kriterien bestehende Berufungsleitfäden zu modifizieren. In Bezug auf die Berufungsverfahren der Geisteswissenschaften schließt Färber, »Offenheit und Pluralität« seien hier noch viel zu wenig Gegenstand der »Auseinandersetzungen um Qualität«.

Margret Wintermantel betont, dass »den Berufungen und damit auch der Ausgestaltung der Berufungsverfahren zentrale Bedeutung für die Leistungsfähigkeit der Hochschulen zukommt und sie mit größter Sorgfalt zu behandeln sind«. Vor dem Hintergrund der Veränderungen zum Ende des letzten Jahrhunderts »von der alimentierten zur wettbewerbsgesteuerten Hochschule« habe man an den Universitäten begonnen, den

»Blick für ihre Leistungsträger zu schärfen und deren Zahl zu erhöhen«. Um in bestimmten Fächern »jeweils eine kritische Masse als Voraussetzung für das Bestehen im Wettbewerb« aufzuweisen, seien die Universitäten in den Prozess der Profilbildung eingetreten, Berufungen und Neuberufungen von Professoren und Professorinnen hätten sich dabei zum »zentralen strategischen Instrument« entwickelt, wobei eine Fehlentscheidung hier »eine Fehlinvestition in Millionen-Euro-Höhe« bedeute. Dennoch vermerkt Wintermantel, dass »unseren Berufungsverfahren gravierende Mängel anhaften«, und erörtert deren notwendige Reform in Bezug auf die Ebene »operativer Autonomie« und den »Zusammenhang von Strategieentwicklung und Profilbildung« der Hochschule. Wintermantel begrüßt zum einen, dass »die Länder vielfach das Berufungsrecht auf die Hochschulen übertragen haben«, und spricht sich zum anderen dafür aus, dass die Hochschulleitungen in Berufungsverfahren »stärker als in der Vergangenheit mitwirken können«. Im Zuge der Profilbildung sei ihnen »die Rolle einer Herrin des Verfahrens und nicht nur die einer Kontrolleurin oder Beobachterin des Verfahrens zuzubilligen«. In der Folge erörtert Wintermantel eine Reihe von problematischen Faktoren, beispielsweise in Bezug auf die »unzureichende Beteiligung von Frauen«, die ein »Effizienz- und Exzellenzdefizit für den Hochschulbereich« darstelle, und gibt Empfehlungen, etwa »das Verfahren der wissenschaftlichen Begutachtung von Verhandlungen – auch informeller Art – mit den ausgewählten Personen zu trennen« und »die langen Berufungsverfahrenszeiten dringlich zu verkürzen«. Auch die »finanziellen Anreize« gehören zu den Rahmenbedingungen von Berufungsverfahren, so könnte die W-Besoldung »zu einer Benachteiligung der Geisteswissenschaften« geführt haben, da es hier nicht einen »Markt« gebe wie in anderen Fachdisziplinen, um hoch dotierte Gehälter aushandeln zu können. Wintermantel wirft aber auch einen Blick auf die »Voraussetzungen, die erfüllt werden müssen, um die Berufungsfähigkeit zu erlangen«, und beklagt hier insbesondere »das Fehlen von konkreten und transparenten Qualifikationsanforderungen« und die »dem System immanente Unsicherheit des Arbeitsplatzes«. Nichtsdestotrotz beschließt Margret Wintermantel ihre Ausführungen mit einer *conclusio*, welche die Fragestellung vornehmlich aus der Perspektive der Wettbewerbsfähigkeit der Hochschulen in den Blick nimmt: »Insgesamt kann man deshalb feststellen, dass die Instrumentarien eigentlich vorliegen, dass die Hochschulen den Wettbewerb um die besten Nachwuchswissenschaftler und Nachwuchswissenschaftlerinnen überwiegend bestehen können.«

Ute Frevert wählt eine betont subjektive Perspektive für ihren Beitrag, nämlich den Blick auf die eigene Forschungsvita, und resümiert: »Wenn ich richtig zähle, habe ich mich nach der Habilitation, also in den letzten achtzehn Jahren, auf sechs Professorenstellen beworben.« Auf Grundlage der Erlebnisse »als Bewerberin vor deutschen Kommissionen« berichtet Frevert von ihrer einstigen Rolle als Habilitandin, der in den Augen der Kommission wie der »Gänseliesel unverdientes Glück widerfahre«, und beschreibt, wie mit ihrer späteren Mitgliedschaft in Berufungskommissionen die Kenntnisse über die Bedeutung, die »taktisches Geschick bis hin zur Intrige« in diesen Verfahren haben, zunahmen. Kritik übt Frevert aber auch »an der *anderen Seite*«, den erstplatzierten Kandidaten, die sich bisweilen »enorm viel Zeit« nehmen, um »nachzudenken, zu prüfen, zu verhandeln«, und so die Zweitplatzierten beeinträchtigen, aber sie vermeldet auch »Positives« in der »*Frauenfrage*«, etwa dass »männliche Kollegen in punkto *gender bias* über die Jahre sehr viel offener und reflektierter geworden sind«. Der Schwerpunkt von Freverts Erfahrungsbericht liegt allerdings auf ihrer Zeit als *full professor* in Yale. Hier wird der gesamte Prozess dieses Berufungsverfahrens vorgestellt, der mit der ersten E-Mail des *search comittee*, der Nachfrage der amerikanischen Verwaltungsstelle nach den Reisewünschen und dem Limousinendienst am Flughafen seinen Anfang nahm und über einen vorab versendeten Verlaufsplan, diverse *dinners*, Fragerunden und der Unterbreitung eines Angebots von Karriereoptionen für den Partner schließlich in einem »*We want you*« mündete. Neben diesen Annehmlichkeiten betont Frevert aber vor allem den hohen Grad an Formalisierung und damit an Vergleichbarkeit der US-amerikanischen Berufungsverfahren, sie lobt deren definierte Anforderungen an die Begründungen für getroffene Voten, insgesamt also die hohe Qualität des Auswahlverfahrens, unter denen nicht einmal die Atmosphäre leide, denn amerikanische »Universitäten nehmen sich ungleich mehr Zeit und verwenden viel mehr Mühe darauf, Professoren zu rekrutieren – und zwar auf allen Ebenen«. Auf diesem Wege entstehe »die Bereitschaft zur Identifikation« mit der Universität, und gleichzeitig stelle sich bei dem Kandidaten die Erfahrung von »Wertschätzung« ein.

Die schlichte Aussage »Von Amerika lernen, heißt siegen lernen« deutet sich in Freverts Resümee allerdings nicht an. Anhand des Begriffs *diversity ticket*, unter dem in den USA ganz reguläre Berufungen bisweilen nur deswegen firmieren, um in einem Department »den Stellenpool aufzustocken«, weist sie auch auf Gefahren hin. Andere Gepflogenheiten wie *mentoring*, den »Kult des großen Buches« oder die »hochschulinternen Kontrollgremien« empfiehlt sie ohne Einschränkungen. Dabei handele es sich um Elemente, die sich »problemlos importieren« ließen – »ihre Kosten sind überschaubar und werden bestens verzinst«, prophezeit Ute Frevert.

Bernd Stiegler beschreibt zunächst, inwiefern geisteswissenschaftliche Theoriebildung »mit Fragen der Sprach- und Begrifflichkeit und auch des Stils eng verbunden« sei. Dass diese starke Prägung durch die Sprache eine Schattenseite mit sich bringe, zeigt Stiegler anhand jener »Theoriemarker«, bei denen es sich nicht um sinnvolle begriffliche Verknappungen komplexer Theorien handle, sondern um Jargon. Stiegler folgert: »Die Qualitätsstandards der Geisteswissenschaften müssten gleichwohl dieser doppelten Gestalt von notwendiger begrifflicher Arbeit einerseits und dem nicht selten zu konstatierenden Verschwinden der Theorie hinter dem Begriff und der Autoimmunisierung von Theorie andererseits Rechnung tragen und diese auch in den Blick nehmen«. Auch für die Unterscheidung zwischen neuen interessanten Theorien und »bloßen Simulakren eines bestehenden Diskursstils« müssten Instanzen wie unter anderem »*editorial boards* von Zeitschriften, Kommissionen von Stiftungen und Forschungsorganisationen« ein Sensorium ausbilden. Nach Stiegler ähneln aber die von solchen Instanzen ausgewählten und finanzierten Einrichtungen wie »Graduiertenkollegs und Sonderforschungsbereiche« oft »einer bestimmten Form der archäologischen Forschung, die den Abraum älterer Grabungen durchsucht, dort aber nicht selten Aufsehenerregendes zutage fördert«. Für dessen Verbreitung gelte es dann »mithilfe von geschickten wie intelligenten Wissenschaftsmanagementqualitäten« Publikationsstrategien zu entwickeln, was zumeist jene Professoren tun, die, so Stiegler, »auf eigene Forschung nahezu gänzlich verzichten«. Ziel der neuen institutionellen Formen der

Universität sei, in der kurzen, ihnen zur Entfaltung »gewährten Frist sichtbare Spuren zu hinterlassen«, »im besten Falle einen bestimmten Diskursstil« auszubilden, der zudem durch »typographische Erscheinungsformen« gestützt werden soll und ihm »im Idealfall in Gestalt von eigenen Reihen auch einen Wiedererkennungswert« verleihe. Hier kommen wissenschaftliche Verlage und Zeitschriften als »Diskursfilter« ins Spiel. Sie tragen, so Stiegler, zur Orientierung im »Meer der Publikationen« maßgeblich bei und haben die »diffizile Aufgabe, rechtzeitig zu erkennen, wenn sich das von ihnen ausgewählte Feld (theoretisch wie ökonomisch) erschöpft hat«. Anders als Forschungsinstitutionen, die ebenfalls Diskursstile strukturieren, indem sie über Förderzuschlag oder Ablehnung entscheiden und sich dabei oftmals darauf beschränken, »Neuerung im Feld des Bekannten und Anerkannten durchzusetzen«, sind Verlage hingegen gehalten, »bereits frühzeitig tektonische Verschiebungen der Theoriefelder zu erspüren« oder geschickt auf wechselnde *turns* zu reagieren, sei es durch »programmatische Beharrlichkeit«, Öffnungen des Verlagsprogramms mit »programmatischen Brückenschlägen« oder die Erarbeitung einer *Backlist.*

Neue Publikationswege wie *Open Access* interpretiert Stiegler vor allem als Reaktion der Fachzeitschriften auf die schwierige Akquise-Situation und als Versuche, Zeitschriften aufzuwerten, indem sie beispielsweise durch die Etablierung von *peer review*-Verfahren die »Neutralisierung der Aufnahmebedingungen« und »(vermeintliche) Abkopplung« der Publikationen von institutionellen Gegebenheiten versprechen. Allgemein habe sich aber »für die Geisteswissenschaften in den Zeiten von Digitalisierung wenig geändert«, denn »ernst zu nehmende Forschungsbeiträge benötigen Raum und dieser, um richtig rezipiert zu werden, das konventionelle wie traditionelle Medium des Buches«.

Stefan Gradmann widmet sich genau diesem Übergang aus dem traditionellen, analog verfassten und im Kern sequentiell-linear organisierten wissenschaftlichen Informationskreislauf in ein digital verfasstes, netzbasiertes Kontinuum und erläutert, dass sich dieser Prozess als ein »mehrfacher Pardigmenwechsel« beschreiben lässt, der für die Geisteswissenschaften erhebliche Konsequenzen mit sich bringe. Anhand der Veränderungen der »wissenschaftlichen Produktions- und Rezeptionskette« zeigt er in einem Dreischritt unter anderem am Beispiel der »De-Konstruktion des Dokumentbegriffes unter digitalvernetzten Bedingungen« auf, inwiefern die Paradigmenwechsel die Geisteswissenschaften »gleichermaßen« *ins Herz* treffen, insbesondere »hinsichtlich der Kernbegriffe Publikation, Qualität und Reputation«. Statt der »Übertragung fremder Methodologien« der empirisch geprägten Wissenschaften, die für die geisteswissenschaftliche Kultur »grotesk unangemessen« seien, fordert Gradmann ein »Neudenken der Bedeutungsbeziehung zwischen digitaler Publikationsform und wissenschaftlichem Inhalt«. Dessen Resultat müssten »innovative digitale Publikationsformate« sein, welche die »semilogische Komplexität rekonstituierbar machen, für die in der Gutenberg-Galaxis die Forschungsmonographie stand«. In diesem Zusammenhang verdeutlicht Gradmann, dass *Open Access* im Kontext der *digital humanities* nur als Kombination von offenem Zugang zur wissenschaftlichen Publikation und zugleich zu ihrer Quellengrundlage sinnvoll ist. Eine solche Einheit sei »Lebensbedingung für genuin digital verfasste Geisteswissenschaften.«

Für *Frank Suder* haben Stiftungen »die Fähigkeit zur Soforthilfe«. Aus diesem Grund sind sie trotz ihrer begrenzten Mittel – »lediglich rund fünf Prozent des Drittmittelaufkommens der Hochschulen stammt von Stiftungen und Fördergesellschaften« – gefragte Ansprechpartner für Universitäten, denn sie verschaffen ihnen »Gestaltungsspielräume, die sich aus fest verplanten Etatmitteln oft nicht gewinnen lassen«. Deshalb geraten Stiftungen aber auch häufig in einen Konflikt zwischen den Erwartungen der Antragsteller an »eine umfassende, faire und möglichst objektive Bewertung ihrer Projektvorschläge«, die zudem »schnell und unbürokratisch getroffen« werden solle, und dem zunehmenden »Heißlaufen des Systems« durch eine »zu hohe Begutachtungsintensität«. Anhand der Begutachtungsverfahren für größere Projektanträge der Fritz Thyssen Stiftung merkt Suder an, dass »keine speziellen Auswahlkriterien für geisteswissenschaftliche Forschung« angelegt werden, und fügt hinzu, es sei fragwürdig, »ob solche im Kern überhaupt existieren«. Die spezifischen Bedingungen geisteswissenschaftlicher Forschung aber, vor allem in Bezug auf die großen Unterschiede zu den Naturwissenschaften in der »Organisation der Wissensgewinnung«, habe die Fritz Thyssen Stiftung erkannt und in Kooperation mit anderen Stiftungen auf sie reagiert. Mittels neu eingerichteter Programme soll künftig an den neuralgischen Punkten in geisteswissenschaftlichen Karrieren und Arbeitsweisen, der prekären Postdoc-Phase zum einen und dem chronischen Mangel der Ressource Zeit für die Abfassung eines größeren Werkes zum anderen, forschungsfördernd eingegriffen werden können. Trotz der Optimierungsversuche der Forschungsförderer, etwa die »Eignung der Förderinstrumente und Evaluierungsverfahren« kontinuierlich zu prüfen und gegebenenfalls nachzubessern oder durch »eine Art *Mischkalkulation*« ein Gleichgewicht zwischen eher risikoreicher Forschung und stärker fortgeschrittenen Projekten herzustellen, die »mit hoher Wahrscheinlichkeit einen Ertrag erwarten lassen«, schließt Frank Suder: »Ein Rest an Unsicherheit, Risiko und auch Fehlentscheidungen in der Wissenschaftsförderung wird bleiben.«

Manfred Nießen nimmt die »Aufforderung zur Selbstreflexion« auf, indem er die Frage nach den Bewertungskriterien der Forschungsförderer auch auf die Rolle der Akteure in diesem Prozess und speziell auf die der Deutschen Forschungsgemeinschaft (DFG) als »Selbstorganisation der Wissenschaft« bezieht. Die dort eingehenden Förderanträge eint fachübergreifend, dass sie alle, so Nießen, »Versprechen auf die Zukunft« sind. Was aber die Anwendung und Auslegung der Begutachtungskriterien für diese Anträge betrifft, seien sie »in den Geisteswissenschaften in hohem Maße eine Angelegenheit der Auslegung und *Verhandlung*«. Aufgrund der Verschiedenheit der »inhärenten Eigenschaften *szientifischer* und *interpretativer* Wissenschaftskulturen« sei in den Naturwissenschaften eine »wissenschaftliche Ausgangsleistung« selbst »nicht interpretationsoffen«, sondern »weder hintergehbar noch diskutierbar«, dagegen bedeute Erkenntnisgewinn in den Geisteswissenschaften, zum Beispiel die verschiedenen *turns,* eher die »Herausforderung einer neuen Perspektive«. Sie überholen oder ersetzen aber die bisherigen Perspektiven nicht, und so gelten auch »Schulenstreite« in den Geisteswissenschaften als »prinzipiell nicht entscheidbar«. Auch in Bezug auf ihre Publikationen unterscheiden sich die Kulturen, so Nießen: Wo dem naturwissenschaftlichen Autor sein Antrag »ein technischer Text« sei, gelte dieser in den Geisteswissenschaften als »*Entäußerung*« seines Verfassers, was wiederum »unterschiedliche Rezeptionsbedingungen der Begutachtungsergebnisse« nach sich ziehe. Zu den »Implikationen einer interpretativen Wissenschaftskultur für den Begutachtungsprozess« müsse es aber auch gehören, das eigene »Anspruchsniveau« an die »Grundsätze von Perspektivität, Diskurscharakter, Argumentationsgebundenheit und prinzipieller Unabgeschlossenheit« auch dann noch aufrechtzuerhalten und nicht auf einmal in eine schlichte »*Richtig-/Falsch-Logik*« zurückzufallen, wenn (Förder-)Entscheidungen nicht im eigenen Sinne erfolgen, fordert Nießen. Für ihn könne Begutachtung als Grundlage für Förderung gerade in den Geisteswissenschaften nur als ein »Argumentationsprozess« verstanden werden, der »durch Entscheidungen temporär, häufig auch auf Dauer unterbrochen wird, der dem Grundsatz nach aber unabschließbar ist«.

Ulrike Felt hebt in ihrer *response* ebenfalls auf »die *kleinen Unterschiede*« zwischen den Fächerkulturen ab. Im Gegensatz zu Nießen identifiziert sie die Geisteswissenschaften in diesem Beziehungsverhältnis aber aus einer wissenschaftshistorischen Perspektive als »Teil einer Abweicherzählung« zu den »Normen und Werten, die dominant von den Naturwissenschaften« hervorgebracht worden seien. Felt äußert Zweifel an Nießens Annahme, dass die Naturwissenschaften »von einem stabilen Set von Theorien, Methoden« ausgehend »die Aufgabe des Rätsellösens« bewältigen und dabei in einer »Idylle an Eindeutigkeit« in ihrer Forschung fortschreiten. Vielmehr habe sich auf Grundlage dieser Idealisierung der Naturwissenschaften und ihrer Funktion »als impliziter Bezugsrahmen« im wissenschaftspolitischen Diskurs ein Fetisch um den Begriff »Qualität« gebildet sowie die Vorstellung entwickelt, dass Messbarkeit eine »*unvoreingenommene* Überprüfbarkeit« garantiere, so »als ob sich das System aus einer völlig unabhängigen Logik heraus entwickeln könnte«. Vor diesem Hintergrund konnte, so Felt, die geisteswissenschaftliche Forschung nur als eine Abweichung erscheinen, für die es eine »*Sonderlösung*« zu finden gelte. Felt möchte hingegen den Blick für die Eigengesetzlichkeit der Wissenschaften schärfen und dies einmal vonseiten der Geisteswissenschaften aus betreiben. Sie betont die »unterschiedlichen Zeitregimes, nach denen Forschungsfelder leben«, und warnt, dass beispielsweise das »*work- and thought-packaging*« der Europäischen Rahmenprogramme« in der geisteswissenschaftlichen Forschung »intellektuelle Kleingärten« entstehen lassen könnte. In der Rolle, die »Sprache als Technik des Antragstellens spielt«, sieht Felt ein weiteres Kriterium, dem gerade für die Geisteswissenschaften unbedingt Rechnung zu tragen sei, und fragt im Unterschied zu Nießen, »ob man nicht explizit machen sollte, dass es eben nicht um Gespräch und Auseinandersetzung geht, sondern um strategische Positionierung, um Fähigkeit zur Durchsetzung, und dass damit der Antrag ein eigenes Genre werden sollte, das vielmehr als Technik denn als Text im geisteswissenschaftlichen Sinn gesehen wird«. In Auseinandersetzung mit Nießens Annahme einer »Kartierbarkeit« von Wissensräumen gibt Felt zu bedenken, dass deren vermeintliche Stabilität in den Naturwissenschaften auch ein »Strategem« darstellen könnte, »da ein gut bebautes Terrain wohl kaum einfach ›umgewidmet‹ werden kann«. Geisteswissenschaftliche Forschung hingegen mache uns darauf aufmerksam, dass »das als gegeben Erachtete immer wieder neu konstituiert werden muss«. Felt schließt: »Dies ist kein Plädoyer für beliebig viele Karten, sondern zum einen für eine intensive Auseinandersetzung mit und über diese Landkarten und zum anderen für ein Misstrauen, wenn die Karten allzu schön und glatt wirken.«

Die Beiträge dieses Bandes, so viel ist deutlich geworden, sind äußerst heterogen. Damit sind sie exemplarisch für die Unterschiedlichkeit der Akteure und die Vielfalt ihrer Meinungen in der Debatte um Standards in den Geisteswissenschaften – eine Debatte, deren Entwicklung dieser Band voranbringen möchte.

Für die Projektkoordination sei Annette Zerpner und für das Schlusskorrektorat Caroline Gutberlet gedankt. Für die Unterstützung des Projekts geht der Dank an das Bundesministerium für Bildung und Forschung, insbesondere an Frau Dr. Sabine Gieske für die erfreutliche Zusammenarbeit.

Berlin, im August 2008

1. Ein Gespräch über Qualität in der geisteswissenschaftlichen Forschung und Lehre

Die Mühen der Ebene: Über Standards, Leistung und Hochschulreform

Ulrich Herbert und Jürgen Kaube

JÜRGEN KAUBE: *In den Diskussionen um die Reform der deutschen Universität entsteht manchmal und vor allem in den Geisteswissenschaften der Eindruck, als habe jede Generation soeben noch unter Humboldt-Umständen studiert, also Bildung durch Wissenschaft erlangt sowie die Einheit von Forschung und Lehre erlebt, die nächste hingegen müsse es unter ganz und gar unerträglichen Bedingungen tun. Andererseits beweist die Einsicht, dass solche Klagen die Vergangenheit verklären, noch nicht, dass es heute gut um Forschung und Lehre steht. Wie kommt man also heraus aus der Entgegensetzung von falscher Nostalgie und falscher Reformbegeisterung?*

ULRICH HERBERT: Jede Generation trifft auf ganz verschiedene Umstände des Studierens und Forschens. In den fünfziger und sechziger Jahren waren viele der älteren Professoren, denken Sie an Werner Conze und Theodor Schieder, belastet und machten fördernd den Jüngeren Platz. Die forschten ihrerseits aus dem Gefühl des Davongekommenseins und des Neuanfangs und mit Blick auf internationale Standards mit großem Einsatz. Vermutlich ist die Generation der um 1930 herum Geborenen in der Geschichtswissenschaft diejenige mit den größten forscherischen Leistungen im 20. Jahrhundert, aber sie hatten auch besonders gute Ausgangsbedingungen: sehr früh in ihre Positionen gekommen und eine wunderbare Aufgabe vor sich, nämlich die Wissenschaft wieder an die internationalen Standards heranzuführen, die in Deutschland schon seit den 1920er Jahren, verstärkt dann seit 1933 verlassen worden waren. Später gab es ganz andere Kombinationen von politischem Ethos und dem Willen, gut zu forschen. In den siebziger Jahren gab es, was die Leistungsbereitschaft im Studium anging, eine völlig unterschiedliche, aber ebenso eigentümliche Situation. Wir waren links, die Professoren standen uns politisch fern. Aber wir haben die sogenannte ›gewerkschaftliche‹ Position verachtet, mit den Professoren über Leistungsanforderungen zu verhandeln. Wir wollten ihnen in unseren Seminararbeiten zeigen, dass wir Recht hatten, und die bürgerliche Wissenschaft widerlegen. Die revolutionäre Stimmung setzte sich um ins Lesepensum, in vielfältige Debatten und in immensen Forschungsfleiß. Das hat sich als bleibend erwiesen, während der linke Impetus schwand, beim einen schneller, beim anderen langsamer. Aber ein Unterschied bleibt doch. In den 1960er, auch 1970er Jahren waren es relativ kleine Gruppen, die überhaupt studierten, und die Seminare und Übungen waren klein. Mit der Überfüllungskrise seit den 1980er Jahren änderten sich die Ausgangsbedingungen. Und seitdem stellen sich Nostalgie und Reformbegeisterung doch ganz anders dar als vor 30 und vor 50 Jahren.

J.K.: *Wenn heute von Qualitätsmaßstäben für die Geisteswissenschaften die Rede ist, stehen jene Jahre des geisteswissenschaftlichen ›Wissenschaftswunders‹ wie ein Vorwurf im Raum. Ob man nun an Koselleck, Wehler und die Mommsens, an Habermas und Luhmann, an Hennis und Dahrendorf oder an Blumenberg und Henrich denkt – man könnte diese Liste fortsetzen: alles sehr unterschiedliche Lebensläufe, unterschiedliche Fächer, unterschiedliche Temperamente. Aber lauter nichtverlangbare und in ihrer Dichte verblüffende Leistungen. Muss sich die Gegenwart nicht fragen, was geschehen ist, dass eine solche Fülle an weithin wirksamen Forschungen danach nicht wiederkam?*

U.H.: Zum einen ist es ganz normal, dass nach den Gipfeln die Mühen der Ebene kommen. Gerade weil all diese Autoren so anregend, so produktiv im Entwerfen von großen Perspektiven waren, geht die Forschung danach stärker ins Detail. Allerdings: Zwischen der Jahrhundertwende und den späten 1950er Jahren war ein so ausgeprägter und dann auch unbefragter Kanon entwickelt worden, der mit den entsprechenden disziplinären Standards verbunden war, dass es seit den frühen 1960er Jahren ganz erheblicher Anstrengungen bedurfte, um diesen Traditionsüberhang zu überwinden und Innovation, Pluralisierung, Internationalisierung und die stetige Infragestellung überkommener Inhalte und Methoden als Vorzüge und Voraussetzung für wissenschaftliche Leistungen zu etablieren. Schon deshalb, könnte man vermuten, waren in Deutschland in den Geisteswissenschaften besonders angestrengte Bemühungen notwendig, um diesen Traditionsüberhang auszugleichen, der vielfach mit hohen Standards im Handwerklichen verknüpft war, aber in der Vielfalt der thematischen Felder und der methodischen Neuerungen spätestens seit den 1930er Jahren im Vergleich mit den Entwicklungen in der internationalen Forschung zurückstand. Nun aber wurde die kritische Haltung gegenüber den überkommenen wissenschaftlichen Traditionen nachgerade zum Ausgangspunkt aller wissenschaftlichen Bemühungen. Das hat einerseits zu enormen Fortschritten geführt, wie wir unschwer erkennen können, wenn wir unsere je eigenen Disziplinen im Jahr 1960 und im Jahr 2000 vergleichen. Andererseits sind auch die Verluste unübersehbar, vor allem der Verlust verbindlicher Übereinkünfte über bevorzugte Gegenstände und Methoden sowie über das, was man als gute Wissenschaft ansieht.

J.K.: *Diese gewisse Gediegenheit im Handwerklichen, das Gelehrte und zugleich die Offenheit für Theoriefragen, der Wille, ins Grundsätzliche zu gehen, hatten gewiss auch strukturelle Voraussetzungen. Mir scheint, dass beides unwahrscheinlicher wird, sobald ein, sei es tatsächlicher, sei es vermeintlicher Publikationsdruck aufkommt. Ökonomen sprechen von der »Tragödie der Allmende«, wenn immer kleinere Fische aus den Weltmeeren gezogen werden. Wenn immer unausgegorenere Beiträge publiziert werden müssen, weil zwischen Antragsbewilligung und Verlängerungsantrag gar keine nennenswerte Zeit mehr liegt, ist das ja ein ganz ähnliches Trauerspiel. Oder wenn die Forschung projekt- und gruppenförmig wird – kann man sich Hans Blumenberg als Sprecher eines Exzellenzclusters vorstellen? Das sagt noch gar nichts gegen solche Formen, aber es ist eben naiv zu glauben, man bekomme in ihnen dieselbe Art von Erkenntnisgewinn wie ehedem. Und es wäre ein fataler Verlust an Diversität, wenn Sonderforschungsbereiche, Cluster und Graduiertenprogramme zum alleinigen Muster dessen würden, was zählt. Ich denke dabei vor allem an den Nachwuchs. Welches Bild von geisteswissenschaftlicher Tätigkeit wird den Begabten vermittelt? Vor allem, dass der Nachwuchs früh an kurzfristige Orientierungen beim Publizieren und in der Projektforschung einerseits, an einen sehr langen und gewissermaßen unerwachsenen Aufenthalt in der Vorstufe zu eigenständiger Lehre gewöhnt wird, kann nicht folgenlos bleiben. Es scheint, als habe das Wachstum der Disziplinen zu beschleunigter aber zugleich stärker diffuser Produktion geführt.*

U.H.: Das sind zwei verschiedene Fragen. Auf die erste Frage: Ja, ich kann mir Hans Blumenberg als Sprecher eines Exzellenzclusters vorstellen. Hier geht es nur um eine Variante koordinierter, aufeinander bezogener Forschung; und natürlich waren die ›Alten Meister‹ untereinander vernetzt, schrieben sich, schickten sich Auszüge aus werdenden

Arbeiten. Die Geisteswissenschaften haben zwar schon seit jeher koordinierte Forschungsverbünde scheel angesehen und das Recht auf Einsamkeit und Freiheit verteidigt. Aber in der Praxis liegen die Geisteswissenschaften bei den koordinierten Förderungen (Schwerpunktprogrammen, Sonderforschungsbereiche etc.) nicht hinten, sondern im Mittelfeld der Disziplinen, die Geschichte sogar vorne. Koordinierte Forschungsvorhaben an sich sind weder schlecht noch gut, es kommt vielmehr darauf an, ob es gelingt, das Anregungspotenzial aus der Kooperation mit anderen zu nutzen und gleichzeitig die eigene Forschungsarbeit dabei weiter im Mittelpunkt zu belassen. Zur zweiten Frage: Ja, der Zwang zum Publizieren ist ein Irrweg, und zwar in zunehmendem Maße. Wer nur vier Aufsätze und zwei Bücher anzubieten hat, hat bei Berufungsverfahren Probleme, mögen seine oder ihre Arbeiten noch so gut sein. Rein quantitative Auszählungsverfahren sind zur Feststellung der Qualität eines Wissenschaftlers in unseren Disziplinen jedenfalls nicht geeignet. Ich habe übrigens den Eindruck, als würde dies an den meisten Universitäten in Deutschland auch genauso gehandhabt. Übervolle Publikationslisten wirken oft eher kontraproduktiv.

Andererseits ist es ja sehr auffällig, dass, sieht man von erbitterten Schulenstreits ab, die zudem häufig noch von unterschiedlichen politischen Orientierungen und wissenschaftlichen Habitusformen unterfüttert sind, man sich im Kollegenkreise in der Regel eben doch schnell einig ist, ob dies ein gutes Buch, jene eine gute Wissenschaftlerin, jener hingegen ein Schaumschläger ist. Ebenso zeigt die Praxis der Blindbegutachtung bei referierten Zeitschriften sowie bei Gutachten in Promotions- und Habilitationsverfahren, dass es zwar immer wieder einmal – zuweilen erstaunliche – Unterschiede in den Beurteilungen gibt, aber doch als Ausnahmen. Tatsächlich kann also gar keine Rede davon sein, dass es keine weitgehend akzeptierten Qualitätsstandards in den Geisteswissenschaften gebe. Sie werden aber offenbar informell formuliert, beziehen sich zudem in der Regel auf die gleiche Fachrichtung und sind, in einer Reihe von Fächern, nicht ohne weiteres auf andere Subdisziplinen übertragbar. Natürlich gelten überall die Breite der Materialkenntnis, das Ausmaß an Belesenheit, die analytische Schärfe, die Findigkeit und Originalität der Recherche, die Plausibilität des Urteils, schließlich die Ästhetik der Sprache, in welcher der Text verfasst ist. Aber bei Anwendung dieser Kriterien gibt es doch große Spielräume – wie jeder zugeben wird, der soeben ganz für sich still und befriedigt konstatiert hat, wie vortrefflich all diese Kategorien auf das letzte eigene Werk zutreffen.

J.K.: *Gilt dieser Konsens, was Standards betrifft, auch für die Lehre?*

U.H.: Vermutlich nicht. Um die Lehre in den Geisteswissenschaften hat sich seit geraumer Zeit eine Art Schweigekartell gebildet. Schon das öffentliche Reden über die Qualität von Lehre wird als Ausdruck unakademischer Gesinnung gebrandmarkt. Nun haben die Probleme in der Lehre aber zunächst vor allem mit den gestiegenen Betreuungsrelationen zu tun. Seit den 1960er Jahren, von denen Sie eingangs sprachen, sind die Jahrgangsquoten der Studierenden von 15 Prozent allmählich auf etwa 25 bis 30 Prozent angestiegen. Viele, die sich heute an die goldenen Zeiten der Universitäten erinnern, sowohl die Konservativen wie die Achtundsechziger, vergessen das als eine Bedingung ihrer Nostalgie. Umgekehrt haben auch die Universitäten und die Hochschulpolitiker die Augen vor den Folgen des Wachstums verschlossen. Einer der Schlüsselbegriffe der Verwahrlosung an den deutschen Universitäten ist »Untertunnelung«, also die in den 1980er Jahren gepflegte politische Vorstellung, man könne den demographischen Rückgang der absoluten Studierendenzahlen abwarten und in der Zwischenzeit die tatsächlich ansteigenden Studierendenzahlen mit demselben Personalumfang in der Lehre bewältigen. Es gab hier den Irrglauben, man komme irgendwann zu den 15 Prozent eines Jahrgangs zurück.

So entwickelte sich in manchen geisteswissenschaftlichen Studiengängen die Überzeugung, man müsse und man könne auch nichts tun, als das Lehr- und Lerngeschehen sich selbst zu überlassen: Die Einzelnen tauchten unter und waren den Lehrenden zumeist unbekannt.

J.K.: *Außerdem liegt ja für jeden Lehrenden die Haltung nahe: »Das sind erwachsene Menschen!« Jedenfalls wollen sie als solche wahrgenommen werden. Sie bekommen zum Nulltarif – oder heute manchenorts zu mäßigen Gebühren – ein Studienangebot, und dann soll ich sie behandeln wie Gefangene in einem Steinbruch, die ihre Schaufel fallenlassen, sobald sich der Aufseher umdreht?*

U.H.: Wer heute fragt: »Was tun Sie, damit die Studierenden die 50 Seiten zur Vorbereitung der Sitzung auch tatsächlich lesen?«, erhält die Antwort: »Ich bin Wissenschaftler, kein Polizist«. Das Selbstbild der

Wissenschaftler als Teil einer freien Lehr- und Lerngemeinschaft, eines akademischen Arkadien, steht im Vordergrund. Die Wirklichkeit der Lehre ist ein Ärgernis, sie zu ändern verstieße aber gegen das postulierte Selbstbild. Und dann lässt jeder ein bisschen nach, die einen bei den Anforderungen, die anderen bei den Leistungen, und es verbreitet sich der Eindruck, alles funktioniere ja auch so ganz gut. An unserem Fachbereich hat eine Erhebung ergeben, dass etwa die Hälfte der Studierenden weniger als eine Stunde pro Woche auf die Vorbereitung eines Seminars verwendet. Andererseits gelten die Veranstaltungen, welche das höchste Lektürepensum verlangten und dies auch konsequent überprüften, bei den Studierenden als die besten. Die Behauptung, es ginge nicht anders, man müsse die Standards senken, trifft also nicht zu. Aber wenn nichts verlangt wird und man weiterhin so tut, als müssten die Studierenden von sich aus die Voraussetzungen bereits mitbringen, das notwendige Lesepensum zu absolvieren, wird sich hier nichts ändern. Dann können wir so viel über Qualitätsstandards reden, wie wir wollen – wenn wir in Universitätsprüfungen eine »Zwei minus« für Leistungen vergeben, die kaum fürs Abitur ausreichen würden, nützen alle Evaluationsverfahren und Zielvereinbarungen gar nichts. Dass auf diese Weise Leute, die zu wenig können, mit einem Zertifikat ausgestattet werden, ist dabei nur die eine Seite. Mindestens so verheerend ist es, wenn bei den Studierenden der Eindruck entsteht, dass laxes Prüfen im Grunde bedeutet, dass sie nicht ernst genommen werden. Die Leistungsbereitschaft der Erstsemester ist nach wie vor hoch, aber sie bleibt nur hoch, wenn die Lehrenden dieser Bereitschaft auch entsprechen.

J.K.: *Die Frage ist nur, welche Anreize es dafür gibt, wenn die Mittelzuweisung an die Absolventenquote bzw. -zahl gebunden wird, wenn also Studiengänge wichtige Gründe dafür haben, so viele Zertifikate wie möglich zu verleihen. Der Wissenschaftsrat hat ausgerechnet, dass die Durchschnittsnote aller Fächer an deutschen Universitäten 1,8 ist. Es gibt Studiengänge, in denen es schlechterdings kaum möglich ist, eine Prüfung nicht zu bestehen.*

U.H.: Die Notengebung, aus den 1970er Jahren kommend, suggeriert ja, dass man in der Universität, in den geisteswissenschaftlichen Fächern ebenso wie in vielen Naturwissenschaften, nach anderen Kriterien und Maßstäben lebe und arbeite als die Welt da draußen. Man verweigert sich dem Notendruck und der Utilitarisierung von Forschung, Lernen und Wissenschaft im Ganzen. Wer Wissenschaft nicht um ihrer selbst betreibe, so das Credo, der habe nicht verstanden, worum es gehe. Dem kann man ja in Momenten idealistischer Aufwallung durchaus folgen. Nur was ist mit denen, die Wissenschaft nicht um ihrer selbst willen treiben, sondern weil sie einen Beruf ergreifen wollen, die auf welchem Weg auch immer möglichst gute Noten erzielen wollen und denen der romantische Akademismus der Hochschullehrer egal ist? Derzeit schleift man sie irgendwie mit, sie bekommen auch ein Examen, schon um Ärger zu vermeiden – und konzentriert sich auf die *happy few*, die womöglich promovieren und Wissenschaft betreiben wollen. Wie kann man das ändern? Durch gute Lehrveranstaltungen und durch den Nachweis, dass ein qualitativ hochstehendes Studium selbst mit einer Zwei minus abgeschlossen erheblich wertvoller und lohnender ist als ein Bluff-Studium ohne Substanz, aber mit »sehr gut«.

J.K.: *Wobei das Dilemma der Lehrerbildung vielleicht sogar noch größer ist, weil ja tatsächlich eine Universität, die sich unter dem Studenten in erster Linie einen zukünftigen Forscher vorstellt, auch Gefahr läuft, an ihnen vorbei zu unterrichten. So kann es passieren, dass die Lehramtskandidaten, die aufgrund ihrer Zahl sowohl für die Fachwissenschaften wie für die Pädagogen eine wichtige Größe sind, von den einen als Forscher zweiten Ranges wahrgenommen werden und von den anderen das nicht haltbare Versprechen bekommen, die Erziehungswissenschaft liefere die eigentlich brauchbaren Unterrichtstechnologien.*

U.H.: Das ist nicht nur ein Problem der Geisteswissenschaften. In manchen Naturwissenschaften werden Lehramtsstudierende geradezu mit Verachtung behandelt. In der Physik lebt die Vorstellung, dies seien die ›Fußlahmen‹ unter den Studenten, die es halt nicht schafften. Die sollten dann eben Lehrer werden, das sei doch auch ein sehr schöner Beruf. Und entsprechend ist die Ausbildung. Hier liegen einige der wesentlichen Gründe für den eklatanten Mangel an Nachwuchs in den Ingenieur- und Naturwissenschaften. Weil die Schüler eben mit Physik- oder Chemielehrern konfrontiert werden, die als Ergebnis einer Art negativer Auswahl Lehrer geworden sind, während die besten für Forschung und Industrie bestimmt sind. Dann darf man sich nicht wundern, wenn die Studentenzahlen in diesen Fächern sinken.

Die Lehramtskandidaten waren früher sehr oft die besseren unter den Studierenden. Heute sind es oft diejenigen, die den Stoff sofort daraufhin mustern, ob sie das wirklich später in der Schule brauchen, wobei sie noch unterstützt werden durch Erziehungswissenschaftler, die ihnen einreden, das Wichtige am Unterricht sei ja auch gar nicht die Beherrschung des jeweiligen Faches, sondern die »Methode«. So, als sei Methode alles und Sachkenntnis nachrangig. Und so, als sei Lehrer ein Beruf für Leute, die sich nicht ganz so sehr für die Sache interessieren müssten. Das ist eine fatale Entwicklung.

J.K.: *Über eine »Vermassung« der Forschung redet übrigens auch niemand, obwohl es doch offenkundig ist, dass hier ebenfalls merkwürdige Wachstumsphänomene zu beobachten sind. Übertrieben gesprochen: Im vergangenen Jahrzehnt hat jede Wissenschaftlergruppe, deren Aufsätze von einem Journal abgelehnt worden sind, ein eigenes gegründet. Am Ende einer solchen Entwicklung wird dann über Unübersichtlichkeit geklagt und es werden ebenso sinnfremde wie aufwendige Verfahren der Qualitätskontrolle etabliert, um den Anschein zu erhalten, man habe die Wachstumsfolgen im Griff.*

U.H.: Diversifizierung und Pluralisierung der Forschungsrichtungen haben mittlerweile ein solches Ausmaß angenommen, dass die Profile der Disziplinen oft kaum mehr erkennbar sind und es weder informelle noch formelle Vereinbarungen über, sagen wir, die Mitte eines Fachs mehr gibt. Damit verbunden ist der Verlust von übergreifenden Qualitätskriterien, schon weil die spezifischen Leistungen in stark spezifizierten Teilfächern erbracht werden und nur noch von Spezialisten als Leistungen erkannt werden. Der Ruf nach Standards in Qualität und Kanon ist also vor allem pragmatisch zu begründen. Die Notwendigkeit von Vereinbarungen ist aber auch schon deswegen evident, weil ohne Kanon keine Kritik an ihm, ohne Qualitätsbegriff keine Sprengung desselben. Nur wo Normalnull definiert ist, kann man deren Unter- und Überschreitung erkennen. Wenn alles exzeptionell ist, fällt das Besondere nicht mehr auf. Insofern ist der Ruf nach Qualitätsstandards und Kanonisierung nachvollziehbar. Allerdings war es historisch betrachtet stets so, dass die Mehrzahl der Forscher wie auch der Studierenden eher mittelmäßig war …

J.K.: *Es können schon rein rechnerisch nicht alle über dem Durchschnitt liegen…*

U.H.: Nur, dass durch das Wachstum der Wissenschaft, übrigens auch der zur Verfügung stehenden Zeit, heute die Dissertation das ist, was früher die Habilitation war, und die Magisterarbeit das, wofür man einst einen Doktortitel erhielt. In Bezug auf solche Qualifikationsarbeiten hat die Qualität eindeutig zugenommen. Zugleich gibt es in manchen geisteswissenschaftlichen Fächern einen Verlust an Identität und an wissenschaftlichen Standards, wenn die Suche nach neuen Themen unter Umständen der Unübersichtlichkeit dazu führt, dass niemand mehr sagt, »Nein, so geht es nicht!«, wenn Konflikte vermieden werden und man stattdessen lieber sagt, die anderen hätten eben ein anderes »Paradigma«, wodurch am Ende unklar wird, was gute Forschung ist und was nicht.

J.K.: *Man vermisst gerade in manchen Geistes- und Sozialwissenschaften wie der Germanistik, der Soziologie oder der Pädagogik ein Bewusstsein davon, was der Stand dieser Fächer ist, hinter welchen Errungenschaften man auf keinen Fall zurückbleiben kann, um ernst genommen zu werden. Der anspruchsvolle Überblickaufsatz – man denke an Jürgen Habermas' Beitrag über den Stand der Marxismus-Diskussion in der Philosophie – ist in solchen Fächern eine aussterbende oder jedenfalls rückläufige Gattung. Andere Fächer wie die Kunstgeschichte oder die Altertumshistorie verdanken ihren vergleichsweise guten Zustand vielleicht gerade diesem Bewusstsein vom Stand des Erreichten. Wo es ihn nicht gibt, muss man hingegen, um nur ein Beispiel zu geben, damit rechnen, dass jemand, der behauptet, er wende jetzt einmal die Methoden der Literatur- und Kulturforschung auf die Wissenschaftsgeschichte an, gar nicht gefragt wird, was er denn mit diesen »Methoden« meine, wenn er sie vor allem durch Zitate aus Benjamin und Warburg demonstriert. Es gilt dann schnell alles als avanciert und innovativ, was eigentlich nur undiskutiert ist.*

U.H.: In einigen geisteswissenschaftlichen Disziplinen gibt es tatsächlich nicht nur keinen Konsens über die Kriterien für gute und schlechte Wissenschaft, es gibt auch keinen Konsens mehr über die Gegenstände der Wissenschaft und die sinnvollerweise zu verwendenden Methoden. Die Germanistik, so einige ihrer Vertreter, sei hierfür ein besonders aussagestarkes Beispiel. Zwischen den verschiedenen Subdisziplinen und Schulen existiere nurmehr eine rudimentäre Kommunikation. Das scheint aber keine Besonderheit der Germanisten zu sein. Die kleinen Fächer hingegen tun sich oft leichter mit der Verständigung über Kriterien, weil es dort manchmal nur fünfzig bis einhundert Spieler auf dem gesamten Feld gibt. Und weil sie oft bei den Sprachkenntnissen, in der Beherrschung eines überschaubaren Kanons oder bei den Methoden etwa der archäologischen, paläographischen oder ikonographischen Analyse klarere Gesichtspunkte für Mindestanforderungen haben. Wichtig ist jedenfalls, dass Forschungen mangelnder Qualität tatsächlich kritisiert werden, selbst wenn die entsprechenden Auseinandersetzungen noch so anstrengend sind, weil sie auch die Kollegialität strapazieren …

J.K.: … *dafür aber die Moden in Grenzen halten.*

U.H.: Da gibt es Unterschiede, manche Moden sind durchaus hilfreich. In der Geschichtswissenschaft gibt es ja diese Buchproduktion auf Jahrestage und Aktualitäten hin, das kann einem schon auf die Nerven gehen – eben noch Kriegsende und 1968, jetzt China und Gründung der Bundesrepublik, dann bald der nächste Buchmessenschwerpunkt. Wenn die Themenwahl vor allem solchen Daten folgt, um außerwissenschaftlich Aufmerksamkeit zu erhalten, wird das wissenschaftliche Empfinden für interessante Fragen und erkenntnisträchtige Gebiete geschwächt. Ganz anders die modischen Theorien, die aber gerade von den besseren Studenten oft begierig aufgesaugt werden, weil sie ein sehr waches Empfinden dafür haben, in welchen Bereichen derzeit die interessantesten, kontroversesten Debatten geführt werden. Natürlich verliert das nach einer gewissen Zeit an Bedeutung und Schärfe, und viele Forschungskontroversen werden eben auch entschieden; danach weiß man besser, was plausibel ist und weiterführend und was nicht. Insofern ist die Kritik an den »Moden« ebenso kurzlebig wie die Moden selbst. Wir haben in den Geschichtswissenschaften seit geraumer Zeit wichtige Debatten über die Ausweitung der Geschichtswissenschaft über den nationalen Rahmen hinaus, zu Bereichen, die nicht vom Nationalen her zu entschlüsseln sind. Zwar kann man den Begriff »transnational« dann bald nicht mehr hören, aber die Sache bleibt wichtig und hat uns auch erhebliche Horizonterweiterungen gebracht. Aber es gibt natürlich auch rein repetitive oder imitative Tendenzen. Dann wird ein Buch nach dem anderen zum gleichen Thema geschrieben, weil das erste so erfolgreich war. Das erledigt sich aber durch Langeweile und ist übrigens auch ein Problem in allen Disziplinen, nicht allein der Geisteswissenschaften.

J.K.: *Der stark über Drittmittel und Projektverbünde laufende Forschungsbetrieb begünstigt dieses Imitationsverhalten. Es gibt zuerst die Stelle bzw. das Projekt und erst in dessen Rahmen dann die Wahl des Forschungsthemas. Gelder suchen Ideen, nicht Ideen Gelder. Es kommen nicht Forscher zur Universitätsverwaltung und sagen, »Wir brauchen dringend einen Sonderforschungsbereich, sonst kommen wir an dieser und jener Stelle nicht weiter«, sondern die Universitätsverwaltung kommt zu den Professoren und sagt, »Ihr braucht dringend einen Sonderforschungsbereich, sonst bleibt ihr hinter euren Kollegen zurück, die schon einen haben«.*

U.H.: Das gibt es gewiss, scheint mir aber nicht die Regel zu sein. Dass eine Universitätsleitung einen Fachbereich anspricht und von ihm verlangt, »Stellt mal etwas Vernünftiges auf die Beine, etwas Neues, Aufregendes, Riskantes, wir geben euch Geld dafür«, ist ja nichts Schlechtes. Das hat es übrigens bei guten Rektoren auch immer gegeben. Es kommt aber darauf an, dass keine forscherische Schattenwirtschaft entsteht: Projektforschung als Oberfläche, als Pflichtübung, die die Forscher von der Beschäftigung mit dem eigenen, seit Jahren sorgfältig vorbereiteten Buchvorhaben abhält. Es kommt darauf an, die tatsächlichen Forschungsinteressen und -kompetenzen der Einzelnen so miteinander zu verzahnen, dass man von einem kooperativen Projekt mehr hat als von einem Einzelvorhaben – und dies dann auf besserem Niveau auch tatsächlich betreiben kann.

Problematisch bei der Projektforschung ist allerdings die unkontrollierte Produktion von Post-Doktoranden, also promovierten Mitarbeitern, die für ein Projekt an der Uni gehalten werden, ohne dass man ihnen eine halbwegs gesicherte Zukunft garantieren oder auch nur in Aussicht stellen kann. Hier sind die Professoren in der Pflicht, und allzu oft wird aus Mitleid oder Eigennutz ein Projekt mit einem Postdoc besetzt, der oder die nun bis Mitte 30 in der Uni bleibt und dann kaum noch Chancen besitzt – weder in der Universität noch außerhalb.

J.K.: *Ist aber nicht tatsächlich schon eine gegenläufige Tendenz erkennbar? In den Geisteswissenschaften sind die Bewerberzahlen noch sehr hoch, in den Naturwissenschaften fehlt es an wissenschaftlichem Nachwuchs, und viele gute Leute sind in die USA abgewandert. Auch bei den Geisteswissenschaftlern hat es ja in den vergangenen Jahren zahlreiche solcher Fälle gegeben.*

U.H.: Tatsächlich wird der Professurenberuf unattraktiver. Wer die neue TVL-Entlohnung für wissenschaftliche Mitarbeiter verabschiedet hat, der muss schon sehr weit entfernt sein von der Lage an den Unis. Mit der Eingangsstufe »TVL 13« kommen sie auf ein Gehalt, das deutlich unterhalb der Einkünfte derer liegt, die nach dem Studium gleich an eine Schule gegangen sind. Nicht anders verhält es sich mit der W-Besoldung: Eine Nachwuchsstelle auf W-Basis ist heute in der Größenordnung eines Realschullehrergehalts angesiedelt. Die Zahl der befristeten Stellen ist deutlich gewachsen. Schlecht bezahlt, unsichere Arbeitsplätze, hohe Belastung – in welchem anderen Bereich von solcher Bedeutung gibt es derartige Verhältnisse? Darin drückt sich auf ganz ungeschminkte Art ein veritabler Anti-Intellektualismus aus, der in Deutschland ausgeprägter ist als anderswo und einen trüben historischen Hintergrund hat.

Wer heute die Hochschullaufbahn – die ja gar keine Laufbahn ist – einschlägt, muss in unseren Fächern mit etwa 50-prozentiger Sicherheit damit rechnen, nach erfolgreicher Promotion, Habilitation und sechs bis zehn Jahren Lehrerfahrung keine Professur zu bekommen. Und da es an der Hochschule nahezu keine Alternative gibt, bedeutet das: berufliches Scheitern und in vielen Fällen auch soziales Scheitern. Wer sollte denn ein solches Risiko auf sich nehmen? Und warum? Vor allem, wenn ich in Großbritannien oder den USA eine ordentliche Bezahlung und eine feste Stelle erhalten kann.

J.K.: *Die unkluge Weise, in der hierzulande die Bachelor-Studiengänge eingeführt worden sind und vielerorts eingerichtet werden, trägt zu dieser abnehmenden Attraktivität der Universität bei.*

U.H.: Ich finde die Einführung der Bachelor/Master-Studiengänge insgesamt so dumm nicht. Wenn man natürlich, wie die Geschichtsprofessoren einer bekannten westfälischen Universität, im Überschwang des Reformeifers die Stundenpläne der BA-Studenten so voll stellt, dass diese 20 Pflichtstunden pro Semester absolvieren müssen, und sich die Professoren dann über die Verschulung und die bösen Ministerialbeamten beschweren, dann ist einem nicht zu helfen. Nach drei Jahren einen ersten Abschluss zu haben und sich dann zu überlegen: »Gehe ich in den Beruf oder mach ich noch den MA?« – das scheint mir eine vernünftige Sache, und die Erfahrungen etwa in Skandinavien oder Benelux bestätigen das auch. Der Bachelor-Studiengang nützt durch die größere Verbindlichkeit vor allem den Studierenden aus bildungsferneren Schichten, während er den stark intrinsisch Motivierten nicht schadet. Im Kern aber bleibt das eine Frage, wie die Dozenten ihre Lehrveranstaltung vorbereiten und organisieren – hier sehe ich die eigentlichen Defizite. Die

Klage über BA und MA scheint mir weithin eine Ablenkung von den akuten Defiziten in der Lehre.

J.K.: *Ist es nicht vielleicht ein gemeinsames Charakteristikum vieler im Zuge der Universitätsreform durchgeführten Maßnahmen, dass sie zu starr sind und zu formal ausgelegt werden? Aber um noch einmal zur Forschung zurückzukehren: Mir scheint das Vertrauen in bibliometrische Verfahren ein Krisenindikator zu sein. Man weicht der Urteilsbildung aus, auch den Konflikten, die damit verbunden sind, und setzt auf Zahlen, von denen jeder weiß, wie wenig aussagekräftig sie sind und wie leicht sie manipuliert werden können.*

U.H.: Dass Qualitätsmessung in den Geisteswissenschaften ein schwieriges Unterfangen ist, hat jedenfalls nicht nur damit zu tun, dass die vorwiegend qualitativen, hermeneutischen Verfahren der Geisteswissenschaften exakter Bemessung schwerer zugänglich sind als quantitativ orientierte und experimentelle Forschung. In anderen Ländern, den angelsächsischen zumal, gibt es ja bereits Zitations-Indices, Zeitschriftenrankings und sehr ausgefeilte Verfahren der Begutachtung wissenschaftlicher Arbeiten, insbesondere bei den Begutachtungen für das *tenure track*-System. Und wer würde behaupten, dass die wissenschaftliche Qualität in den Universitäten dieser Länder schlechter ist als bei uns? Gleichwohl, mein Vertrauen in rein bibliometrische Verfahren ist ziemlich gering.

J.K.: *Aber kann man es nicht doch einfach beim Lesen als dem primären und irgendwie auch einzigem verlässlichen Verfahren der Qualitätsbeurteilung belassen? Mir leuchtet es nicht ein, wenn aus der Spezialisierung abgeleitet wird, man könne nicht mehr beurteilen, was die meisten Kollegen so machen, und sei darum gezwungen, ihre Aufsätze zu zählen und die Summe dann mit dem Gewicht der Publikationsorte und der Häufigkeit des Zitiertwerdens zu multiplizieren, um herauszufinden, ob man den Autor berufen oder ihm Drittmittel geben kann.*

U.H.: Das ist richtig. Trotzdem können wir die Frage »Wie messt ihr Geisteswissenschaftler denn Leistung?« nicht einfach nur mit »Geht nicht!« beantworten. Wir können nicht ernsthaft so tun, als sei die Leistung eines Historikers oder eines Literaturwissenschaftlers nicht bemessbar, sondern im Wortsinn unermesslich. Zunächst bedeutet Leistungsmessung nur, dass die Standards der Geisteswissenschaften sich ebenso öffentlicher Überprüfung zu stellen haben wie jede andere Disziplin auch. In den meisten Geisteswissenschaften gibt es keinen Konsens und keine Praxis der Leistungsmessung in der Forschung. Ein System der referierten Zeitschriften wie in den Naturwissenschaften und auch den Sozialwissenschaften ist in den Geisteswissenschaften bislang nicht entwickelt worden. Nur auf dieser Grundlage ist ein bibliometrisches Verfahren auch sinnvoll. Denn dann sagt es mir: »Kandidat A hat neun Aufsätze in den Zeitschriften mit den höchsten Standards veröffentlicht, Kandidat B keinen, sondern hat nur in Sammelbänden und nicht referierten Journalen publiziert.« Das würde ich als einen aussagekräftigen Hinweis auf die Qualität des Bewerbers akzeptieren.

Gegen solche Vorschläge wurde eingewandt, dieses Verfahren widerspreche den qualitativen Bedürfnissen der Geisteswissenschaften. Zudem sei wissenschaftliche Leistung in den Geisteswissenschaften ohnehin nicht präzise zu messen, vielmehr führe bereits der Versuch zur Herausbildung wissenschaftsfremder, letztlich ökonomistischer Kategorien. Eine Fächergruppe, die sich aus Tradition und Überzeugung einer intersubjektiven Überprüfung ihrer Leistungshöhe entzieht, wird aber in einem System, das in den vergangenen fünfzehn Jahren einen Übergang von der konsensorientierten Kollegialuniversität zum Modell der Wettbewerbshochschulen durchlaufen hat, an Bedeutung stetig verlieren. Daran wird die immer wieder erneute Anrufung der Sonderstellung der Geisteswissenschaften aufgrund der Dignität ihrer Gegenstände nichts ändern. Auf der anderen Seite müssen solche Verfahren die Spezifika der geisteswissenschaftlichen Disziplinen berücksichtigen, die durch Stichworte wie »Bedeutung der Einzelforschung«, »individuelle statt arbeitsteilige Forschung«, »Bedeutung der archivalischen, lexikalischen und editorischen Wissensspeicherung«, »Pluralität der Methoden«, »Vielfalt der Gegenstände«, »Bedeutung von Sprache und künstlerischer Gestaltung« etc. formuliert sind. Nur: die Unmöglichkeit der Leistungsmessung beweist all dies nicht, eher die Schwierigkeit der Transformation von der informellen zur expliziten Bewertung.

J.K.: *Mit anderen Worten: Wer sich, vielleicht mit guten Argumenten, nicht bibliometrisch messen lassen möchte, muss dafür sorgen, dass die Standards auf andere Weise durchgesetzt werden, sollte aber tunlichst Redensarten in die Richtung vermeiden, man könne den Geist keinen Kriterien unterwerfen?*

U.H.: In der Tat. Das Postulat, in den Geisteswissenschaften sei Leistung nicht messbar – weder bei den Studenten, weshalb nur die Noten »Eins« und »Zwei« vergeben werden, noch bei den Professoren, weshalb kein System referierter Zeitschriften existiert –, überzeugt mich nicht. Qualitätsdefinitionen und Kanonbildung sind notwendige Prozesse innerhalb – nicht nur – geisteswissenschaftlicher Disziplinen. Sie allein versetzen in die Lage, innerhalb des Faches belastbar zu kommunizieren und Neuerungen, auch Qualitätssprünge, zu bemerken. Nur: es handelt sich um pragmatische Vereinbarungen, wohl wissend, dass solche Systeme nur Hilfsmittel sind, um Kommunikation innerhalb von Disziplinen und darüber hinaus zu ermöglichen. Wir sollten uns hüten, nach Jahrzehnten der Diversifizierung und Relativierung nun in ein neues Zeitalter der Begrenzungen einzutreten, das Weitungen verhindert und Kreativität missachtet.

2. State of the Art der Qualitätsbeurteilung geisteswissenschaftlicher Forschung

Gesucht: Aussagekräftige Indikatoren und belastbare Datenkollektionen

Desiderate geisteswissenschaftlicher Evaluierung in Deutschland

Stefan Hornbostel

Das »Jahr der Geisteswissenschaften« ist vorbei, der Streit darüber, was sie leisten und wie dies mess- und dokumentierbar sei, geht jedoch in die nächste Runde. Dabei sind die Positionen hinsichtlich der Möglichkeit und der Notwendigkeit von verfahrensmäßig organisierten Qualitätsbeurteilungen deutlich polarisiert.

Für manchen steht nicht weniger auf dem Spiel als »die Vernichtung der Geisteswissenschaften« (Jochum 2008: 349). Betrieben werde dies, so die gebetsmühlenartig vorgetragenen Thesen der Apokalyptiker, indem man die Geisteswissenschaften zwinge, »den Stand der Forschung ziffernmäßig zum Ausdruck« zu bringen, was zutiefst ihrem methodischen Charakter widerspreche, demzufolge es darum gehe, »eine Zahl auf einer Skala« nicht einfach abzulesen, »sondern zu verstehen, welchen Sinn diese Zahl« mache (ebd.). Verweigern sich jedoch die Geisteswissenschaften dem selbstmörderischen Ansinnen der »ziffernmäßigen Evaluation«, werden sie zum »Stachel im Fleisch«, den die Wissenschaftsadministratoren früher oder später ziehen würden, indem sie die Geisteswissenschaften entweder austrocknen oder ihnen die Rolle des Hofnarren zuweisen würden (ebd.). Diese Melange aus geisteswissenschaftlicher Hybris des 19. und 20. Jahrhunderts, popularisierten Fragmenten eines unfruchtbaren Methodendiskurses, tief sitzendem Unverständnis gegenüber jeder Form symbolischer Repräsentation von Sachverhalten, nostalgischer Erinnerung an die verloren gegangene Möglichkeit einer synthetisierenden geisteswissenschaftlichen Klammer um die disziplinären Ausdifferenzierungen der modernen Wissenschaft und verschwörungstheoretischen Politisierungen, die sich gegen jeden rationalen Diskurs immunisieren, zeigt, dass die Frage nach den Möglichkeiten einer Qualitätsbeurteilung in den Geisteswissenschaften aus dieser Perspektive nicht einfach eine Frage nach geeigneten Techniken und Methoden ist, sondern eine Frage danach, ob es gelingen kann, die Büchse der Pandora geschlossen zu halten. Dabei gilt die resignative Vermutung (die gleichzeitig als Generalabsolution fungiert), dass es ebenso wenig möglich sei, sich dem drohenden Unheil zu entziehen, wie es Pandora gelang, ihre Neugier zu bezwingen – mit der Folge, dass unwiderruflich alles Unheil in die Welt kam.

Völlig anders stellen sich die Geisteswissenschaften in den Empfehlungen des Wissenschaftsrates dar: Keine Spur von Krisenlamento, sondern die selbstbewusste, mit exemplarischen Fällen untersetzte Feststellung, dass die »Leistungen der Geisteswissenschaften in Deutschland [...] in der Forschung, ebenso wie in der Qualifizierung des wissenschaftlichen Nachwuchses, sehr gut und international anerkannt« seien und »in einem selbstverständlich gewordenen internationalen Austausch erbracht« würden (WR 2006: 5). Auch aus dieser Perspektive wird der wachsende »Rechtfertigungsdruck, den die Existenz von Publikations- und Zitationsmaßen in weiten Teilen der Wissenschaft auf die Geisteswissenschaften ausübt«, wahrgenommen (WR 2006: 53). Allerdings heißt es dazu explizit, dass die »Ablehnung jedweder Form der Messung wissenschaftlicher Qualität« oder lediglich der »Verweis auf bereits existierende (informelle) Bewertungsverfahren« nicht länger akzeptabel seien, da auch in den einzelnen Fachgebieten übergreifende Bewertungskriterien für planerische Entscheidungen notwendig seien. Um diese Herausforderung zu bewältigen, seien »angemessene und formalisierte Bewertungsverfahren und -kriterien von zentraler Bedeutung. Ein Verzicht der Geisteswissenschaften auf konstruktives Mitwirken hätte zur Folge, dass sie den von außen an sie herangetragenen Kriterien alternativlos ausgesetzt blieben« (WR 2006: 54).

Durchforstet man die Fülle der programmatischen Stellungnahmen, Memoranden, parlamentarischen Anfragen, Diagnosen und Prognosen zur Geisteswissenschaft, die in den letzten Jahren erstellt wurden, bestätigt sich zwar das polare Schema auf vielfältige Weise, gleichwohl ist erkennbar, dass auch die Geisteswissenschaften gerade angesichts des emphatisch verteidigten Wertes der Einheit der Universität sich Leistungsbewertungen nicht entziehen können (vgl. Gauger/Rüther 2007; WR 2006). »Wenn es diese Einheit weiter geben soll, dann bedarf es einer fachgebietsübergreifenden Bewertung der jeweils bearbeiteten

Aufgaben und erbrachten Leistungen, ohne die nämlich eine rationale – und das heißt begründungspflichtige – Leitung der Universität als ganzer längst unmöglich wäre« (Strohschneider 2007: 28).

Damit sind nicht einheitliche Standardkriterien über alle Fächer hinweg gemeint, sondern durchaus das »Recht, auf angemessenen fachspezifischen Bewertungskriterien bestehen zu dürfen, wobei dieses Recht nicht unabhängig von der Verpflichtung sein kann, für solche adäquaten Kriterien und Verfahren Empfehlungen zu geben« (ebd.).

In der Praxis belasten allerdings die divergenten Auffassungen von Aufgaben und Leistungen der Geisteswissenschaften die Suche nach geeigneten Bewertungsverfahren erheblich. Zum einen deshalb, weil als Voraussetzung für die Messung von Leistungen eine einigermaßen konsensuale Vorstellung davon vorhanden sein muss, was als wissenschaftliche Leistung angesehen werden soll, zum anderen deshalb, weil Qualitätsbewertungen nicht in einem neutralen Raum stattfinden, sondern immer auch ein normatives, steuerndes Element besitzen. Herrscht Uneinigkeit über wesentliche Ziele, methodische Standards und paradigmatische Ausrichtungen, werden Qualitätsbewertungen fast immer ›politisiert‹. Diese Ausgangssituation – zusammen mit der Tatsache, dass Geisteswissenschaften vergleichsweise ›billig‹ sind, politischer Druck entsprechend gering war – hat es wohl auch verhindert, dass in den Geisteswissenschaften überhaupt intensiver untersucht wurde, welche verwertbaren Spuren die Erkenntnisproduktion und ihre Validierung im Kommunikationsraum der Disziplinen hinterlässt.

Diese Verspätung in der Reflexion auf die Produktions- und Kommunikationsstrukturen führt auch dazu, dass in den – nun unter öffentlichem Druck stehenden – heftigen Auseinandersetzungen um den Einsatz quantifizierender Verfahren die Grenzen zwischen Indikatoren und Kennzahlen systematisch verwischt werden. Die naturwissenschaftlichen Fachgebiete waren, lange bevor Rankings oder Leistungsvergleiche auf den ›Markt‹ kamen, Gegenstand von Analysen, die quantifizierende Verfahren nutzen, um Strukturen – wie etwa die sprichwörtlichen *invisible colleges* – aufzudecken, die aus der Perspektive des einzelnen Wissenschaftlers so nicht erkennbar waren. Die eingesetzten Verfahren benötigen selbstverständlich eine theoretische Rückbindung und eine beständige Kontrolle, ob das, was gemessen werden soll, mit den eingesetzten Indikatoren tatsächlich erfasst werden kann. Solche Indikatoren richten sich in erster Linie auf eine strukturelle Analyse, erst in einer Sekundärverwertung werden sie als Leistungsindikatoren benutzt. Kennzahlen sind hingegen ›politisch‹ vereinbarte Konstrukte. Sie sind zwar nicht aus der Luft gegriffen, die Ansprüche an eine theoriegeleitete Operationalisierung und eine empirische Überprüfung liegen aber deutlich niedriger und Kennzahlen werden selbst zum Gegenstand individueller oder institutioneller Politiken.

Qualitätsbeurteilung oder Evaluitis?

Warum aber sollte man sich dem Druck nach Leistungsmessung, Rechenschaftslegung, Leistungsvergleichen und Ähnlichem überhaupt beugen, wenn doch nach Ansicht mancher Fachvertreter die etablierten Mechanismen der Reputationszuteilung und die informellen Systeme der Qualitätssicherung völlig ausreichend sind? Um die Frage zu beantworten, muss man gar nicht auf *New Public Management*, Profilbildung, Exzellenz, internationale Konkurrenzfähigkeit, Interdisziplinarität und anderes verweisen, denn das Problem ist alt und wohlbekannt. Friedrich Schiller führte es bereits 1789 in seiner berühmten Antrittsrede für die Professorenstelle in Jena aus: »Darum hört man niemand über Undank mehr klagen, als den Brotgelehrten; nicht bei seinen Gedankenschätzen sucht er seinen Lohn, seinen Lohn erwartet er von fremder Anerkennung, von Ehrenstellen, von Versorgung. Schlägt ihm dieses fehl, wer ist unglücklicher als der Brotgelehrte? Er hat umsonst gelebt, gewacht, gearbeitet; er hat umsonst nach Wahrheit geforscht, wenn sich Wahrheit für ihn nicht in Gold, in Zeitungslob, in Fürstengunst verwandelt«. Es ist dieser Dauerverdacht, dass in einer mehr oder weniger ständisch organisierten und öffentlich alimentierten Wissenschaftsdisziplin der Typus des Brotgelehrten überhand nehmen könnte, der hinter dem Ruf nach Evaluation steht. Das Ziel von Wissenschaftsevaluation ist es gerade, die wissenschaftsinterne Bewertung gegenüber dem »Fürstenlob« zu stärken und nicht, wie paradoxerweise immer wieder unterstellt wird, »Gold und Zeitungslob« zur Richtschnur zu machen. Die Grundidee von Wissenschaftsindikatoren besteht in einer quantitativen Abbildung der Qualitätsurteile der *scientific community*.

Wenn es um die Bewertung von Forschungsleistungen geht, stehen in der Regel Forschungseinheiten, das können organisatorische oder durch einen fachlichen Arbeitszusammenhang gebildete Einheiten sein, im Mittelpunkt des Interesses. Im Kontext von leistungsorientierten Mittelverteilungssystemen (in Zukunft vielleicht auch im Rahmen von Gehaltsverhandlungen) geraten allerdings auch einzelne Personen in den Fokus, während im Rahmen universitärer Profilbildung oder internationaler Vergleiche größere Analyseeinheiten relevant sind.

Bibliometrische Standardverfahren

In den Naturwissenschaften gehören bibliometrische Verfahren (Publikations- und Zitationsanalysen) inzwischen zum Standardrepertoire der Bewertung von Forschungsleistungen. Das ist möglich, weil erstens die Wissendissemination fast ausschließlich über Zeitschriftenartikel stattfindet, zweitens diese Kommunikation überwiegend in englischer Sprache abgewickelt wird und drittens die Zeitschriften selbst stark hierarchisiert sind, so dass 90 bis 95 Prozent der stark zitierten Beiträge weltweit in nur etwa 2000 Zeitschriften erscheinen (vgl. Garfield 1993). Die beiden großen Datenbanken (*Web of Knowledge* – mit dem *Science Citation Index*, dem *Social Science Citation Index* und dem *Arts and Humanities Citation Index* – und *Scopus*) bilden daher die Kommunikationsstrukturen in den Naturwissenschaften recht gut ab, erkennbar daran, dass die Referenzen (die Literaturliste) sich ganz überwiegend als Originaleinträge (*source items*) in den Datenbanken wiederfinden lassen. Für die Geisteswissenschaften (zu denen je nach Klassifikation jeweils unterschiedliche Disziplinen gezählt werden) gilt dies leider nicht (vgl. Moed 2005; Hicks 2004; Archambault/Vignola Gagné 2004; Scheidegger 2007). Das hat eine Reihe von Gründen:

In den Geisteswissenschaften wird ein erheblicher Teil der Publikationsleistung in Büchern und Sammelbänden erbracht. Auch wenn bisher unklar ist, wie ähnlich die Zitationsmuster in Monographien und Zeitschriftenartikel sind, lässt sich für die deutsche Soziologie zeigen, dass über 60 Prozent der Referenzen in den wichtigsten deutschen Soziologiezeitschriften auf Bücher und Sammelbände entfallen (vgl. Cronin/

Snyder/Atkins 1997; Hornbostel 2004; Moed/Nederhof/Luwel 2002). Bücher und Sammelbände werden aber in den genannten Datenbanken nicht erfasst.

In den Geisteswissenschaften spielt (nicht nur in Deutschland) die jeweilige Nationalsprache eine ganz erhebliche Rolle. Diese Publikationen sind nicht nur massiv unterrepräsentiert, der Abdeckungsgrad schwankt auch nach Sprache und Disziplin. So zeigt ein Vergleich zwischen *Ulrich's International Periodicals Directory* und dem *Web of Knowledge*, dass sozial- und geisteswissenschaftliche Publikationen aus Großbritannien deutlich überrepräsentiert (+55 Prozent), Publikationen aus Deutschland hingegen deutlich unterrepräsentiert (-34 Prozent) sind (Archambault/Vignola Gagné 2004: 19; vgl. Hicks 2004).

Auch innerhalb der Zeitschriftenpublikationen sind in den Geisteswissenschaften *core journals*, wie sie für die Naturwissenschaften typisch sind, nur schwer zu identifizieren. Forschungsergebnisse werden über ein breites Set an Zeitschriften und Büchern mitgeteilt.

Schließlich sind die Grenzen zwischen populärwissenschaftlichen Publikationen, ›grauer Literatur‹ und an das akademische Publikum gerichteter Forschungsliteratur weitaus unschärfer, und der Anteil von Beiträgen in Publikumsorganen liegt deutlich höher als in den Naturwissenschaften, ebenso die Menge der Publikationen, die kein Qualitätssicherungsverfahren (*peer review*) durchlaufen hat. Die Datenbanken berücksichtigen jedoch fast ausschließlich Publikationen aus Zeitschriften mit *peer review*-Verfahren (Grayson/Gomersall 2003; Hicks 2004).

Der geringe Erfassungsgrad, der Sprachbias, die Nicht-Berücksichtigung von Monographien und Sammelbänden, die Fragmentierung der Kommunikation in den verschiedenen Communities, der unklare Status populärwissenschaftlicher und ›grauer Literatur‹ und die vergleichsweise kleine Zahl statistisch analysierbarer Einträge lassen die Nutzung der einschlägigen Datenbanken nur in Ausnahmefällen zu, und selbst dann sind meist erhebliche zusätzliche Recherchearbeiten notwendig, um zu nutzbaren Ergebnissen zu kommen.

Butler und Visser (2006) haben für australische Universitäten untersucht, welche Auswirkungen die Fragmentierung der Publikationslandschaft – bzw. das Fehlen von *core journals* – auf klassische Publikations- und Zitationsanalysen hat. Sie berücksichtigten nicht nur jene Angaben aus den Literaturlisten der im *Web of Knowledge* erfassten Artikel, die sich auf Zeitschriften beziehen, welche in der Datenbank selbst regelmäßig ausgewertet werden (sogenannte *source items*), sondern alle Einträge aus diesen Literaturlisten, also auch Referenzen, die sich auf Bücher, Sammelbände oder nicht gelistete Zeitschriften beziehen (sogenannte *non-source items*). Ein solches Vorgehen ist aufwendig, da die Referenzen nicht standardisiert, teils auch fehlerhaft sind. Vergleicht man nun die Ergebnisse, dann steigt in der Physik die Anzahl der Publikationen, die man den australischen Departments zuordnen konnte, um 19 Prozent, und die Zahl der Zitationen um drei Prozent gegenüber einer klassischen bibliometrischen Analyse, die nur die *source items* berücksichtigt. Die Veränderung ist so geringfügig, dass sie Evaluationsergebnisse nicht ernsthaft beeinflusst. In den Philologien hingegen fanden Butler und Visser einen Anstieg der identifizierbaren Publikationen um 693 Prozent und einen Anstieg der Zitationen um 739 Prozent. Das heißt, dass selbst im englischsprachigen Raum mit so massiven Untererfassungen der relevanten Literatur gerechnet werden muss, dass die Ergebnisse einer solchen Analyse völlig irreführend sein können.

Der Versuch, mit den Standardinstrumenten der Bibliometrie geisteswissenschaftliche Forschung zu bewerten, führt daher regelmäßig zu hochgradig verzerrten Ergebnissen. Leider existieren aber auch nur wenige Studien, die die jeweils fach- und nationalspezifischen Publikations- und Zitationskulturen im Detail untersucht haben. Entsprechend gering ist das Reflexionswissen, das die Geisteswissenschaften über sich selbst, ihre Forschungsproduktion und den zugehörigen fachlichen Diskurs entwickelt haben, und damit auch die Chance, begründete Alternativen zu entwickeln.

In einigen Disziplinen bieten sich Alternativen in Gestalt nationaler Fachdatenbanken an. Die wenigen derartigen Fachdatenbanken wurden allerdings nicht zum Zweck der Bewertung von Forschungsleistungen eingerichtet und sind daher ebenfalls erst nach aufwendiger Inspektion für Zwecke der Forschungsbewertung nutzbar. Immerhin gerät hier einiges in Bewegung: Das im 7. Rahmenprogramm geförderte Projekt *European Educational Research Quality Indicators* versucht, für die Erziehungswissenschaft Verfahren zur Bewertung von Forschungsleistungen unter Einbeziehung derartiger Fachdatenbanken zu etablieren. Allerdings bieten Fachdatenbanken keine Möglichkeiten zur Zitationsanalyse. Da reine Publikationszählungen, ohne eine Markierung der Relevanz der jeweiligen Publikationen, wenig aussagen, gibt es seit langem Versuche, Zeitschriften – als Ersatz für den auf Zitationsdaten basierenden *journal impact factor* – aufgrund von Experteneinschätzungen nach Relevanz und Qualität zu klassifizieren. Die *European Science Foundation* (ESF) hat jüngst einen *European Reference Index for the Humanities* vorgelegt, der europäische Zeitschriften auf der Basis von Experteneinschätzungen europäischer Forschungsförderungseinrichtungen in *A, B und C Journals* unterteilt. Es handelt sich bei diesen Kategorien um eine Mischung aus Qualität und Reichweite der Zeitschriften. Obwohl ESF betont, kein Qualitätsurteil über die Zeitschriften abgeben zu wollen, enthalten die Kategorien Kriterien wie *very strong reputation* gegenüber *good reputation.* Abgesehen davon, dass der Kreis der Experten, die die Einstufung der Zeitschriften vorgenommen haben, recht klein ist, haben keineswegs alle europäischen Forschungsförderungseinrichtungen an dieser Liste mitgewirkt, denn die Probleme derartiger Klassifikationen sind aus älteren Studien bekannt: Expertenurteile liefern nur sehr unscharfe Trennungen und sind häufig durch das eigene Forschungsfeld geprägt; kleine, spezialisierte Zeitschriften können kaum gewürdigt werden; große Reichweite ist nur mit englischsprachigen Publikationen zu erreichen; kurz, die Validität und Reliabilität derartiger Listen ist fragwürdig (vgl. Nederhof/Zwaan 1991; The British Academy 2007: 34ff.).

Einen Ausweg aus diesem Dilemma der Datenverfügbarkeit könnte das Internet bieten. Suchmaschinen wie *Google Scholar* und darauf aufbauende Programme bieten bereits komplette Publikations- und sogar Zitationsanalysen an, und auch ein webometrisches Ranking von *world universities* existiert bereits. Zweifellos wird diese Informationsquelle in dem Maße an Bedeutung gewinnen, in dem die wissenschaftliche Literatur tatsächlich als Volltext über Repositorien oder andere Quellen erschlossen werden kann. Nur gehören leider auch an dieser Front die Geisteswissenschaftler eher zu den Schlusslichtern als zu den Pionieren, was die tatsächliche Bereitstellung und Nutzung von *open access*-Publikationen angeht (vgl. DFG 2005: 45ff.). Ohne hier in die Details gehen zu können, lässt sich aber unabhängig von den fachlichen Spezifika festhalten, dass Bewertungen, die sich auf webometrische Analysen stützen, derzeit mindestens ebenso viele Probleme aufwerfen, wie die Nutzung von Zitationsdatenbanken hinsichtlich Abdeckungsgrad, Aktualität und Zuverlässigkeit der Publikations- und Zitationsdaten (vgl. Thelwall/

Vaughan/Björneborn 2003; Kousha/Thelwall 2008; Mayr/Walter 2007). Noch sind derartige Analysen nicht als Indikatoren für Forschungsqualität einsetzbar.

Einige weitere Besonderheiten der Geisteswissenschaften sind bei der Anwendung bibliometrischer Verfahren zu beachten: Schon als Wilhelm Dilthey den Begriff der Geisteswissenschaften 1849 gegen die Naturwissenschaften in Stellung brachte, verursachte die wesentlich auf die angewandte Methodik gegründete Klassifikation Probleme (vgl. Dilthey 1990; Gethmann et al. 2005). Heute sind diese Probleme weitaus gravierender, denn was genau unter den Geisteswissenschaften zu verstehen ist, wird auch in praktischer Hinsicht immer diffuser. So rechnet etwa die ESF die Psychologie zu den Geisteswissenschaften, was – folgt man Dilthey – völlig unangemessen ist; für die Erziehungswissenschaft gilt sicherlich, dass sie geistes- wie sozialwissenschaftliche Anteile hat, die Geschichtswissenschaft hat subdisziplinäre Spezialisierungen, die sich weit von den klassischen Geisteswissenschaften entfernt haben, methodisch gesehen gehören weite Teile der Rechtswissenschaft in die Geisteswissenschaften (vgl. Dilthey 1990). Man könnte diese Liste beliebig fortsetzen; die Probleme, die daraus resultieren, betreffen nicht einfach eine Klassifikation, sondern die recht unterschiedlichen Kommunikations- und Bewertungskulturen, die bei der Konstruktion von Indikatoren berücksichtigt werden müssen. Während in den Naturwissenschaften durch die Analyse von bibliographischen Kopplungen und Kozitationen thematische *cluster* unabhängig von vorgegebenen Klassifikationen ausgemacht werden können, ist dies in den Geisteswissenschaften angesichts der Datenlage nur äußerst eingeschränkt möglich.

Auch die Referenzierung von Literatur zeigt deutliche Unterschiede zu den Naturwissenschaften: Der Anteil archivalischer Zitate (Quellen) ist sehr viel höher, die zitierte Forschungsliteratur meist älter, Koautorschaft wenig verbreitet und die Standardisierung von Referenzen geringer. All das muss bei der Konstruktion angemessener Indikatoren berücksichtigt werden.

Drittmittel

Ein ganz anderer, häufig verwandter Indikator sind die Drittmitteleinwerbungen. Auch wenn keineswegs alle Probleme mit der Erfassung eingeworbener Drittmittel gelöst sind, kann man doch feststellen, dass sich die Datenqualität deutlich erhöht hat, seit dieser Indikator in Verteilungsmodellen auf den unterschiedlichsten »Aggregatebenen« eingesetzt wird. Die Idee hinter diesem Indikator ist nicht wie im Falle der Zitationsanalysen eine Beobachtung des Verhaltens der *scientific community*, sondern die Erfassung von Expertenurteilen zu den Forschungsaktivitäten. Die Höhe der eingeworbenen Drittmittel ist an sich uninteressant, sie dient lediglich als *proxi* für einerseits das positive Votum von *peers* und andererseits den Umfang der Forschungsaktivitäten. Das Problem dieses Indikators ist, dass er nur aussagekräftig ist, wenn Drittmittelforschung ein gewisses Maß von ›Üblichkeit‹ in der jeweiligen Disziplin hat. Forschung ohne größeres Team, ohne Aufwand für empirische Erhebungen oder größere Reisen, lässt sich durchaus aus ›Bordmitteln‹ finanzieren. Weiterhin ist es nicht einfach zu entscheiden, ob das häufig sehr diversifizierte Drittmittelaufkommen unisono als qualitätskontrollierte, wettbewerblich eingeworbene Forschungsmittel qualifiziert werden kann. Hier sind zumindest grobe Differenzierungen nach Art der Antragsbegutachtung geboten.

Sicherlich gehört die These, dass man in den Geisteswissenschaften ganz bequem auch ohne Drittmittel forschen könne, ebenso in das Reich der Mythen wie die Behauptung, für die geisteswissenschaftliche Forschung stünden nur unzureichende Mittel zur Verfügung. Das BMBF hat in den letzten sieben Jahren seinen Etat für Geisteswissenschaften fast verdreifacht, die DFG stellt jährlich etwa 15 Prozent ihres Etats für die Geisteswissenschaften zur Verfügung, und eine ganze Reihe von Förderprogrammen[1] ist explizit auf die besonderen Bedingungen der Geisteswissenschaften ausgerichtet.

1 Im Anschluss an den 2002 mehrfach formulierten Vorwurf, die Geisteswissenschaften würden in der Förderung durch die DFG vernachlässigt, wurde 2003 die DFG Förderinitiative Geisteswissenschaften eingerichtet (vgl. DFG 2007; Rateike 2003). Seit 2005 existiert die vom BMBF initiierte Förderrichtlinie »Geisteswissenschaften im gesellschaftlichen Dialog«. Darüber hinaus ist das BMBF im Rahmen der Projektförderung an der finanziellen Unterstützung der Geisteswissenschaftlichen Zentren

Das Problem liegt also nicht so sehr darin, dass Drittmittelforschung völlig unüblich wäre, sondern darin, dass es durchaus Forschungsbereiche gibt, die mit wenig Mitteln exzellente Forschung betreiben können. Dies ist zwar lediglich ein gradueller Unterschied zu den Naturwissenschaften, in denen die theoriebezogene Forschung in aller Regel ebenfalls weniger Mittel benötigt und den Geisteswissenschaften hinsichtlich ausgeprägter Einzelforschung und abweichendem Publikationsverhalten durchaus ähnlich ist, aber ein dennoch bedeutsamer, denn angesichts des insgesamt geringeren Drittmittelvolumens machen sich diese Effekte in den Geisteswissenschaften stärker bemerkbar.

Nachwuchs

Zu den regelmäßig im Rahmen von Forschungsevaluationen berücksichtigten Faktoren gehört auch die Ausbildung des wissenschaftlichen Nachwuchses. In diesem Punkt ist die Datenlage gleich doppelt lamentabel. Zum einen wissen wir über laufende Promotionsvorhaben kaum Verlässliches (einzig die Zahl der abgeschlossenen Promotionen ist bekannt). Zum anderen aber fehlen jegliche Angaben zur Qualität der Promotionsbetreuung, zur Auswahl der Promovierenden und zu ihrer weiteren Karriere. Die Berücksichtigung lediglich der Zahl der Promovierenden in Qualitätsbewertungen ist ebenso irreführend wie die Nutzung reiner Publikationszahlen ohne jede Qualitätsgewichtung. Auch die bloße Aufzählung von strukturierten Promotionsprogrammen kann den Mangel an Qualitätsinformationen nicht kompensieren. Das Institut für Forschungsinformation und Qualitätssicherung (iFQ) baut derzeit ein Promovierendenpanel auf, das Promovierende aus strukturierten Programmen und aus ausgewählten Hochschulen bis in die Berufseinmün-

---

beteiligt (vgl. BMBF 2007). Fritz Thyssen Stiftung und Volkswagen-Stiftung tragen gemeinsam die Initiative »Pro Geisteswissenschaften« mit der Förderkomponente »opus magnum«, die Freistellungen von sechs Monaten bis zwei Jahren erlaubt. Der Stifterverband der deutschen Wissenschaft sowie die ZEIT-Stiftung zählen ebenso zu den Initiatoren von »Pro Geisteswissenschaften«. Darüber hinaus existieren weitere Initiativen, etwa der Gerda Henkel Stiftung, der Robert Bosch Stiftung sowie anderer nationaler Förderer.

dung verfolgt und den beteiligten Einrichtungen regelmäßige Rückmeldungen gibt. Derartige vergleichende Informationen könnten in Zukunft in eine Berichterstattung über die Leistungen an der Grenzzone von Forschung und Lehre hilfreich sein. Zum Nachwuchsthema gehört aber auch das Angebot an postdoctoralen Karriereoptionen (Juniorprofessoren, Nachwuchsgruppenleiter). Insbesondere Postdoc-Förderungen, die kompetitiv vergeben werden (Emmy Noether-Programm, ERC *Starting Grants* etc.), können Hinweise auf die Attraktivität als Forschungsstandort geben (vgl. Böhmer/Hornbostel/Meuser 2008).

Transfer

Weitaus schwieriger ist es, die anwendungsorientierte Forschung zu erfassen, die etwa in den Ingenieurwissenschaften durch Patentanmeldungen, Lizenzeinnahmen und Industriekooperationen abgebildet wird. Man kann durchaus davon ausgehen, dass auch in den Geisteswissenschaften Transferleistungen erbracht werden. Die Präsenz von Geisteswissenschaftlern in den Medien, Beratungsleistungen, Beiträge in Publikumsmedien und vieles andere steht für einen derartigen Transfer. Gelegentlich wird sogar versucht, den ökonomischen *impact* von wissenschaftlichen Ausstellungen und Veranstaltungen abzuschätzen. All das mögen Leistungen sein, die in der Selbstdarstellung einer Einrichtung, wie sie im Rahmen des *Research Assessment Exercise* (RAE), aber auch im Rahmen des Forschungsratings des Wissenschaftsrats, eingefordert werden, ihren Platz haben und von den Gutachtern im Rahmen einer Gesamtbeurteilung gewürdigt werden können. Für eine quantifizierende Routineberichterstattung sind diese Aktivitäten aber zu selten, zu heterogen und ihr *impact* zu wenig abschätzbar. Kurzschlüssige Nützlichkeitserwägungen scheinen in jedem Fall zur Beurteilung von Forschungsleistungen unangemessen.

Input und Strukturdaten

Für eine Bewertung von Forschungsleistungen sind zwar Output-Daten von zentraler Bedeutung, im Rahmen eines *informed peer review* sind aber regelmäßig weitere Informationen notwendig. Dazu zählen detaillierte Angaben zum Input (insbesondere Personal), um Effizienz abschätzen zu können, Profil und Zielsetzungen der jeweiligen Einheit, die als *self-report* verlangt werden, besondere Leistungen (Preise, unkonventionelle Forschungsprodukte, Sammlungen, Editionen etc.), Kooperationsbeziehungen, internationale Vernetzungen etc. Angesichts der starken Fokussierung auf einzelne Lehrstühle ist es für Institute, Fachbereiche oder Fakultäten meist schwer, derartige Angaben *ad hoc* zu produzieren.

Indikatoren wozu?

Angesichts all der Probleme, die mit der Konstruktion aussagekräftiger Indikatoren aufgeworfen werden, mag man sich fragen, wozu man denn Daten überhaupt benötigt, wenn man grundsätzlich auch auf die Expertise und Urteilskraft von ausgewiesenen Wissenschaftlern zurückgreifen kann.

Ein erster Grund lässt sich aus einer Denkschrift der *American Academy of Arts & Sciences* mit dem Titel *Making the Humanities Count: The Importance of Data* (2002) ableiten. Dort wird nicht nur befürchtet, dass die *humanities* angesichts einer fehlenden Datenbasis gegenüber den Naturwissenschaften auf allen politischen Ebenen ins Hintertreffen geraten, sondern auch, dass es an einer wichtigen Quelle für Selbststeuerungs- und Reflexionsprozesse mangele. Dabei sei das Problem vor allen Dingen, dass es an über die Zeit konsistenten, einheitlich definierten, vergleichbaren Daten fehle, die ohne eine zentrale Koordination unter Einschluss des fachlichen Sachverstandes auch nicht zu erreichen sei.

Ein zweiter Grund lässt sich aus dem britischen *Research Assessment Exercise* (RAE) ableiten, das für die Geisteswissenschaften von besonderer Bedeutung ist, werden doch circa 85 Prozent der Forschungsmittel in den Geisteswissenschaften über dieses Instrument verteilt (gegenüber circa 50 Prozent in den Naturwissenschaften, aufgrund der dort höheren Drittmittel). Der Report der British Academy, *Peer Review: The Challenges for the Humanities and Social Sciences* (2007), beschreibt den Druck auf das bisher praktizierte reine *peer review*-Verfahren, der dadurch entsteht, dass der enorme Aufwand für eine nationale, auf *peer review* basierte Beurteilung der Forschungsleistungen kaum dauerhaft zu leisten ist. In den Naturwissenschaften ist daher für die Zeit nach 2008 bereits eine Umstellung auf ein stark indikatorisiertes Verfahren, für die Sozial- und Geisteswissenschaften ein »light-touch process, based on peer review [...] but informed by metrics« vorgesehen (The British Academy 2007: 31). Die Gründe für diese Entwicklung liegen allerdings nicht nur in einer Reduktion des Aufwands, der in der Tat so hoch ist, dass die Panelisten für einen erheblichen Zeitraum vollständig mit der Arbeit für das RAE beschäftigt sind, sondern auch in der Möglichkeit, belastbare Input-Output-Analysen und internationales Benchmarking vorzunehmen. Nicht zuletzt verspricht man sich eine Qualitätsverbesserung des *peer review*, da die Berücksichtigung von Indikatoren zufällige Kompositionseffekte des Panels und die Abhängigkeit des Urteils von einzelnen Panelmitgliedern dämpfen würden. Die von der Akademie eingesetzte Arbeitsgruppe sieht eine Reihe von Vorteilen im Einsatz von Indikatoren, kommt aber angesichts der oben geschilderten Probleme nicht überraschend zu dem Schluss: »The main intellectual problem confronting the development of metrics is the construction of measures that reliably and validly capture quality« (ebd.: 32). Ihre Empfehlung lautet daher, keine vorschnelle Substitution des *peer review* vorzunehmen, sondern zunächst im Rahmen von explorativen Pilotstudien ein solides Wissen über die Abbildungseigenschaften der bibliometrischen Indikatoren und die notwendigen Änderungen für die Bereitstellung einer soliden Datenbasis zu beschaffen.

Ein dritter Grund für die Entwicklung von Indikatoren ergibt sich aus den jüngsten Erfahrungen des Wissenschaftsrates, der nach dem Vorbild des RAE im Rahmen einer Pilotstudie ein Forschungsrating für die Fächer Chemie und Soziologie durchgeführt hat (WR 2008). In dieser Studie wurde das Prinzip des *informed peer review*, »d.h. eine Bewertung durch Gutachter auf der Basis überwiegend standardisierter, quantitativer und qualitativer Daten, die fachspezifisch bestimmt werden«, bereits angewandt (WR 2008: 8). Während die Gutachter der Chemie auf einen reichhaltigen Datenfundus zurückgreifen konnten, sahen sich die Soziologen mit erheblichen Problemen konfrontiert. Bereits die Dokumentationen des Publikationsoutputs bereiteten Schwierigkeiten, obgleich die Situation durch die Mitwirkung des Fachinformationszentrums (IZ) deutlich besser als in den meisten Geisteswissenschaften war. Gleichwohl mussten für die 57 teilnehmenden Einrichtungen fast die Hälfte der 10.622 Publikationen im Rahmen einer Korrekturschleife nacherfasst werden (ohne dabei Vollständigkeit zu erreichen) (ebd.: 14). Eine Zitationsanalyse konnte aufgrund der oben genannten Probleme nicht verwertet werden. Stattdessen kam auf die Gutachter ein enormes Pensum an Lektüre der eingereichten Publikationen zu, auf denen am Ende die gutachterliche Einschätzung maßgeblich basierte. Für die Bewertung der verschiedenen Dimensionen des Forschungsratings wurde ein konsensuales Votum über ein dreistufiges Verfahren erzielt, in dem zunächst die jeweils zuständigen Berichterstatter unabhängig voneinander Einschätzungen entwickelten. »Wichen diese signifikant voneinander ab, was vor allem bei sehr komplex angesetzten Kriterien mit wenig standardisierbaren Einzelinformationen nicht selten der Fall war (je nach Kriterium in 11 bis 41 Prozent der Fälle), waren sie in einem zweiten Schritt gehalten, ein gemeinsames Urteil zu erreichen – was in fast allen Fällen auch gelang« (ebd.: 25). Am Ende wurden schließlich alle Fälle von der gesamten Bewertungsgruppe behandelt. Ähnlich wie in Großbritannien entsteht so nicht nur ein enorm hoher Aufwand für die Begutachtung, auch die zu evaluierenden Einrichtungen hatten teilweise erhebliche Mühe, die von der Bewertungsgruppe erwünschten Daten bereitzustellen.

Handlungsbedarf für die deutschen Geisteswissenschaften

Fasst man die vorliegenden Erfahrungen zusammen, kann kaum ein Zweifel daran bestehen, dass aussagekräftige Indikatoren zur Forschungsbewertung in den Geisteswissenschaften und belastbare, langfristige Datenkollektionen zu verschiedenen Leistungsdimensionen nicht nur wünschenswert, sondern dringend notwendig sind. Ebenso deutlich ist, dass dies nicht durch die einzelnen Einrichtungen geleistet werden kann. Forschungsbewertungen beruhen auf Vergleichen und setzen daher Referenzebenen voraus. Das bedeutet keineswegs notwendig eine zentrale Agentur, wohl aber Standardisierung und Interoperabilität der gegebenenfalls lokalen Datenbanken (vgl. Hornbostel 2006). In dieser Hinsicht droht in Deutschland eine kleine Katastrophe, nicht weil die Akteure sich verweigern würden, sondern im Gegenteil, weil die unkoordinierten Aktivitäten, die mit der Einführung leistungsorientierter Mittelvergabesysteme verbunden sind, mit viel Ressourceneinsatz inkompatible Datenbestände mit unterschiedlichsten Definitionen schaffen. Hier sind koordinierende Aktivitäten geboten, in die sich auch die jeweiligen Fachgesellschaften einbringen sollten. Die Hochschulen und außeruniversitären Forschungseinrichtungen wären in einem solchen Szenario nach wie vor die wichtigsten Datenlieferanten, aber diese Datenbestände ließen sich sowohl intern wie für eine nationale – besser europäische oder international vergleichende – Forschungsbewertung nutzen.

Ebenso offenkundig ist ein zweites Desideratum, das ebenfalls nicht nur national, sondern möglichst auf europäischer Ebene angegangen werden sollte: Das äußerst lückenhafte Wissen über basale Strukturen der Forschungskommunikation, um die Aussagekraft sowie die technischen und organisatorischen Voraussetzungen für Forschungsindikatoren in den Geisteswissenschaften sollte schnellstmöglich durch eine intensivere Forschung auf diesem Gebiet verbessert werden. Ein europäischer Rahmen für derartige Studien ist deshalb geboten, weil nur so das ungeklärte Verhältnis von disziplinären und nationalen Spezifika, von Isolation und Internationalität, von Sprach- und Kulturabhängigkeit einerseits und Forschungsuniversalien andererseits, geklärt werden kann.

In der Pilotstudie des Wissenschaftsrates zeigte sich sehr deutlich, dass die untersuchten Einrichtungen in höchst unterschiedlichem Maße in der Lage waren, die angeforderten Daten bereitzustellen. Geht man einmal davon aus, dass auf absehbare Zeit Qualitätsbewertungen auf der gutachterlichen Kompetenz von Fachwissenschaftlern beruhen werden, die allerdings – wenn eine solche Bewertung praktikabel und konsensfähig sein soll – auf ein gut strukturiertes, vergleichendes Datenmaterial angewiesen sind, dann entsteht für die geisteswissenschaftlichen Forschungseinrichtungen jenseits von Forschungsbedarf und zentral zu erarbeitenden Informationen eine Anforderung hinsichtlich Auskunftsfähigkeit über zentrale Input- und Outputparameter und institutionelle Zieldefinitionen, die heute nur von wenigen Einrichtungen erfüllt werden kann.

Eine offene Frage ist schließlich, inwieweit Belastungen aus der Lehre in die Beurteilung von Forschungsleistungen (zumindest in der Dimension Effizienz) einbezogen werden sollten.

Literatur

American Academy of Arts & Sciences (2002), *Making the Humanities Count. The Importance of Data*, Cambridge.

Archambault, Éric/ Vignola Gagné, Étienne (2004), *The Use of Bibliometrics in the Social Sciences and Humanities.* Final Report. Prepared for the Social Sciences and Humanities Research Council of Canada (SSHRCC), Ottawa.

Böhmer, Susan/Hornbostel, Stefan/Meuser, Michael (2008), *Postdocs in Deutschland: Evaluation des Emmy Noether-Programms,* iFQ-Working Paper 3, Bonn.

Bundesministerium für Bildung und Forschung (BMBF) (2007), *Freiraum für die Geisteswissenschaften*, Bonn/Berlin.

Butler, Linda/Visser, Martijn S. (2006), »Extending citation analysis to non-source items«, *Scientometrics* 66 (2), S. 327–343.

Cronin, Blaise/Snyder, Herbert/Atkins, Helen (1997), »Comparative Citation Rankings of Authors in Monographic and Journal Literature: A Study of Sociology«, *Journal of Documentation* 53 (3), S. 263–273.

Deutsche Forschungsgemeinschaft (DFG) (2005), *Publikationsstrategien im Wandel? Ergebnisse einer Umfrage zum Publikations- und Rezeptionsverhalten unter besonderer Berücksichtigung von Open Access*, Bonn.

Deutsche Forschungsgemeinschaft (DFG) (2007), *DFG – Förderinitiative Geisteswissenschaften 2002–2007. Abschlussbericht*, Bonn/Bad Godesberg.

Dilthey, Wilhelm (1990 [1959]), *Einleitung in die Geisteswissenschaften. Versuch einer Grundlegung für das Studium der Gesellschaft und der Geschichte*, Bd. 1, 9., unv. Aufl., Stuttgart.

Garfield, Eugene (1993), *SCI Journal Citation Reports: A Bibliometric Analysis of Science Journals in the ISI Database*, Philadelphia.

Gauger, Jörg-Dieter/Rüther, Günther (Hg.) (2007), *Warum die Geisteswissenschaften Zukunft haben. Ein Beitrag zum Wissenschaftsjahr 2007*, Freiburg i. Br.

Gethmann, Carl Friedrich/Langewiesche, Dieter/Mittelstraß, Jürgen/Simon, Dieter/Stock, Günter (2005), *Manifest Geisteswissenschaft,* Berlin-Brandenburgische Akademie der Wissenschaften, Berlin.

Grayson, Lesley/Gomersall, Alan (2003), »A Difficult Business: Finding the Evidence for Social Science Reviews«, ESRC UK Centre for Evidence Based Policy and Practice, *Working Paper* 19.

Hicks, Diana (2004), »The Four Literatures of Social Science«, in: Henk F. Moed/Wolfgang Glänzel/Ulrich Schmoch (Hg.), *Handbook of Quantitative Science and Technology Research*, Dordrecht, S. 473–496.

Hornbostel, Stefan (2004), »Leistungsparameter und Ratings in der Forschung«, *Beiträge zur Hochschulpolitik* 9, S. 173–187.

Hornbostel, Stefan (2006), »From CRIS to CRIS. Integration and Interoperability«, in: Anne Gams Steine Asserson/Eduard J. Simons (Hg.), *Enabling Interaction and Quality. Beyond the Hanseatic League. 8th International Conference on Current Research Information Systems*, Leuven, S. 29–38.

Jochum, Uwe (2008), »Wissenschaftsranking«, *Merkur* 62 (4), S. 346–349.

Kousha, Kayvan/Thelwall, Mike (2008), »Sources of Google Scholar citations outside the Science Citation Index: A comparison between four science disciplines«, *Scientometrics* 74 (2), S. 273–294.

Mayr, Philipp/Walter, Anne-Kathrin (2007), »An exploratory study of Google«, *Emerald Online Information Review* 31 (6), S. 814–830.

Moed, Henk. F. (2005), *Citation Analysis in Research Evaluation*, Dordrecht.

Moed, Henk F./Nederhof, Anton J./Luwel, Marc (2002), »Towards performance in the humanities«, *Library Trends Special Issue on Current Theory in Library and Information Science* 50, S. 498–520.

Nederhof, Anton J./Zwaan, Rolf A. (1991), »Quality judgements of journals as indicators of research performance in the humanities and the social and behavioural sciences«, *Journal of the American Society for Information Science* 42, S. 332–340.

Rateike, Jutta (Hg.) (2003), *Einblicke – Geistes- und Sozialwissenschaften in der DFG*, Bonn.

Scheidegger Franziska (2007), *Darstellung, Vergleich und Bewertung von Forschungsleistungen in den Geistes- und Sozialwissenschaften. Bestandsaufnahme der Literatur und von Beispielen aus dem In- und Ausland*, Bern.

Schiller, Friedrich (1789), *Was heißt und zu welchem Ende studiert man Universalgeschichte?*, Jena.

Strohschneider, Peter (2007), »Freiraum für die Geisteswissenschaften«, *Aus Politik und Zeitgeschichte* 46, S. 26–31.

The British Academy (2007), *Peer Review: The Challenges for the Humanities and Social Sciences*, London.

Thelwall, Mike/Vaughan, Liwen/Björneborn, Lennart (2003), »Webometrics«, *Annual Review of Information Science and Technology* 39, S. 81–135.

Wissenschaftsrat (WR) (2006), *Empfehlungen zur Entwicklung und Förderung der Geisteswissenschaften in Deutschland. Teil 1: Stellungnahme,* Drs. 7068–06, Berlin.

Wissenschaftsrat (WR) (2008), *Steuerungsgruppe der Pilotstudie Forschungsrating im Auftrag des Wissenschaftsrates. Forschungsleistungen deutscher Universitäten und außeruniversitärer Einrichtungen in der Soziologie. Ergebnisse der Pilotstudie Forschungsrating des Wissenschaftsrats. Köln.* http://www.wissenschaftsrat.de/texte/pilot_ergeb_sozio.pdf; letzter Zugriff 27.9.2008.

Das zweiköpfige Lama zähmen: Die australische Suche nach den besten Evaluierungsmethoden für die Geisteswissenschaften

Claire Donovan

Einführung

Im Jahr 2005 gab es einen Aufruhr britischer Geisteswissenschaftler gegen den Versuch des *Arts and Humanities Research Council* (AHRC), Ranglisten der zehn »bedeutendsten und wichtigsten« Fachzeitschriften in verschiedenen Forschungsbereichen aufzustellen. Die Listen sollten zur Beurteilung von Forschungsleistungen herangezogen werden. Der Widerstand gegen diesen Plan war jedoch so heftig, dass das AHRC den Plan wieder fallen ließ. Doch wie und warum war es überhaupt zu dem Konflikt gekommen?

Angesichts eines steigenden Drucks der Regierung, Indikatoren für Forschungsqualität zu entwickeln, und im Bewusstsein, dass Publikations- und Zitiermetriken, die sich an den Normen naturwissenschaftlicher Veröffentlichungen orientieren, für Geisteswissenschaften und die Künste nur von begrenztem Nutzen sind, hatte das AHRC nach einem Kompromiss gesucht. Mit dem Versuch, eine Bestenliste von Fachzeitschriften zu erstellen, sollten zugleich Kriterien zur Forschungsqualität erarbeitet werden, die nicht von außen, sondern im Rahmen einer Befragung von Fachbereichsvorständen aus der Mitte der Forschergemeinde kommen (*bottom up*-Strategie). Doch trotz dieses innovativen Ansatzes erwies sich bereits der Widerstand gegen die Aufstellung von Ranglisten selbst – wie demokratisch auch immer das Ergebnis zustande kommen sollte – als unüberwindliche Hürde. Die Haupteinwände aus der Wissenschaft bezogen sich auf die mögliche Verwendung solcher Listen und die daraus erwachsenden Auswirkungen auf das Profil der Geisteswissenschaften insgesamt. Insbesondere wurde die Befürchtung geäußert, dass zum Fetisch erhobene Ranglisten neu entstehenden Disziplinen und Zeitschriften vorzeitig den Garaus machen würden und sich der Konkurrenzdruck, in auf den Ranglisten vorne stehenden Zeitschriften zu veröffentlichen, negativ auf die Entwicklung von Forscherkarrieren auswirken könnte (THES 2005).

Der Konflikt zwischen dem AHRC und seiner akademischen Mitgliederschaft ist von besonderem Interesse für diesen Abschnitt, denn er steht beispielhaft für die Interessengegensätze von Regierung, Forschungsmanagement und Wissenschaft – jenen Akteuren, die in den letzten zehn Jahren Bestrebungen zur Evaluierung der Qualität der geisteswissenschaftlichen Forschung vorangetrieben haben. Der Beitrag liefert einen Überblick über die neuesten Entwicklungen im Bereich Qualitätskontrolle mit besonderer Berücksichtigung der Geisteswissenschaften. Es folgt ein genauerer Blick auf die verschiedenen Ansätze – *peer review*-Verfahren, Scientometriken, bibliometrische Verfahren, Ansehensindikatoren (*esteem indicators*) und *impact*-Messungen – sowie eine Diskussion der jeweiligen Vor- und Nachteile aus einer Reihe von Perspektiven und im Licht der Fachliteratur zum Thema Forschungsevaluation mit Beispielen aus der Praxis. Den Abschluss bildet ein Blick von *Down Under* mit Überlegungen, wie in Australien und anderen Ländern mit Spannungen bei der praktischen Umsetzung von Evaluationsverfahren umgegangen worden ist; etwa dem unglücklichen Versuch des AHRC, eine Rangfolge von Fachzeitschriften aufzustellen. Schließlich folgen noch einige Hinweise auf weitere Entwicklungen bei der Qualitätsevaluierung der geisteswissenschaftlichen Forschung.

Trends in der Qualitätsevaluation

Im Mittelpunkt dieses Abschnitts steht ein Überblick über aktuelle Tendenzen in der Evaluationsforschung zur Forschungsqualität. Anschließend soll der Frage nachgegangen werden, welchen Platz die Geisteswissenschaften in der Qualitätsevaluation einnehmen und damit auch, welcher relativer Wert dieser Forschung zugemessen wird. Zunächst ist es jedoch wichtig zu erläutern, was wir hier unter »Geisteswissenschaften« (*humanities*) und was unter »Qualität« verstehen, denn für beide

Begriffe sind die Definitionen fließend und können zwischen Kulturen und Kontexten verschieden sein.

Das Themenspektrum der Geisteswissenschaften

In diesem Abschnitt geht es um die Forschungsbereiche, die in Australien und den anderen hier besprochenen Ländern unter *humanities* zusammengefasst und im deutschen Sprachraum als »Geistes- oder Kulturwissenschaften« bezeichnet werden. Auch wenn die Grenzen hier und da etwas unscharf sind, stellen die Begriffe *»humanities«* oder »Geisteswissenschaften« im Wesentlichen die modernistische Abgrenzung einer intellektuellen Sphäre dar, die etwas Eigenes bildet neben den darstellenden und bildenden Künsten, den Sozial- und den Naturwissenschaften. Ihre Grundlagen bilden Gelehrtentraditionen des kritischen Engagements sowie der Spekulation über menschliche Erfahrungen und die *conditio humana* über Zeiten und Kulturen hinweg. Auch wenn es unterschiedliche Definitionen von Geisteswissenschaft gibt, bilden ihre Kerndisziplinen doch stets Archäologie, Altphilologie, Kulturwissenschaften, Geschichte, Sprachen und Literatur, Rechtswesen, Linguistik, Philosophie und Religionswissenschaft. Das schließt ewige Fachdispute mit anderen intellektuellen Sphären über die Zuordnung einzelner Felder und Disziplinen nicht aus, etwa Wirtschaftsgeschichte und Linguistik, um nur zwei Beispiele zu nennen.

Was ist Forschungsqualität?

Der Begriff »Forschungsqualität« ist sehr viel schwieriger einzugrenzen, und auch wenn man uns oft weismachen will, dass zumindest deren quantitative Erfassung einfach ist, handelt es sich doch tatsächlich um etwas, was mit einfachen (oder auch mit komplexeren) Methoden nur schwer zu bestimmen ist.

Traditionellerweise wird »Forschungsqualität« nicht durch quantitative Verfahren bestimmt, sondern mithilfe von Beurteilungen von Forschungsleistungen wie etwa Publikationen durch Fachkollegen (*peers*), sogenannten *peer review*-Verfahren. In einer klassischen Arbeit beschrieben

Martin und Irvine (1983: 70) »Forschungsqualität« als Spektrum von Eigenschaften, auf die die *peers* Publikationen untersuchen: etwa methodische Strenge, offensichtliche Fehlerfreiheit, ästhetisch ansprechende Argumentation. Dennoch hielten sie auch fest, dass Forschungsqualität keine einer Forschungsarbeit oder Veröffentlichung inhärente Eigenschaft ist, sondern etwas, was extern bestimmt wird durch verschiedene soziale und kognitive Faktoren, die das Urteil der *peers* beeinflussen. Wir werden daher zur Annahme veranlasst, dass die Definition von »Forschungsqualität« im Rahmen von *peer review*-Verfahren sozial determiniert ist. Tatsächlich können zwar auf *peer review* beruhende Qualitätsurteile gewisse Gemeinsamkeiten teilen, aber sie sind nicht unbedingt reproduzierbar, und dieses kontingente Element (manchmal als *bias*, ›Messfehler‹, interpretiert) hat schon oft bei Forschungsmanagern und Wissenschaftspolitikern Beunruhigung ausgelöst.

Dieses Unbehagen mit dem allzumenschlichen, ›subjektiven‹ Wesen von Forschungsevaluation führte zur Suche nach externen, ›objektiven‹ Messgrößen für Exzellenz in der Forschung, etwa Qualitätsindikatoren. Und so sind inzwischen die sogenannten Qualitätsmetriken immer zahlreicher und ausgefeilter geworden. Dennoch verschleiert diese Entwicklung die Tatsache, dass dadurch Forschungsqualität tatsächlich *nicht* gemessen wird (Donovan 2007b: 586). So weisen beispielsweise die Bibliometriker die Vorstellung zurück, dass die Zahl der Zitate, die ein Werk erhält, etwas über seine inhärenten Werte aussagt (REPP 2005: 12). Sie räumen aber ein, dass Zitate den Einfluss eines Werks auf die nachfolgende akademische Literatur beeinflussen – obwohl der Grund für das Zitieren positiv, negativ oder eine bloße Pflichtübung sein kann.[1] Andere gebräuchliche Messwerte für »Forschungsqualität« wie die durch einen Fachbereich eingeworbene Forschungsförderung, Ansehensindikatoren oder die Absolventenzahl bei Forschungsstudierenden gelten immer wieder als mit der Forschungsqualität korreliert, stellen aber als solche noch keine geeigneten alleinigen Qualitätsindikatoren dar (Donovan 2007b: 586). Vielleicht noch beunruhigender ist die Beobachtung,

---

1 Die Bibliometrikerzunft bezeichnet diesen Einfluss als Forschungs-*impact*. Dieser ist nicht zu verwechseln mit der neueren Verwendung von *impact* als *policy*-Begriff für den Wert von Forschung für die Öffentlichkeit jenseits der akademischen Sphäre, typischerweise in Form von wirtschaftlichem Ertrag.

dass Metriken ebenso sozial konstituiert sind wie *peer review*-Verfahren und damit ebenso ›subjektiv‹ und kontingent sind (Donovan 2007c: 671f.). Das führt uns zu der Beobachtung, dass »Forschungsqualität« letztendlich durch die Art ihrer Erhebung definiert wird; und dass es die verwendeten Messmethoden und Prozesse sind – qualitativ oder quantitativ –, die über Forschungsexzellenz entscheiden (siehe Espeland/Stevens 1998: 313f.; Hicks/Potter 1991: 486).

Damit kommen wir zu dem Schluss, dass »Forschungsqualität«, wie sie durch *peer review* oder durch Metriken bestimmt wird, ein dehnbarer Begriff ist. Daraus folgt: Wollen wir verstehen, was Forschungsqualität ist, müssen wir fragen, *wer* die Forschung beurteilen will und *warum*, was dabei gefunden werden soll und welche Untersuchungsmethoden zu diesem Zweck bevorzugt werden. Um diesen Fragen nachzugehen, lohnt ein Blick auf die konkurrierenden Kräfte, die die Moden der Forschungsevaluation in den letzten Jahren vorangetrieben haben.

Neuere Trends in der Qualitätsevaluation

Der vorliegende Blick aus *Down Under* bezieht sich überwiegend auf die Erfahrungen in Australien und in Großbritannien und zeichnet damit die radikalsten Schwankungen nationaler Forschungsevaluation der letzten Jahre nach.[2] Das australische *Research Quality Framework* (RQF) war ein ehrgeiziges nationales Forschungsevaluationsprogramm, mit dem versucht werden sollte, *peer review*-Methoden und ein Spektrum von generischen und disziplinenspezifischen Metriken zu kombinieren, um so die Qualität von Forschungsgruppen einzuschätzen. Außerdem sollte mithilfe von *peer review*, verschiedenen Metrik-Verfahren und Befragungen von ›Endnutzern‹ ein *impact*, ein Maß für den öffentlichen Wert von Forschung für Bereiche jenseits der Wissenschaft ermittelt werden. 2008 verlor die Liberale Partei die Parlamentswahlen, und die Regierung wurde nun von der *Australian Labor Party* gebildet, die einen Monat später das RQF aufgab, noch bevor es implementiert werden konnte. Das Nachfolgeprogramm, *Excellence in Research for Australia* (ERA), soll

---

2 Für eine vollständige Hintergrunddiskussion der neuesten Entwicklungen in Australien und Großbritannien siehe Donovan (2007a, 2007b) und Butler (2007).

2010 startbereit sein. Während seine genaue Form noch festgelegt werden muss, steht jedoch schon fest, dass Forschungsqualität mithilfe von *›light touch‹ peer review*[3] in Kombination mit disziplinenspezifischen Metriken gemessen und kontextbezogene *impact*-Evaluierung vermieden werden soll (ARC 2008).

Das britische Programm *Research Assessment Exercise* (RAE), das schon über zwei Jahrzehnte läuft, evaluiert landesweit die Qualität von Forschung mithilfe von disziplinenbasierten *peer reviews*. Nach 2008 soll es jedoch durch das *Research Excellence Framework* (REF) ersetzt werden. Ursprünglich war angekündigt worden, dass die REF-Mittel durch ein metrisches Verfahren auf der Basis der von den Universitäten eingeworbenen Forschungsmittel verteilt werden sollten. Nach Stellungnahmen aus der Forschergemeinde wurde dann jedoch zunächst beschlossen, dass nur für die experimentellen Naturwissenschaften ein rein auf Metriken basierendes System zur Anwendung kommen sollte, das in den Geisteswissenschaften, Künsten, Sozialwissenschaften sowie Mathematik und Statistik ergänzend noch mit *peer review* kombiniert wird. Nach weiteren öffentlichen Anhörungen beschloss die Regierung schließlich, dass alle Disziplinen nun entweder nur durch *›light touch‹ peer review*, durch ein Spektrum metrischer Methoden oder (wo sinnvoll) mittels einer Kombination von beiden untersucht werden sollen. Einzelheiten der REF-Regelung werden erst 2009 abschließend festgelegt (siehe Hansard, 2008, Spalte 104WS).

Damit sehen wir uns in den Fällen Australien und Großbritannien einer breiten Vielfalt von Präferenzen gegenüber – von der traditionellen *peer review* über einfache und komplexe Metriken bis hin zu einer Kombination von beiden. Es ist noch nicht klar, ob die neuen Verfahren letztlich eher konservativ oder radikal ausfallen werden. Diese Ungewissheit wird verursacht durch die konkurrierenden Ansprüche von Regierungen, Universitäten, Forschungsmanagern und verschiedener

3 Der Begriff *›light touch‹ peer review* (etwa vereinfachtes *peer review*-Verfahren) taucht seit kurzem in einschlägigen Diskussionen in Australien und Großbritannien auf. Er ist entstanden als Reaktion auf Einwände, die traditionelle *peer review* sei als Standardverfahren zu aufwendig, und bezeichnet Versuche, bewährte *peer review*-Elemente mit metrischen Verfahren zu verbinden.

akademischer Disziplinen, die alle miteinander wetteifern, den Umsetzungsprozess zu beeinflussen.

Auf die Frage, wer Forschung evaluieren will und warum, was dabei herausgefunden werden soll und welche Testmethoden zu diesem Zweck bevorzugt werden, finden wir klare Antworten: Regierungen streben danach, Ressourcen an den Universitätssektor proportional zu dessen Forschungsexzellenz in der jüngeren Vergangenheit zu allozieren. Regierungen sind weiterhin darauf bedacht, Geld- und Zeitressourcen in einer objektiven und ›robusten‹ (nachvollziehbaren, Kritik standhaltenden) Weise effizient zu verteilen und international vergleichbar zu machen (*benchmarking*), wodurch sie zugleich einen Überblick über die globale Konkurrenzfähigkeit ihrer Wissenschaftsbasis gewinnen. Hierzu ist es nur folgerichtig, die Entwicklung von Metriken voranzutreiben – dabei gerinnt »Forschungsqualität« in Zahlen. Zusätzlich versuchen Regierungen oft auch noch, als Maß für Forschungsqualität den ökonomischen Nebennutzen (*spin-off*) aus der Forschung heranzuziehen.

Auf der anderen Seite haben wir in den Fällen Australien und Großbritannien herausgefunden, dass auch Universitäten und Akademien die Mittel und Reputation, die ihnen zufallen können, derart massiv maximieren wollen, dass dadurch etwa Definitionen der Begriffe »Qualität«, »Robustheit« und »Gleichheit« zu höchst politischen Fragen werden. Im Allgemeinen kann man sagen, dass für naturwissenschaftliche und technische Disziplinen universell angewandte Metriken die nützlichsten ›Qualitätsmarker‹ liefern. Daher haben wir auch zunächst Unterstützung für Systeme gefunden, die nur auf Metriken beruhen. Sobald man aber in den nicht-naturwissenschaftlichen Disziplinen zusätzlich noch *peer reviews* zuließ, wurde das als Konkurrenzvorteil angesehen und führte schließlich zu einem allgemeinen Meinungsumschwung zugunsten von *peer review* für alle Fächer.[4] Außerdem fanden wir bei den naturwissenschaftlichen und technischen Interessengruppen eine größere Bereitschaft dafür, dass der Begriff der Forschungsqualität mit dem ökonomischen Nutzen für Wirtschaft und Industrie in Verbindung gebracht wird. Die ›Nicht-Naturwissenschaften‹ bevorzugten dagegen im Allge-

---

4 Im britischen Fall wurde dieses Manövrieren als gegen die Geisteswissenschaften, Künste und Sozialwissenschaften gerichteter, »ungeheuerlicher Verrat« beschrieben (THES 2006).

meinen eher das traditionelle *peer review*-Modell und zeigten Widerstand gegen die von ihnen als ›naturwissenschaftsfreundlich‹ empfundenen Metriken. Hier gab es auch Opposition gegen die ökonomische Rationalisierung von Forschungsqualität, wobei eine bemerkenswerte Ausnahme die Künste darstellen, die den Wert der Kreativindustrien für die nationale Ökonomie herausstellten.

In einem bildhaften Vergleich wurde die Entwicklung von Evaluierungssystemen mit dem »Pushmipullyu« verglichen, dem zweiköpfigen Lama aus dem Kinderbuch *Dr. Doolittle* (in der deutschen Übersetzung »Stoßmichziehdich«; Anm. d. Hg.), das versucht – erst »Hü!«, dann »Hott!« – in zwei Richtungen gleichzeitig zu laufen:

> »Die Regierung ruft »Hü!« und wirbt für externe Audits. Dann heißt es wieder ›Hott, jetzt machen wir interne *peer reviews*!‹ Einmal wird breitere Relevanz der Forschung gefordert, dann wieder die Autonomie der Wissenschaft. Und dann gibt es einen Drall hin zu den Interessen von Industrie und Wirtschaft, der gekontert wird durch eine ähnlich starke Aufmerksamkeit für den öffentlichen Nutzen in einem weiter gefassten Sinn«. (Donovan 2007a: 539)

Typisch für die Entwicklung der Evaluation von Forschungsqualität in den letzten zehn Jahren war die Abkehr von *peer reviews* und eine Hinwendung zu vorgeblich immer nuancierteren Metriken. Wie wir bereits gesehen haben, gab es eine von Regierungen und Naturwissenschaften unterstützte Tendenz hin zu ›objektiven Methoden‹ und effizienten Metriken. Hier kamen zunächst die Verfahren der Scientometrie in Betracht; in den letzten Jahren wurden dann auch Techniken für Evaluationen aus der Ferne (*remote technologies*) wie Bibliometrie zunehmend verfeinert und drohten allmählich die *peer review* zu verdrängen. Doch parallel dazu gab es auch Bedenken bezüglich der Verwendung von Metriken, was die Genauigkeit der Ergebnisse betrifft, und dass sie unliebsamen Verhaltensweisen Vorschub leisten (wie in unserem oben zitierten Beispiel des AHRC). Daher ist jüngst wieder eine Gegenbewegung entstanden, die zu einem offensichtlichen Kompromiss geführt hat, dem ›ausgewogenen‹ oder ›ausbalancierten Ansatz‹ (*balanced approach*). Hier wird ein ganzes Spektrum von disziplinenspezifischen Metriken mit ›*light touch*‹ *peer review*[5] verknüpft. Mehr dazu später in diesem Beitrag. Eine weitere

---

5 Siehe Butler 2007; Moed 2007.

von Regierungen und Naturwissenschaften vorangetriebene Tendenz war die besondere Berücksichtigung des von der Forschung geschaffenen ökonomischen *impact*, der in verschiedenen Metriken eine Rolle spielt. Die Gegenbewegung hierzu legte stattdessen größeren Wert darauf, auch weiterreichende soziale und kulturelle Nutzen aus der Forschung miteinzubeziehen. Auch diese Entwicklung wird weiter unten noch näher untersucht.

Wo aber steht nun das »Stoßmichziehdich« derzeit genau? In Australien wie in Großbritannien haben sich die Regierungsvertreter mit ihren starken Präferenzen für metrische Systeme den Bedenken der Fachdisziplinen gebeugt und sind bereit, weiterhin *peer review*-Verfahren miteinzubeziehen. Das Ergebnis dieses politischen Kompromisses ist, dass die Scientometrikerfraktion im Moment gegenüber den Anhängern der *peer review* leicht in Führung liegt. Was aber wird nun in diesem Kontext genau unter »Forschungsqualität« verstanden? Dies bleibt nach wie vor eine höchst politische Streitfrage, wobei es derzeit danach aussieht, dass die Antwort darauf in einem Amalgam von ›objektiven‹ Maßnahmen zu suchen ist, die einer Mediation von Expertenmeinungen aus der Wissenschaft unterworfen werden.

Der Standort der Geisteswissenschaften

Bei der Betrachtung des Stellenwerts, den man der geisteswissenschaftlichen Forschung im Rahmen von Forschungsevaluation zumisst, fällt auf, dass Regierungen diese Sphäre überhaupt nur selten und dann allenfalls im Nachhinein berücksichtigen. Die Finanzierung der geisteswissenschaftlichen Forschung ist (neben der der kreativen Künste und der Sozialwissenschaften) eingebettet in die gesamte Wissenschaftspolitik einer Regierung, und Regierungen neigen nun einmal dazu, solche Forschungen zu stärken, von der sie annehmen, dass sie technischen Fortschritt, Wohlstand und internationale Konkurrenzfähigkeit mehren – kurz, Naturwissenschaften, Technologie, Ingenieurswesen und Medizin (Donovan 2007b: 585).[6] Mit der bemerkenswerten Ausnahme der Lei-

6 In der Tat gibt es einige, die der Förderung von Geisteswissenschaften überhaupt ablehnend gegenüberstehen. Charlton/Andras drücken es so aus: »Kurz gesagt, wer

dener Arbeitsgruppe[7] finden wir eine vergleichbare Vernachlässigung der Geisteswissenschaften in der Fachliteratur zur quantitativen Forschungsevaluation. Dort wurden Metriken ursprünglich für die naturwissenschaftliche Praxis und deren Normen für Fachveröffentlichungen konzipiert. Bereits dadurch hat sich eine bestimmte Definition von »Forschungsqualität« herausgebildet, und wenn diese auf andere Forschungsbereiche ausgeweitet wird, kommt es zu einer »imaginierten Hierarchie der Wissenschaften«: Ganz an der Spitze stehen dann die sogenannten ›harten‹ Fächer, gefolgt von den quantitativen Sozial- und den Geisteswissenschaften. Das Schlusslicht bilden die »interpretativen Sozialwissenschaften« und die Künste. Dies wird dann entweder (1.) unreflektiert als Beweis der höheren Qualität der Naturwissenschaften im Vergleich zu den Geisteswissenschaften gesehen und eben nicht als Ausdruck der geringeren Sichtbarkeit letzterer aufgrund der Anwendung dieser speziellen Messverfahren (Donovan 2007b: 588), oder (2.) als Beweis für die Erfordernis, neuartige Metriken zu entwickeln, die für die Forschungspraxis der Geisteswissenschaften besser geeignet sind (ebd.: 590).

Dabei dürften es wohl von allen intellektuellen Sphären gerade die Geisteswissenschaften sein, denen quantifizierte Ansätze zur Evaluation der Forschungsqualität am fernsten liegen. So steht beispielsweise das Ansinnen, *peer review*-Verfahren aufgrund ihrer ›subjektiven‹ Natur zu ersetzen, in einem Konflikt mit einem Grundelement der geisteswissenschaftlichen Tradition und ist Zeichen eines tiefen Misstrauens gegenüber menschlichen Erklärungen, das Urteile und Interpretationen durch positivistische Lösungen ersetzt.

Dennoch sollte der Einfluss der Geisteswissenschaftler-Gemeinde auf die Entwicklung von Qualitätsevaluation nicht unterschätzt werden. Insbesondere im britischen Kontext fanden deren Bedenken Anklang bei der Politik und führten zu einer Kehrtwende um 180 Grad, wodurch in das REF gemeinsam mit einer Berücksichtigung disziplinspezifischer

---

nicht selbst damit befasst ist, glaubt, dass nicht-naturwissenschaftlicher Forschung die kritische nationale Bedeutung der Naturwissenschaften fehlt.« (2007: 557)

7 Das *Center for Science and Technology Studies* (CWTS) an der niederländischen Universität Leiden ist das in der Welt führende Bibliometrie-Forschungszentrum. Zu dessen Umgang mit den Geisteswissenschaften siehe Luwel et al. 1999; Moed 2005; Nederhof et al. 1989; Nederhof 2006.

Metriken wieder ein *peer review*-Element eingeführt wurde. Einfach gesagt sind einerseits Regierungen empfindlich gegenüber dem Vorwurf der Borniertheit, und andererseits haben die Geisteswissenschaften in der Geschichte immer wieder den Beweis geliefert, dass sie in sich standfest sind, anders als beispielsweise die Sozialwissenschaften (King 1997: 7). Daher kann es zwar durchaus sein, dass die Positionen der ›Nicht-Naturwissenschaften‹ bei der Formulierung erster konkreter Schritte zur Forschungsevaluation zunächst etwas ins Hintertreffen geraten, aber dennoch die Darlegungen der Geisteswissenschaften während der Beratungsphasen gründlich überzeugen und einen nachweisbaren Einfluss auf die Verwirklichung von Plänen haben.

Hauptansätze zur Qualitätsevaluation

In diesem Abschnitt steht nun eine detailliertere Darstellung der wichtigsten Ansätze zur Evaluation von Forschungsqualität – *peer review*, Scientometrie, Bibliometrie, Ansehensindikatoren und *impact*-Messungen – sowie der jeweiligen Vor- und Nachteile für die geisteswissenschaftliche Forschung im Mittelpunkt. Skizziert werden Ziele sowie neueste Trends und aktuelle Beispiele aus internationaler Praxis und einschlägiger Fachliteratur.

Peer review und die Geisteswissenschaften

Peer review-Verfahren von Forschungsleistungen werden typischerweise von Expertengremien einer bestimmten Disziplin durchgeführt, die Qualitätsurteile auf der Grundlage von Forschungsergebnissen (etwa Veröffentlichungen) fällen. Es ist gängige Praxis für Institutionen, Beispiele (gewöhnlich vier) der besten Arbeiten jedes Forschers aus der Evaluationsperiode zu benennen. Die Ergebnisse können jedoch auf verschiedenen ›Aggregationsebenen‹ begutachtet werden. So konzentriert man sich in Neuseeland in landesweiten Evaluationsverfahren auf Einzelforscher, in Großbritannien dagegen auf Fachbereiche der Universitäten.

Wie bereits erwähnt, war die Praxis der Forschungsevaluation lange geprägt von einer Abkehr von *peer review*-Verfahren und einer Hinwendung zu quantitativen Messverfahren, während in jüngster Zeit ›ausgewogene Ansätze‹, also Kombinationen von *peer review* mit verschiedenen Metriken, an Zuspruch gewonnen haben. Diese Entwicklung lässt sich zurückführen auf ein wachsendes Vertrauen in Metriken bei zugleich wachsender Skepsis gegenüber dem Wert von alleinstehenden und dekontextualisierten quantitativen Indikatoren, insbesondere bei deren Einsatz in den ›Nicht-Naturwissenschaften‹. Ein ›ausgewogener Ansatz‹ weist der *peer review* eine neue Rolle als Interpretationshilfe von scientometrischen und bibliometrischen Daten zu, die ihrerseits als »Erkennungszeichen für Anomalien« dienen (Butler 2007: 565). Eine wichtige Eigenschaft des ausgewogenen Ansatzes ist die Einbeziehung neuartiger disziplinensensitiver Metriken wo immer möglich. Die ausschließliche Evaluation von Forschungsergebnissen durch *›light touch‹ peer review* ist dann nur noch ein Notbehelf für Disziplinen, in denen geeignete Metriken nicht zur Verfügung stehen. Als aktuellste Methode kommt der ›ausgewogene Ansatz‹ gegenwärtig im neuen australischen ERA und im britischen REF zum Einsatz.

Man könnte aber auch argumentieren, dass eigentlich *peer review* für die Geisteswissenschaften die vorteilhafteste Form der Qualitätskontrolle ist. Handelt sich dabei doch um einen kritischen Ansatz, der mit den Grundlagen der geisteswissenschaftlichen Tradition im Einklang steht und der auch die Evaluierung vielfältiger Forschungsleistungen jenseits von Zeitschriftenartikeln, Büchern und Buchbeiträgen ermöglicht, also etwa Ausstellungen, nicht-wissenschaftliche, literarische Veröffentlichungen und Übersetzungen. Dennoch bleibt für die Geisteswissenschaften eine Reihe von Nachteilen zu bedenken, etwa die Tatsache, dass *peer review*-Verfahren oft allzusehr disziplinenintern erfolgen und damit die trans- und interdisziplinäre Forschung benachteiligen (Nightingale/Scott 2007: 547). Außerdem ist die Entwicklung auch mit dem ›ausgewogenen Ansatz‹ wohl noch nicht abgeschlossen. So gibt es derzeit einerseits Gutachtergremien, denen traditionelle *peer reviews* und zusätzlich metrik-basierte Ergebnisse vorliegen, wobei das Endurteil aus beiden Datensätzen gefällt wird (Moed 2007). In anderen Fällen sind Metriken die dominante Informationsquelle, die von *peer*-Gremien begutachtet werden (Butler 2007), wobei es zu einer tatsächlichen Output-

Beurteilung nur in den seltenen Fällen kommt, wo es keine geeigneten Qualitätsmetriken gibt. In dem einen Fall wird also die traditionelle *peer review* beibehalten, und Metriken liefern zusätzliche Daten für die Gutachter, im anderen Fall sind die Verfahren metrik-getrieben, und das Begutachten von Veröffentlichungen und anderen Beiträgen ist nur ein Notbehelf.

Diese Entwicklungen stellen die Geisteswissenschaften vor ernste Fragen: Sollen sie die traditionelle *peer review* unterstützen oder aber versuchen, selbst fachspezifische quantitative Messverfahren zu entwickeln? Und ist es angesichts des Trends in Richtung eines ›ausgewogenen Ansatzes‹ besser, sich dieser Innovation entgegenzusetzen, oder zu riskieren, dass wenig fachspezifische Metriken, die ursprünglich auf die Naturwissenschaften zugeschnitten waren, den Geisteswissenschaften aufgezwungen werden? Hier wird das in der Einleitung skizzierte Dilemma deutlich, in dem sich das AHRC befand.

Scientometriken und Geisteswissenschaften

Wie wir gesehen haben, sind in den letzten Jahren ›aus der Ferne‹ durchführbare Messtechniken (oder »Metriken«) verfügbar geworden, die *peer review*-Verfahren zu verdrängen drohen. Diese scheinbar objektiven Methoden haben bei Forschungsevaluatoren, die nach ›objektiven‹ Qualitätsmarkern suchen, immer mehr Anklang gefunden. Man kann die Verfahren in zwei Gruppen aufteilen: Scientometriken und Bibliometriken.[8] In diesem Kapitel werden Bibliometriken – die Messung von »Forschungsqualität« auf der Grundlage von Veröffentlichungen und Zitaten – in einem eigenen Abschnitt behandelt.

Scientometriken sind nicht-bibliometrische, quantitative Messmethoden für Forschungsqualität. Dazu zählt etwa die Höhe der von einem Fachbereich eingeworbenen Forschungsmittel oder die Zahl der in einem bestimmten Zeitraum ausgebildeten Nachwuchsforscher. Ein besonderer Reiz dieser Methoden besteht darin, dass die hierfür erforderlichen Daten ohnehin routinemäßig von den Universitäten gesammelt

---

8 Für einen ausführlichen Überblick zur Literatur über quantitative Indikatoren siehe REPP (2005).

werden, so aus der Ferne und effizient verfügbar sind und damit wenig sogenannte Opportunitätskosten verursachen. Ein Haupteinwand besteht allerdings darin, dass diese Effizienz auf Kosten der Robustheit und Genauigkeit geht, und Scientometriken letztendlich keine Forschungsqualität messen. Ein Beispiel: Während die Höhe der eingeworbenen Forschungsmittel zwar in einer gewissen Weise mit Forschungsleistungen hoher Qualität korreliert, sagt doch die Menge des Geldes (ein Input-Messwert) nichts Konkretes über die tatsächlichen Forschungsergebnisse (Outputs) voraus. Und während zwar die Zahl der Nachwuchsforscher mit der Forschungsqualität eines Fachbereichs korreliert, hat dieser Messwert nichts zu tun mit der tatsächlichen Forschungsaktivität. Kurz, diese Korrelationen sind nicht ausreichend, um für eine ausschließliche Nutzung von Scientometrien als Indikatoren der Forschungsqualität zu plädieren.

Wie oben bereits angesprochen, besteht in der Forschungsevaluation eine Tendenz zum Einsatz von Scientometriken als ›objektivem‹ Ersatz für *peer review*. Vor RQF und ERA war es in Australien üblich, Universitäten eine Grundfinanzierung (*block funds*) allein auf der Grundlage von Metriken zukommen zu lassen. Diese Praxis wurde jedoch aufgrund von Bedenken aufgegeben, dass so nicht die Forschung mit der höchsten Qualität gefördert würde. In Großbritannien war ursprünglich vorgeschlagen worden, das REF solle nur eine einzige Metrik verwenden: die Höhe der eingeworbenen Fördermittel. Doch als sich herausstellte, dass dieser Ansatz sich äußerst nachteilig für die Geisteswissenschaften, Künste und Sozialwissenschaften auswirken würde, wurde er rasch wieder fallengelassen. Ein jüngerer Trend in der Scientometrie ist daher eine größere Wachsamkeit bei der Anwendung von Methoden, die eigentlich besser für die Naturwissenschaften geeignet sind, auf andere Forschungsfelder, und weiterhin die Suche nach generischen und die Disziplinen berücksichtigenden quantitativen Methoden. Der heutige Stand der Forschung besteht darin, ein ganzes Instrumentarium von quantitativen Indikatoren zu entwickeln, die Scientometrie und Bibliometrie mit Elementen von *peer review* verbinden.

Ein Fazit: Wenn Scientometriken als einzige Qualitätskriterien genutzt und auf Institutionsebene angewandt werden, dann sind die Geisteswissenschaften benachteiligt. Das gleiche gilt, wenn mithilfe dieser Methoden Geistes- und Naturwissenschaften miteinander verglichen werden. Der Grund dafür ist, dass die Naturwissenschaften einfach mehr Fördermittel generieren und mehr Forschungsstudenten aufweisen (Donovan 2007b: 588). Werden Scientometrien dagegen eingesetzt, um Leistungen innerhalb von geisteswissenschaftlichen Fachbereichen untereinander und damit Gleiches mit Gleichem zu vergleichen, dann werden die Geisteswissenschaften gerechter behandelt. Aufgrund von Bedenken zur Eignung von Scientometriken als Maß für die Forschungsqualität wird die Zukunft der Forschungsevaluation aber dennoch nicht in der Anwendung von schlichten scientometrischen Instrumenten liegen. Viel mehr Aufmerksamkeit von Evaluationsforschung und Regierungen gilt derzeit der Entwicklung von disziplinensensitiven bibliometrischen Indikatoren.

Bibliometrien und Geisteswissenschaften

Bibliometrische Messmethoden der Forschungsqualität bestehen aus einer Vielzahl von Indikatoren auf der Grundlage von Veröffentlichungen und Zitatanalysen. Anders als Soziometrien sind Publikationsindikatoren Output-Messungen. Die am weitesten verbreitete und einfachste auf Publikationen basierende Methode ist die Zahl der Veröffentlichungen. Hierbei werden in der Regel Zeitschriftenartikel, Fachbücher und -kapitel berücksichtigt, die im *peer review*-Verfahren ausgewählt und in der internationalen allgemeinen und akademischen Presse veröffentlicht wurden, gelegentlich auch begutachtete Konferenzbeiträge. Besonders gewichtet werden häufig größere Arbeiten, etwa Bücher. Im Prinzip kann die Definition von »Publikation« recht flexibel sein und sich auch auf ungewöhnliche Formen beziehen wie künstlerische oder praxisorientierte Leistungen. Trotz dieser grundsätzlichen Flexibilität werden Zählungen von Veröffentlichungen auf nationaler Ebene in der Praxis oft reduziert auf die Zahl von Zeitschriftenartikeln, die vom *Thomson ISI's Web of Science* (WoS) ausgewertet werden. Außerdem korreliert das produzierte Arbeitsvolumen nicht unbedingt mit der Forschungsqualität. So kam es etwa in Australien zu einer deutlichen Zunahme von Artikeln in Zeitschriften geringerer Reputation, nachdem die nationale, leistungsbasierte Grundfinanzierung um das Element der Zahl der Veröffentlichungen erweitert worden war (Butler 2003; Butler 2004).

Bibliometriker konzentrieren sich daher bevorzugt auf Zitatindikatoren, denn diese Zahlen messen den Einfluss von Publikationen auf die nachfolgende Forschungsliteratur. Dennoch beschränken sich auch große Zitatanalysen fast ausschließlich auf die WoS-Datenbanken, die wiederum Kommunikationsformen bevorzugen, wie sie den experimentellen Wissenschaften eigen sind. In den Zitatanalysen werden nur Verweise zwischen den ausgewerteten Zeitschriften berücksichtigt (so werden zum Beispiel Zitate in Büchern oder nicht ausgewerteten Zeitschriften nicht mitgezählt, ebensowenig Zitate, die in diesen Publikationen erscheinen). Während das WoS einen eigenen *Arts and Humanities Citation Index* (A&HCI) führt, beträgt die Abdeckung der geisteswissenschaftlichen Publikationen insgesamt nur einen Bruchteil des Anteils bei den Naturwissenschaften. So zeigten Butler und Visser (2005: 239) für Australien, dass im Vergleich zum universitären Gesamt-Output zwischen 1999 und 2001 ein großer Unterschied in der ISI-Abdeckung zwischen Natur- und Geisteswissenschaften bestand: Chemie (90 Prozent Abdeckung), Physik (85 Prozent), Biologie (78 Prozent), Medizin (73 Prozent), Philosophie (32 Prozent), Geschichte (18 Prozent), Sprachwissenschaften (14 Prozent), Kommunikationswissenschaften (9 Prozent) und Rechtswissenschaft (6 Prozent). Daraus folgt beispielsweise, dass jedwede auf dem ISI beruhende Standardmethode von Publikations- oder Zitatanalysen 68, 82, 86 bzw. 94 Prozent aller Forschungs-Outputs in Philosophie, Geschichte, Sprachwissenschaften und Jura *nicht* erfasst.

Die Tatsache, dass die Standard-A&HCI-Daten ›blind‹ für ›Nicht-Standard‹-Veröffentlichungen sind, hat erhebliche Auswirkungen auf die Geisteswissenschaften, wo Bücher und Buchbeiträge eine wichtige oder gar zentrale Rolle spielen (Nederhof 2006). Wenn sich die Zitierpraktiken zwischen Buchkulturen und Zeitschriftenkulturen unterscheiden, können Daten »asymmetrisch« werden (Cronin et al. 1997: 270). Die unterschiedlichen Kommunikationspraktiken zwischen Natur- und Geisteswissenschaften führen dazu, dass bibliometrische Daten weniger zuverlässig sind (Nederhof 2006; Nederhof et al. 1989: 427) und zu »grob fehlerhaften Ergebnissen« führen können (Nederhof/Noyons 1992: 252).

Diese Schwächen werden weithin anerkannt, und die Bibliometrieforschung widmet sich derzeit verstärkt disziplinenspezifischen Ansätzen und versucht, die von Datenbanken abgedeckten Veröffentlichungsbereiche zu erweitern. Während sich für den britischen AHRC der Versuch einer Zeitschriften-Rangliste als umstrittener Schritt erwies, wendet Norwegen im Rahmen seiner nationalen Forschungsevaluation erfolgreich eine auf Veröffentlichungen basierende Förderformel an, die das Prestige einer Publikation mitbewertet und ISI- und Nicht-ISI-Zeitschriftenartikel, Buchbeiträge und Bücher berücksichtigt.[9] Das australische ERA hat sich in der akademischen Community für ähnliche Ranglisten eingesetzt, die auch neuartige Bereiche erfassen sollen wie Ausstellungen und Konzertveranstaltungen.[10] Die Entwicklung von zitatenbasierten Indikatoren ist ein komplexeres Unterfangen; immerhin haben für den australischen Kontext Butler und Visser (2005) eine pionierhafte Methode entwickelt, um aus schon vorhandenen ISI-Daten Zitatverweise auf Bücher, Buchbeiträge und Nicht-ISI-Zeitschriften zu extrahieren, was die Sichtbarkeit der Geisteswissenschaften deutlich verbessert, insbesondere von Geschichte, Sprach- und Rechtswissenschaften.

Neuartige und disziplinenspezifische bibliometrische Ansätze lassen gewisse Fortschritte für die Qualität der geisteswissenschaftlichen Forschungsevaluation erwarten, insbesondere in den Fällen, wo Datensätze eine große Vielfalt von Outputs abdecken. Im Laufe der Zeit werden sicher weitere Ansätze entwickelt werden, wie mithilfe von Zitatanalysen eine noch größere Datengrundlage ausgewertet werden kann. Derzeit hinkt die internationale Praxis jedoch noch hinter dem Stand der Forschung her, wodurch Zitatstudien vorläufig »asymmetrisch« bleiben werden. Allerdings haben wir im Fall des AHRC auch gesehen, dass die Entwicklung neuartiger Bibliometrien ein kontroverses Unterfangen sein kann. Geisteswissenschaftler könnten sich die Frage stellen, ob sie auf diese Weise ruhiggestellt werden sollen, um hinzunehmen, dass die Geisteswissenschaften derzeit mit ungeeigneten Methoden bewertet werden (Donovan: 2007b: 591f.), und so die Lobby zur Beibehaltung des *peer review* geschwächt werden soll. Andererseits bleibt die Frage: Wenn sich die Geisteswissenschaftlergemeinde nicht mit der Entwicklung neuer Indikatoren befasst, riskiert sie dann, dass man ihr unausgereifte Methoden von außen aufzwingt?

---

9 Siehe Sivertsen (2006).

10 Siehe http://www.arc.gov.au/era/indicators.htm; letzter Zugriff 27.9.2008.

Ansehensmessung und Geisteswissenschaften

Ansehensindikatoren *(esteem indicators)* sind quantitative Messwerte des Ansehens, das einzelne Gelehrte, Forschergruppen oder Forschungsbereiche in der akademischen Community genießen. Donovan und Butler (2007: 231) bemerkten, dass diese Maßnahmen zwar auf sämtliche Forschungsbereiche angewandt werden können – einschließlich diejenigen Disziplinen, wo Scientometrien und Bibliometriken schwer anzuwenden sind –, aber dennoch Ansehensindikatoren bislang nur selten zum Einsatz kamen, so dass ihr Wert unklar ist. In einer Vergleichsstudie von australischen Wirtschaftsfakultäten wurden Daten über verliehene Preise, Wahlen in wissenschaftliche Akademien und akademische Berufsvereinigungen, Konferenzbeiträge, Engagements bei Fachzeitschriften sowie Gastdozenturen zusammengetragen. Die Ergebnisse wurden dann einer Gruppe von Experten-*peers* zur Beurteilung vorgelegt. Es stellte sich heraus, dass die *peers* die Verwendung solcher Ansehensindikatoren als alleiniges Maß für Forschungsqualität zwar ablehnten, allerdings die Informationen als nützliches Hintergrundwissen zur Forschung der Fachbereiche einschätzten. Hauptgründe für die Ablehnung von Ansehensindikatoren waren, dass sie nur die Reputation der Vergangenheit und ein forschungsorientiertes Arbeitsprogramm widerspiegelten und weniger eine tatsächliche Forschungsqualität. Und obwohl die Messwerte durchaus mit den Forschungsaktivitäten korrelierten, wurden sie letztlich sogar als weniger robust angesehen als bibliometrische Indikatoren (Donovan/Butler 2007: 240f.).

Während also Ansehensindikatoren im Prinzip als angemessener Ansatz zur Beurteilung der Forschungsqualität von Geisteswissenschaften im Vergleich mit anderen Forschungsgebieten erscheinen mögen, haben doch Tests ergeben, dass es ihnen an methodischer Strenge fehlt. Eine quantitative Auswertung erscheint zudem weniger überzeugend als eine einfache Zusammenfassung der Informationen in einer ausformulierten Darstellung des Gesamtkontextes.

Der ›breitere‹ *impact* geisteswissenschaftlicher Forschung

Eine neuere Entwicklung im Bereich der Forschungsevaluierung ist der Wunsch von Forschungsförderern, Rechenschaft über die breitere Relevanz von Forschung für die Gesellschaft abzulegen. Während also auf der einen Seite »Forschungsqualität« als Wert von Forschung in akademischen Begrifflichkeiten steht, gilt auf der anderen Seite ein Forschungs-*impact* als Maß für den Nutzen von Forschung auch für Gebiete jenseits der Wissenschaft. Aus diesem Grund sind die Meinungen geteilt, ob *impact*-Evaluierung überhaupt ein legitimer Bestandteil von Qualitätsevaluation ist. Wie bereits in unserem bildhaften Vergleich mit dem »Stoßmichziehdich« weiter oben erwähnt, gab es ja sowohl Bestrebungen von Regierungsseite, den ›breiteren‹ *impact* in die Forschungsevaluation einzubeziehen, als auch entgegengesetzte Tendenzen aus der Wissenschaft.[11]

Impact-Prüfung ist eine relativ neue Komponente der Qualitätsevaluation. Traditionellerweise konzentriert man sich dort auf den Wert von Forschung für Handel, Industrie und Wirtschaft und verwendet bestimmte quantitative Indikatoren – etwa die Menge an Fördermitteln aus der Industrie – und Technometriken (beispielsweise die Zahl der Patente sowie Wirtschaftsdaten). Allerdings wurde dieser Ansatz kritisiert, weil er privates Geld über öffentliches stelle und sich auf die frühen *impact*-Stadien konzentriere, und weniger auf die schlussendlich erreichten Vorteile für die Allgemeinheit (Donovan 2007b: 587f., 591).

Mit Ausnahme der Kreativindustrien wurde die nicht-naturwissenschaftliche Forschung bei quantitativen Ansätzen zur *impact*-Evaluierung bisher kaum berücksichtigt. Versuche, den *impact* der geistes- und sozialwissenschaftlichen Forschung mithilfe soziometrischer Daten zu bestimmen, verliefen absolut nicht zufriedenstellend. Hier hatte man versucht, Makrodaten aus Sozialstatistiken mit dem Ertrag von Forschung für die Gesellschaft in Bezug zu setzen. Hierzu bemerkten wir bereits an anderer Stelle:

»Die Suche nach quantitativen *impact*-Indikatoren hat ein Instrumentarium neuartiger Metriken geschaffen, die lediglich *impact*-Bestandteile niedriger Ordnung (*low-order impact*) messen: Technometriken, die private gegenüber öffentlichen

11 Zum Begriff *relevance gap* vgl. Nightingale/Scott 2007: 544–547.

Interessen bevorzugen, und Soziometriken, die sich auf Makroebenendaten beziehen, ohne diese in eine glaubwürdige Verbindung zu den Anstrengungen des einzelnen Forschers zu setzen«. (Donovan 2007b: 590)

Mit anderen Worten, selbst die ausgeklügeltsten *impact*-Indikatoren messen Forschungs-*impact* überhaupt nicht.

Die neuesten Ansätze zur *impact*-Ermittlung erkennen hingegen die Grenzen quantitativer Daten an und greifen auf einen kontextuellen Ansatz zurück, der Fallstudien, relevante Metriken und Bewertungen von ›Endnutzern‹ einbezieht, um die Forschung sowohl mit der akademischen Exzellenz als auch mit den gesellschaftlichen Erträgen in Beziehung zu setzen (Donovan 2007b: 592). So sollten beispielsweise im Rahmen des australischen RQF mithilfe einer solchen Methodik die sozialen, wirtschaftlichen, ökologischen und kulturellen Erträge von öffentlich geförderter Forschung ermittelt werden (Donovan 2008). Mit dem ERA hingegen, das das RQF ersetzte, bevor dieses implementiert werden konnte, kehrte man zu einem ausschließlich auf Metriken beruhenden Messverfahren zurück. Allem Anschein nach wird auch im britischen REF versucht werden, ein metrik-basiertes Verfahren zur *impact*-Evaluierung zu entwickeln.

Je kontextbezogener der Ansatz, desto günstiger fällt eine *impact*-Bewertung für die geisteswissenschaftliche Forschung aus. Dies ist deswegen der Fall, weil soziale und kulturelle Erträge von Forschung als legitim angesehen werden und zur Demonstration dieses *impact* eine Reihe nicht-traditioneller Forschungs-Outputs genutzt werden können (zum Beispiel Digitaltechnologien, Engagement in Medien und Öffentlichkeit, Ausstellungen, künstlerische Leistungen oder Software-Entwicklung). Dennoch bleiben kontextbezogene Prüfverfahren komplex und zeitraubend, und international gab es bislang wenig Verlangen nach Verfahren zur Ertragsbestimmung von Forschung jenseits einfacher ökonomistischer Modelle.

Perspektiven für die Geisteswissenschaften: Eine Einschätzung aus *Down Under*

Welche Lehren können Geisteswissenschaftler in Deutschland aus der Erfahrung Australiens und anderer Länder ziehen? Wohin werden die verschiedenen gegenläufigen Tendenzen, das »Hü« und »Hott« von Regierungen, Forschungsmanagern und der Wissenschaftlergemeinde führen, und was bedeutet das für die Zukunft der Evaluation von Forschungsqualität der Geisteswissenschaften? Die hier vorgestellte Perspektive von *Down Under* aus machte sichtbar, dass die Trends der Evaluation von Forschungsqualität in Richtung eines ›ausgewogenen Ansatzes‹ gehen, einer Kombination von *peer review* und disziplinenspezifischen Metriken. Bislang ist noch unklar, ob am Ende dieser Entwicklung die Gutachter sich tatsächlich konkret mit Forschungs-Outputs befassen werden, ob Metriken zur Unterstützung von Gutachterentscheidungen zur Verfügung gestellt werden, oder ob *peer*-Entscheidungen lediglich aus der Interpretation von scientometrischen und bibliometrischen Daten bestehen. Allerdings könnte es für jede Regierung oder Forschungsförderinstitution sinnvoll sein, sich ernsthaft mit diesen Trends zu befassen, denn der Druck in Richtung einfach handhabbarer Metriken ohne *peer review* bleibt stark.

Dennoch ist auch klar, dass die Geisteswissenschaften einen erheblichen Einfluss auf die Ausgestaltung der Verfahren haben, und es wäre klug, in nationalen Debatten über die Forschungsevaluierung eine führende Rolle einzunehmen. Je größer das Element des *peer review* und je kontextbezogener der Ansatz, desto wahrscheinlicher werden die Geisteswissenschaften davon profitieren. Außerdem wurde in diesem Kapitel bereits darauf hingewiesen, dass es nicht ratsam sein könnte, sich *nicht* an der Entwicklung von disziplinensensitiven Metriken zu beteiligen, weil den Geisteswissenschaften sonst unausgereifte Metriken von außen aufgezwungen werden könnten. Zum Abschluss nun drei wichtige Fragen, die Geisteswissenschaftler in Deutschland bedenken sollten.

Erstens: Gibt es eine Einheitslösung? In diesem Beitrag wurde argumentiert, dass Evaluationsmethoden, die für die Naturwissenschaften entwickelt wurden, für eine angemessene Evaluierung der Geisteswissenschaften nicht geeignet sind. Daraus folgt, dass die Geisteswissenschaften von der Anwendung disziplinenspezifischer Ansätze profitieren werden und dies höchstwahrscheinlich die Entwicklung von Metriken erfordern wird, die dem Charakter und den Kommunikationsprozessen der deutschen geisteswissenschaftlichen Forschung besser angemessen sind. Für unterschiedliche Evaluationsverfahren in den Geisteswissenschaften wird allerdings überzeugend geworben werden müssen, denn damit einhergehen werden zwangsläufig höhere Komplexität und Kosten. Gleichermaßen wichtig ist es, die Erzeugung generischer Daten zu erwägen, die (in *benchmark*-Verfahren) mit deutschen und internationalen Normwerten verglichen werden können.

Zweitens: Was ist die optimale »Aggregationsebene«? Forschungsevaluation kann auf der Ebene von Einzelforschern, Forschungsgruppen, Fachbereichen, Forschungszweigen oder Institutionen betrieben werden. Es ist wichtig, die Implikationen dieser Tatsache für die Geisteswissenschaften zu berücksichtigen, wo Themen üblicherweise von einzelnen Individuen oder kleinen Gruppen bearbeitet werden. Zweckmäßigkeitserwägungen und ein Zurückgreifen auf Normen naturwissenschaftlicher Praxis führen tendenziell zur Berücksichtigung eher größerer »Aggregationsebenen«, was in den Geisteswissenschaften nicht immer unbedingt sinnvoll ist. Andererseits: würden es deutsche Forscher überhaupt wollen, wie im umstrittenen Fall Neuseeland, auf individueller Ebene evaluiert zu werden? Beim australischen RQF trat ein beachtenswerter Effekt auf, als eine Evaluation gemäß naturwissenschaftlichen Gepflogenheiten auf der Ebene von Forschergruppen durchgeführt wurde, die aus mindestens vier Einzelpersonen bestehen mussten. Allein arbeitenden Geisteswissenschaftlern wurde empfohlen, »Wertungsgruppen« (*notional groups*) zu bilden. Später stellte sich dann heraus, dass gerade diese Gruppierungen bei der Evaluation regelmäßig schlechter bewertet wurden, weil sie in der Regel keine wissenschaftliche Kohärenz aufweisen konnten.

Drittens: Was sind die potenziellen epistemologischen Konsequenzen? In der Einleitung war bei dem Beispiel des Widerstands gegen die Aufstellung von Zeitschriften-Ranglisten durch den AHRC auch von akademischen Bedenken zur zukünftigen Gestalt von Forschungsfeldern die Rede. Angenommen, nun würden auch in Deutschland Metriken eingeführt, die diejenigen geisteswissenschaftlichen Forschungsfelder begünstigen, die den Naturwissenschaften am ähnlichsten sind (z.B. empirisch und positivistisch) oder die mit Natur- und Sozialwissenschaften zusammenarbeiten: Würde das dann bedeuten, dass Forschungsförderung weg von Kernbereichen der geisteswissenschaftlichen Forschung gelenkt würde oder weg von ›weicheren‹ Forschungsmethoden?

Zusammenfassend ist es unklar, was die Zukunft für die Evaluation der Geisteswissenschaften in Deutschland bereithält. Hier soll jedoch festgehalten werden, dass die Geisteswissenschaften von solchen Evaluationsverfahren profitieren, die *peer review*, kontextbezogene Ansätze, neuartige disziplinenspezifische Metriken und einen um den öffentlichen Nutzen erweiterten Begriff von Forschungs-*impact* miteinander verbinden.[12] Es ist nun die Aufgabe der Geisteswissenschaftler, die Ausgestaltung dieses Prozesses zu ihren Gunsten zu beeinflussen und das »Stoßmichziehdich« zu bändigen.

(Übersetzung: Dr. Dietmar Zimmer, Berlin)

Literatur

Australian Research Council [ARC] (2008), *Excellence in Research for Australia (ERA) Initiative*, Canberra: Commonwealth of Australia, http://www.arc.gov.au/pdf/ERA_ConsultationPaper.pdf; letzter Zugriff 27.9.2008.

Butler, Linda (2007), »Assessing University Research: A plea for a balanced approach«, *Science and Public Policy*, 34 (8), S. 565–574.

Butler, Linda (2004), »What Happens when Funding is Linked to Publication Counts?«, in: H. F. Moed/W. Glänzel/U. Schmoch (Hg.), *Handbook of Quantitative Science and Technology Research: The Use of Publication and Patent Statistics in Studies of S&T Systems*, Dordrecht/Boston/London, S. 389–340.

Butler, Linda (2003), »Modifying Publication Practices in Response to Funding Formulas«, *Research Evaluation*, 12 (1), S. 39–46.

Butler, Linda/Visser, Martijn (2005), »Extending Citation Analysis to Non-source Items«, *Scientometrics*, 66 (2), S. 327–343.

Charlton, Bruce G./Andras, Peter (2007), »Evaluating Universities Using Simple Scientometric Research-output Metrics: Total citation counts per

12 White et al. (2008) formulierten es so: »Geisteswissenschaftler, die an gnadenlose Kritik in Aufsatzform gewöhnt sind, könnten eines Tages vor der Frage stehen, ob es schlimmer ist, sich qualitativ oder quantitativ das Herz brechen zu lassen«.

university for a retrospective seven-year rolling sample«, *Science and Public Policy*, 34 (8), S. 555–563.

Cronin, B./Snyder, H./Atkins, H. (1997), »Comparative Citation Rankings of Authors in Monographic and Journal Literature: A Study of Sociology«, *Journal of Documentation*, 53 (3), S. 263–273.

Donovan, Claire (2008), »The Australian Research Quality Framework: A Live Experiment in Capturing the Social, Economic, Environmental and Cultural Returns of Publicly Funded Research«, *New Directions for Evaluation*, 118, S. 47–60.

Donovan, Claire (2007a), »Introduction: Future Pathways for Research Assessment: Metrics vs. peer review, quality vs. impact«, *Science and Public Policy*, 34 (8), S. 538–542.

Donovan, Claire (2007b), »The Qualitative Future of Research Evaluation«, *Science and Public Policy*, 34 (8), S. 585–597.

Donovan, Claire (2007c), »The Hidden Perils of Citation Counting for Australasian Political Science«, *Australian Journal of Political Science*, 42 (4), S. 665–678.

Donovan, Claire/Butler, Linda (2007), »Testing Novel Quantitative Indicators of Research ›Quality‹, Esteem and ›User Engagement‹: An Economics Pilot Study«, *Research Evaluation*, 16 (4), S. 231–242.

Espeland, W. N./Stevens, M. L. (1998), »Commensuration as a Social Process«, *Annual Review of Sociology*, 24, S. 313–343.

Hicks, D./Potter, J. (1991), »Sociology of Scientific Knowledge: A Reflexive Citation Analysis *or* Science Disciplines and Disciplining Science«, *Social Studies of Science*, 21 (3), S. 459–501.

House of Commons Daily Debates [Hansard] (2008), *Written Ministerial Statements: Innovation, Universities and Skills – Research Excellence Framework*, 23. April, http://www.publications.parliament.uk/pa/cm200708/cmhansrd/cm080423/wmstext/80423m0001.htm#08042356000004; letzter Zugriff 27.9.2008.

King, D. (1997), »Creating a Funding Regime for Social Science Research in Britain: The Heyworth Committee on Social Studies and the founding of the Social Science Research Council«, *Minerva*, 53, S. 1–26.

Luwel, M./Moed, H. F./Nederhof, A. J./De Samblanx, V./Verbrugghen K./van der Wurff, L. J. (1999), *Towards Indicators of Research Performance in the Social Sciences and Humanities*, Leiden.

Martin, Ben/Irvine, John (1983), »Assessing Basic Research: Some Partial Indicators of Scientific Progress in Radio Astronomy«, *Research Policy*, 12, S. 61–90.

Moed, Henk F. (2007), »The Future of Research Evaluation Rests with an Intelligent Combination of Advanced Metrics and Transparent Peer Review«, *Science and Public Policy*, 34 (8), S. 575–583.

Moed, Henk F. (2005), *Citation Analysis in Research Evaluation*, Dordrecht.

Nederhof, Anton J. (2006), »Bibliometric Monitoring of Research Performance in the Social Sciences and the Humanities: A review«, *Scientometrics*, 66 (1), S. 81–100.

Nederhof, A. J./Zwaan, R. A./De Bruin, R. E./Dekker, P. J. (1989), »Assessing the Usefulness of Bibliometric Indicators for the Humanities and the Social and Behavioural Sciences: A comparative study«, *Scientometrics*, 15 (5–6), S. 423–435.

Nederhof, A. J./Noyons, E. C. M. (1992), »International Comparison of Departments' Research Performance in the Humanities«, *Journal of the American Society for Information Science*, 43(3), S. 249–256.

Nightingale, Paul/Scott, Alister (2007), »Peer Review and the Relevance Gap: Ten suggestions for policy-makers«, *Science and Public Policy*, 34 (8), S. 543–553.

Research Evaluation and Policy Project (REPP) (2005), *Quantitative Indicators for Research Assessment – A Literature Review*. Discussion Paper 05/1, Canberra: Research Evaluation and Policy Project, Research School of Social Sciences, The Australian National University, http://repp.anu.edu.au/papers/2005_Literature_Review.pdf; letzter Zugriff 27.9.2008.

Sivertsen, Gunnar (2006), »A Bibliometric Model for Performance Based Budgeting of Research Institutions«, in: *Proceedings of the 9th International Conference on Science & Technology Indicators*, 7.–9. September 2006, Leuven, Belgium, S. 133–135.

Times Higher Education Supplement (THES) (2006), *An Instrument too Blunt to Judge Sharp Minds*, Claire Donovan, 11. August, http://www.timeshighereducation.co.uk/story.asp?storyCode=204780&sectioncode=26, Stand: 18. Juni 2008

Times Higher Education Supplement (THES) 2005, *Journals ›Top Ten‹ Sparks a Rebellion*, Phil Baty, 28. Januar, http://www.timeshighereducation.co.uk/story.asp?storyCode=193689&sectioncode=26; letzter Zugriff 27.9.2008.

White, Howard D./Boell, Sebastian K./Yu, Hairong/Davis, Mary/Wilson, Concepción S./Cole, Fletcher (2008), »Libcitations: A mesure for comparative assessment of book publications in the humanities and social sciences« (unpublished paper), College of Information Science and Technology, Drexel University, Philadelphia, and Bibliometrics and Informetrics Research Group, University of New South Wales, Sydney.

Qualität und Qualitäten: Forschungsmessung in den Geisteswissenschaften?

Georg Braungart

Pfusch verhindern?

Pfusch gibt es in jedem Handwerk, auch den Wissenschaften, ja: auch in den Geisteswissenschaften. (Vorerst sei dahingestellt, was unter ›Geisteswissenschaften‹ zu verstehen ist, das wird sich im weiteren Verlauf ein wenig konkretisieren und differenzieren, kann hier aber nicht befriedigend geklärt werden.) Woran bemerkt man den Pfusch? Das Dach ist nicht dicht, die Lampe brennt nicht, der Tisch wackelt. Der Gebrauch eines Produkts zeigt mir, ob es von guter oder von schlechter Qualität ist. Wenn es seine Funktion nur unzureichend erfüllt, hat es nicht die Qualitätsstufe erreicht, die ich von ihm erwarte und die ich auch bezahlt habe. Natürlich möchte ich die Kaffeemaschine, die mir den besten Kaffee macht, bekommen, aber bitteschön zum niedrigsten Preis – oder umgekehrt: Für mein Geld möchte ich einen Maximaleffekt erzielen; die eingesetzte Summe soll mir die beste dafür erreichbare Maschine bringen. Doch die Probleme lassen nicht auf sich warten: Was ist der beste Kaffee? Wie ermittle ich den? Die in den letzten Jahrzehnten entstandenen Testorganisationen, branchenspezifisch oder allzuständig, unabhängig oder nicht, haben eine ganze Testindustrie generiert, die je nach Produktbereich immer differenziertere Methoden der Qualitätsermittlung entwickelt haben. Also: Was ist ein guter Stuhl? Ein Stuhl, der seine Funktion (dass man auf ihm sitzen kann) gut erfüllt? Oder muss er auch noch umweltfreundlich und unter angemessenen sozioökonomischen Verhältnissen hergestellt sein? Ein Kriterium, das sich aus der reinen Funktionsbestimmung des einzelnen Produkts mitnichten ergibt, kann also für den Käufer zu einem zusätzlichen Motiv werden, den Stuhl zu kaufen. Die Umstände seiner Herstellung müssen plötzlich in den Kriterienkatalog mit aufgenommen werden: Sind alle sozialen Schichten berücksichtigt, beide Geschlechter, verschiedene Ethnien?

Es ist deutlich geworden, dass Qualitätssicherung schon im Handwerk und in der einfacheren industriellen Technik mit einem sehr relativen Begriff von Qualität zu tun hat – und dies, obwohl gerade dort mannigfache Methoden des Messens und Zählens existieren, welche die Objektivität einer Beurteilung sichern könnten. Zwar wird niemand ernsthaft in Abrede stellen wollen, dass eine Kaffeemaschine, die denselben Kaffee in zwei Minuten zur Verfügung stellt, besser ist als ein Gerät, das doppelt so lange braucht. Aber die Erhebung eines Messwertes zum Qualitätskriterium ist schon auf diesem Gebiet keineswegs selbstverständlich.

Götterzeichen?

Das gilt sicher noch viel mehr für die Wissenschaften insgesamt und in prägnanter Weise für die Geisteswissenschaften. Nehmen wir ein Beispiel: Die Interpretation von Goethes berühmter Hymne *Harzreise im Winter* durch Albrecht Schöne (zuerst publiziert 1982 in seinem Buch *Götterzeichen, Liebeszauber, Satanskult*) ist schlüssig, argumentativ sauber und materialreich belegt. Das gilt ganz genauso für Jochen Schmidts Interpretation desselben Gedichts (zuerst veröffentlicht 1983 in der *Deutschen Vierteljahrsschrift für Literaturwissenschaft und Geistesgeschichte*), die in ihrer Grundthese jedoch mit derjenigen Albrecht Schönes nicht vereinbar ist. Nehmen wir an, beide würden Drittmittelanträge für die ›Totalerforschung‹ dieser Hymne stellen (was nicht mehr passieren wird) und ein Fachkollegium müsste – bei einer Bewilligungsquote von 50 Prozent einen der beiden Anträge ablehnen. Das Fachkollegium würde vielleicht zunächst ermitteln, welche der beiden früheren Studien in der Goethe-Forschung häufiger zitiert wurde. Bei *google scholar* erweist sich eine auch nur schein-objektive Datenermittlung als schwierig: Der Aufsatz von Jochen Schmidt ist nur schwer in der dort digital erfassten Forschung nachweisbar, das Buch von Albrecht Schöne, in dem Goethes Hymne ein umfangreiches Kapitel gewidmet ist, schon häufiger. Nach *google scholar* wird es in diesen Beständen immerhin 17 Mal zitiert. Allerdings könnte sich ein Teil der Zitate auf andere Passagen des Buches beziehen, etwa auf die einlässliche Interpretation des idyllischen Epos *Hermann und Dorothea*. Die Kosten zur präzisen Ermittlung der Zitierhäufigkeit würden die zu vergebenden Forschungsmittel bei weitem übersteigen. Nehmen wir weiter an (was natürlich in Wirklichkeit hier nicht zutrifft), einer der beiden Aufsätze wäre nachweisbar ›falsch‹ (etwa weil er auf einer philologisch falschen Lesart eines Schlüsselwortes in der Hymne beruht), würde aber zugleich eine spektakuläre biographische Spekulation in die Argumentation einbeziehen (eine bisher unbekannte Liebesaffäre, eine neue Geheimbundmitgliedschaft, ein bisher unbekannter und früh verstorbener Stiefbruder etc.), so würde man dieser ›Forschungsleistung‹ zweifellos eine erheblich größere Zitierhäufigkeit zuschreiben können. Die Folgen liegen auf der Hand und müssen hier nicht weiter ausgemalt werden.

Nach welchen Kriterien könnte die Kommission weiter Ausschau halten: bisher eingeworbene Drittmittel? (Meine derzeitige *Word*-Version – Office 2003 – kennt das Wort ›eingeworbene‹ noch nicht und schlägt als Alternativen ›eingewobene‹ oder ›eingeworfene‹ vor.) Beide Forscher haben die größte Zeit ihres aktiven Forscherlebens in Staatsdiensten verbracht, als Drittmittel noch nicht den Stellenwert hatten, den sie heute haben; dennoch können sie für geisteswissenschaftliche Verhältnisse auch auf diesem Gebiet einiges vorweisen. Den Rang von Albrecht Schöne als Forscher allerdings wird niemand primär aus dem zusammen mit Arthur Henkel durchgeführten *Emblemata*-Projekt ableiten wollen, sondern aus seinen Büchern, unter anderen eben auch: *Emblematik und Drama im Zeitalter des Barock* (zuerst 1964). Und bei Jochen Schmidt verhält es sich nicht anders: Seine vielzitierte und vielgelobte zweibändige *Geschichte des Geniegedankens* hat er ohne Drittmittelunterstützung geschrieben; unter Umständen hat ihm ein Student (der vielleicht 600 oder 700 DM im Rahmen eines Hilfskraftvertrages bekommen hat) ein paar Titel ermittelt, einige Bücher entliehen und ein paar Aufsätze kopiert. (Heute schreibt man als Geisteswissenschaftler Bücher nur noch, wenn einem die Beschaffung oder – noch schlimmer und aufwendiger – das Ausgeben von Drittmitteln zwischendurch etwas Zeit lassen.)

Binnendifferenzierungen

Nun bewegen wir uns mit diesem Beispiel *innerhalb* eines sogenannten ›großen‹ Faches im großen geisteswissenschaftlichen Fächerspektrum. Wie schwierig wird das erst im Vergleich mit den ›Orchideenfächern‹! Ein Spezialist zum einst prominenten Forschungsgebiet *Christlicher Orient*, der – zusammen mit vielleicht 20 Kollegen auf der ganzen Welt – über profunde Sprachkompetenz und philologische wie kulturwissenschaftliche Fertigkeiten verfügt, einen bestimmten Sachverhalt zu beschreiben, wird niemals die Möglichkeit haben, die Zitierhäufigkeiten von geisteswissenschaftlichen Großfächern zu erreichen. Doch vielleicht wird er sogar einem nationalen Goetheforscher an internationaler Zitierhäufigkeit wiederum überlegen sein. Aber auch innerhalb der ›großen‹ Fächer des geisteswissenschaftlichen Spektrums, die zugleich zufälligerweise auch meist ›Massenfächer‹ sind, kommen solche Verzerrungen vor: Sinnlose Spekulationen über Schiller werden mit großer Wahrscheinlichkeit um ein Vielfaches häufiger zur Kenntnis genommen werden als profunde, originelle und umfassende Forschungsergebnisse über Catharina Regina von Greiffenberg.

Wie also soll das DFG-Fachkollegium 105 »Literaturwissenschaft« eine Entscheidung erzielen? Selbstverständlich wurden vorher Fachgutachten eingeholt, welche jeweils die Qualität der Anträge begutachten, wobei sie in ihre Überlegungen auch die Qualifikation der Antragsteller, den Zeitplan und die Voraussetzungen in der Infrastruktur sowie bei den vorgesehenen Mitarbeitern einbeziehen. Das Fachkollegium hat also *peers* um ihr Urteil gebeten, und wenn zwei oder drei Gutachten vorliegen, kann es sich fragen, wofür deren Mehrheit plädiert. Aus Qualität wird damit Quantität – ein ›objektiver‹ Maßstab?

Ist die Zitierhäufigkeit – gerade in den Natur- und Lebenswissenschaften oder auch in der Rechtswissenschaft und den Wirtschaftswissenschaften als ein ziemlich ›hartes‹ Kriterium der Qualitätsbeurteilung weitgehend akzeptiert (möglicherweise zu Recht) – auch in anderen Geisteswissenschaften ein sinnvolles Kriterium? Wie es gute und schlechte Gutachter gibt, gibt es auch wertvolle und wertlose Zitate von Forschungshypothesen und -ergebnissen. Der Eingang eines kleinen Aufsatzes in die Handbücher ist wertvoller als die vielfache Zitation eines Einführungsbüchleins in drittklassigen Dissertationen, veröffentlicht in viertklassigen Verlagen, die sich von den Autoren für den Druck bezahlen lassen.

Qualitätsmessung und Grundlagenprobleme

Ist also Relativismus und Defätismus die einzige Antwort auf die Frage nach der Qualitätssicherung in den Geisteswissenschaften? Hans-Georg Gadamer hat in seinem Hauptwerk *Wahrheit und Methode* (1960) die Frage, ob ›Verstehen‹ methodisierbar sei, auf differenzierteste Weise, aber durchaus klar mit ›nein‹ beantwortet. Da das Konzept des ›Verstehens‹ viele Jahrzehnte lang als Grundkategorie geisteswissenschaftlicher Forschung galt, war damit auch eine Hypothese über deren Objektivierbarkeit verbunden. Anders als die juristische oder die theologische Hermeneutik, die an der Richtigkeit von Auslegungen durchaus interessiert ist bzw. war (ohne sie aber wirklich gänzlich operationalisierbar machen zu können), kann die literarische Hermeneutik Gadamer zufolge nicht im Entferntesten mit der Idee einer durch korrekte Methodik erzwingbaren ›korrekten‹ Interpretation eines literarischen Textes arbeiten. Und dennoch kann man, so Gadamer, über bessere und schlechtere, angemessenere und weniger angemessene Deutungen streiten, und das mit Gründen. Auch wenn Gadamers Hermeneutik keineswegs mehr als methodologische Grundlage der Geisteswissenschaften akzeptiert ist, wird man diese Figur des abgewiesenen Relativismus bei gleichzeitiger Ablehnung falscher Objektivitätsideale durchaus weiterhin als konstitutiv für geisteswissenschaftliche Forschung ansehen können. Wenn Gadamer vom ›Gelingen‹ eines Verstehensaktes spricht, ist damit jene Form der Evidenzproduktion gemeint, ohne welche die Geisteswissenschaften nicht auskommen – und, folgt man der neueren konstruktivistischen Wissenschaftstheorie, die Naturwissenschaften ebenfalls nicht.

Hier wird deutlich, dass die Frage der Qualitätsbestimmung in den Geisteswissenschaften – mehr als in anderen Disziplinen – fundamentale Probleme ihrer erkenntnistheoretischen Grundlagen tangiert. Daraus ergibt sich aber unabweislich, dass Qualitätsbeurteilung niemals die Methodenstandards, die Erkenntnisansprüche und die grundlegenden Prozeduren der jeweiligen Disziplinen ignorieren darf. Jeder Parameter der Qualitätssicherung hat, offen oder verdeckt, mit diesen Standards zu tun, und es wäre ein fataler Irrtum, zu glauben, man könne als Spezialist (oder vielmehr Generalist) für Qualitätssicherung allgemeine und ›objektive‹ Kriterien entwickeln, die je nach Bedarf auf die verschiedensten Geisteswissenschaften ›angewandt‹ werden könnten. Immer wird man Gefahr laufen, dass diese Kriterien aus dem Binnenraum eines Faches heraus als inadäquat kritisiert werden. Der Hinweis von Jochen Hörisch auf die ›Drittmittelversager‹ Hans Georg Gadamer, Niklas Luhmann und Hans Blumenberg ist im Kern ein solches Argument. Umgekehrt ist aber nicht jedes binnendisziplinär als absurd bezeichnete Kriterium damit *grundsätzlich* unhaltbar geworden.

Der Status und die Zukunft der geisteswissenschaftlichen Disziplinen werden, das wäre vor diesem Hintergrund als These zu formulieren, nicht in den zuweilen sterilen und esoterischen Methodendiskussionen entschieden; nicht in den Debatten über Dekonstruktion, *cultural turn* oder *pictorial turn*, sondern in den wissenschaftsstrategischen und wissenschaftspolitischen Auseinandersetzungen über die Evaluationsmethoden, die Verfahren der Qualitätssicherung, die Kriterien für die Vergabe von Ressourcen, welche nach Interessen ins Werk gesetzt werden, die von außen wie von innen an die Wissenschaften herangetragen werden: als ein Aushandeln von disziplinären Standards einerseits und kulturell-ökonomischen Bedingungen sowie von außen aufgestellten (damit *notwendigerweise* ›fachfremden‹) Kriterien andererseits. Nicht zufälligerweise konvergieren die Studien von Donovan und Hornbostel in der Diagnose, dass auf dem Feld der geisteswissenschaftlichen Forschungsevaluation ein Dualismus zwischen Methoden des Messens (›scientometrische‹ Methoden) und ›weicheren‹ Verfahren des Beurteilens (*peer reviews*) besteht, und dass ein erfolgversprechendes Vorgehen, das auch in der jeweiligen Forscher-Community akzeptiert wird, nur in einer Kombination (oder auch Kompromissbildung) zwischen beiden Richtungen bestehen kann.

Einfach gesagt: Man kann nicht das Fach allein entscheiden lassen, was als ›gute Forschung‹ innerhalb seines Feldes zu gelten hat; man kann aber erst recht nicht durch scheinbar ›objektive‹ Kriterien bzw. quantitative Verfahren *von außen* (und seien sie auch durch Besonderheiten der jeweiligen Disziplin inspiriert und modifiziert) gute Forschung erzwingen. Universitätsleitungen wissen nur zu gut: Weder durch großzügige

Mittelgewährung noch durch Ressourcen-Entzug allein, weder durch Zuckerbrot noch durch die Peitsche kann erfolgreiche Forschung in den Fakultäten und Instituten generiert werden. Und: Man kann auch niemals ›von außen‹ erzwingen, dass die *Qualität der Qualitätssicherung* in einer Disziplin oder in den Geisteswissenschaften allgemein garantiert ist. Aber man kann ›von außen‹ Bedingungen erzeugen, Ressourcen bereitstellen, Institutionen unterstützen, die qualitätvolle Forschung und qualitätvolle Forschungsevaluation ermöglichen. Diese Einsicht mag banal erscheinen, sie ist es aber angesichts der Evaluationseuphorie tatsächlich durchaus nicht (mehr). Die Evaluation zweiter Stufe, die Evaluation der Evaluationsmethoden und -agenten ist mittelbar auch für die Qualität der Forschung selbst von großer Bedeutung und wird wohl immer noch zu wenig in den Blick genommen.

Qualität und Quantität

»Die Grundidee von Wissenschaftsindikatoren besteht in einer quantitativen Abbildung der Qualitätsurteile der *scientific community*«. Mit diesem Satz aus der Studie von Hornbostel verschwindet eigentlich die Dichotomie zwischen quantifizierenden (messenden, ›objektiven‹, auf Vergleichbarkeit angelegten) Methoden und persönlichen, einzelnen Qualitätsurteilen in *peer review*-Verfahren, von denen Hornbostel wie Donovan zunächst ausgehen. Eine Kombination aus messenden und beurteilenden Prozeduren schöpft nur selten aus streng verschiedenen Quellen. Als ein Beispiel können bibliometrische Verfahren betrachtet werden: Wer einen Beitrag in einer nach *peer review*-Verfahren arbeitenden wissenschaftlichen Zeitschrift veröffentlicht oder wer eine Monographie in einer ähnlich organisierten Buchreihe (wie etwa die »Frühe Neuzeit«) publiziert, hat sich zunächst einmal einer qualitativen Beurteilung von Fachkollegen unterworfen. Das ist aber auch der Einstieg in die Welt der Zitate. Das Zitieren einer Forschungsmeinung wiederum ist meist auch ein Qualitätsurteil und nicht nur eine Referenz aus Gründen der Einschlägigkeit – ein kleines Stück *peer review*. Wenn schließlich *peer*-Entscheidungen »aus der Interpretation von scientometrischen und bibliometrischen Daten bestehen« (Donovan), dann sind der Anfang und das

Ende von Evaluations- und Qualitätssicherungsprozessen jeweils als *peer*-Verfahren zu interpretieren, wobei eine Phase der Quantifizierung zwischengeschaltet ist. Ein wichtiger Aspekt bei der Beurteilung der Bibliometrie in der Evaluation von Geisteswissenschaften und Geisteswissenschaftlern ist die Schwierigkeit, in diesem Bereich *core journals* zu identifizieren, die als Grundlage für entsprechende Datenerhebungen dienen könnten. Darauf weist Hornbostel zu Recht hin.

Als zweites Beispiel dafür, dass die Unterscheidung von ›objektiven‹, datenbezogenen Methoden einerseits und qualitativen Verfahren andererseits keine echte Disjunktion sein kann, mag das Kriterium der Drittmitteleinwerbung dienen: Es liegt auf der Hand, dass bis heute damit nicht nur Forschungsqualität gemessen wird, sondern zugleich Findigkeit beim Durchforsten von Ausschreibungen, Klugheit beim Spicken von Projektanträgen mit kurrenten *key concepts* und nicht zuletzt effektives Projektmanagement. Die bedeutenden ›Meta-Forscher‹ (wie Wilhelm Voßkamp die Antragsteller von Großprojekten einmal sehr sinnreich genannt hat) werden genau durch diese Qualität und die daraus sich ergebenden Pflichten nicht selten vom Bücherschreiben abgehalten – was ironischerweise nicht einen Prestigeverlust der Meta-Forschung in den Geisteswissenschaften zur Folge hat, sondern einen Bedeutungsverlust von Monographien bei Exzellenznachweisen, etwa im Vergleich zur Zahl der Promotionen (nachweisbar an den entsprechenden Ausschreibungen von Drittmittelprogrammen).

Drittmitteleinwerbungen sind die klassische Form der quantitativen Abbildung von *Qualitäts*urteilen der *scientific community* – und sie sind nicht schon deshalb immer auch ein adäquates Mittel der Forschungsevaluation. Claire Donovan macht sehr deutlich, dass die Höhe der eingeworbenen Drittmittel in den Geisteswissenschaften mitnichten Auskunft »über die tatsächlichen Forschungsergebnisse (Outputs)« gibt. Ein wichtiges Kriterium für die Vergabe von Drittmitteln ist meist auch die *vorangehende* Einwerbung von Drittmitteln, denn sie wird ja als ›objektiver‹ Maßstab gewertet, wobei bis heute die Verfahren der Ergebnisbewertung bei Drittmittelprojekten und Projektverbünden nach Ansicht aller Beteiligten bei den Forschungsförderungsinstitutionen nicht befriedigend sind. Man kann also festhalten: Das Kriterium der Drittmittelförderung misst die Qualität des Forschungsmanagements, nicht eigentlich der Forschung. Und wenn man in Rechnung stellt, dass Evaluationsverfahren im Wissenschaftsbetrieb nicht zuletzt das Ziel haben, gerade die Vergabe von Ressourcen, darunter eben auch die Mittel Dritter, zu steuern, dann erkennt man, wie fragwürdig dieses Kriterium sein kann. Damit ist noch nicht die Frage berührt, inwiefern die Drittmittelvergabe – im Sinne einer *self-fulfilling prophecy* – genau das erzeugt, was sie zu prämieren vorgibt: gute Forschung, zumindest insofern sie durch Finanzmittel und die Beschäftigung hervorragender Nachwuchswissenschaftler erreicht werden kann.

Die Vergabe von Drittmitteln ist nur an der Oberfläche ein ›objektives‹, quantifizierbares Kriterium für Qualität oder Reputation. In Wirklichkeit bildet auch sie nur die Ansichten von *peers* ab, denn die Projekte werden, bevor sie gefördert werden, von ihnen begutachtet. Das heißt, wenn man die Beurteilung durch *peers* als ›weiche‹ Methode deklariert, dann wird sie nicht dadurch zum ›harten‹ Kriterium, dass ihre Genese anschließend ausgeblendet wird. Übrigens scheint es mir keineswegs evident, dass die eingeworbenen Drittmittel in den Natur- und Lebenswissenschaften ein besser belastbares ›hartes‹ Kriterium wären. Das Argument der Benachteiligung von Geisteswissenschaften durch Anwendung dieses Kriteriums muss dann nicht so schwer wiegen, wenn man, um die Vergleichbarkeit zwischen den Natur- und Lebenswissenschaften einerseits und den Geisteswissenschaften andererseits herzustellen, mit einem Umrechnungsfaktor operiert (etwa: 100.000 Euro in den Geisteswissenschaften wiegen so schwer wie 1 Million Euro in den Naturwissenschaften), der die Hebelwirkung geisteswissenschaftlicher Drittmittelforschung erhöht.

Asymmetrien und Nivellierungen

Was ist Qualitätsbeurteilung in den Geisteswissenschaften beim heutigen Stand der Diskussionen und Verfahren? Forscher, die auf Methoden der Ermittlung und Anwendung von Qualitätskriterien spezialisiert sind, beurteilen Forscher aus anderen Disziplinen, genauer: Sie entwickeln für Kollegen aus anderen Gebieten Kriterien und Prozeduren für die Beurteilung von Forschungsleistungen innerhalb von deren Disziplinen. Insofern sind Evaluationen, wenn sie messende und qualitative

Verfahren kombinieren, immer interdisziplinär: Forscher aus den Sozialwissenschaften entwickeln für die Disziplinen anderer Forscher Parameter der Einschätzung ihrer Leistung und Verfahren der Gewinnung quantifizierbarer Daten. Bisher funktioniert *diese* Form der interdisziplinären Zusammenarbeit nur in Ansätzen, denn es treffen dabei sehr unterschiedliche Fächerkulturen aufeinander. Wichtiger noch: diese Zusammenarbeit ist mit einer latenten oder offenen Hierarchisierung verbunden, denn die Instrumente der Evaluation werden zunächst einmal von den sozialwissenschaftlichen Partnern in diesem Spiel definiert, die ›Betroffenen‹ sind zunächst – mehr oder weniger widerspenstige – Datenlieferanten. Immer wenn Evaluationsprozeduren in gut organisierten Kommunikationsprozessen stattfinden, die durch Feedback-Schleifen und Kooperationswillen geprägt sind, stehen vermeintlich unproduktive Wissenschaften am Ende durchaus gut da. Häufig gibt es aber am Ende die zementierte Verständnislosigkeit. Wirklich adäquate Methoden der Leistungsbeurteilung werden nie allein über allgemeine Kriterienraster und Kriterienkataloge funktionieren können, sondern immer primär über sehr mühsame und langwierige interdisziplinäre Kooperations- und Entwicklungsprozesse.

In den vorliegenden sozialwissenschaftlichen Konzepten zur Qualitätsbeurteilung und Qualitätsmessung in den Geisteswissenschaften finden sich regelmäßig Hinweise auf eine gewisse Hilflosigkeit gegenüber der Heterogenität, die dort anzutreffen sei. Heterogenität auf vielen Ebenen: Der *output* an Absolventen ist zwischen kleinen und großen Fächern extrem unterschiedlich, und in den Staatsexamensfächern bestimmen die Kandidaten dieser Abschlüsse das Bild sehr stark. Auch was den *output* an Forschungsergebnissen betrifft, stellen sich, wie Donovan und Hornbostel deutlich machen, die Geisteswissenschaften nicht nur völlig anders dar als die Natur- und Lebenswissenschaften (oder auch Teile der Sozialwissenschaften), sondern sie weisen auch innerhalb des gesamten Spektrums der Geisteswissenschaften derartige Differenzen auf, dass Klassifizierungen oder gar Quantifizierungen als ziemlich aussichtslos erscheinen. Wenn gar noch »Ausstellungen und Konzertveranstaltungen« (Donovan) – oft zu Recht, zuweilen zu Unrecht – als Indikatoren für geisteswissenschaftliche Forschungsstärke angesehen werden können, kann das Ziel der Messbarkeit getrost gleich aufgegeben werden. Auch über das schöne Konzept der ›Ansehensindikatoren‹ freut sich die geisteswissenschaftliche Community: Preise, Akademiemitgliedschaften, Mitgliedschaften in Berufsvereinigungen, »Engagements bei Fachzeitschriften« und vieles andere mehr könnten für die Beurteilung einer Forschungsleistung in Frage kommen (Donovan). Ganz zu Recht wird hier Messbarkeit als Ziel aufgegeben. Eine Zusammenfassung in natürlicher Sprache wird vorgezogen.

Ein ganz gravierendes Problem, das die Vergleichbarkeit über Fächer- und Bereichsgrenzen hinweg in Frage stellt, sind die unterschiedlichen Zeitskalen hier und dort: Während eine herausragende Plotin-Edition noch in hundert Jahren ihren Wert behaupten kann, sind in den Publikationspools der Natur- und Lebenswissenschaften zwei, drei Jahre schon eine Ewigkeit. Und Fortschritt in der Forschung (unter dem Titel der Innovation zu Recht ein wichtiges Kriterium) wird hier ganz anders buchstabiert als dort.

Die Befunde der Spezialisten für Qualitätsmessung konvergieren im Hinblick auf die Geisteswissenschaften in deprimierender Weise: Der Druck auf diese Disziplinen, sich für Routine-Messungen zu öffnen, wächst und wird weiter wachsen, wobei zugleich der Aufwand zur Gewinnung halbwegs standardisierter und damit vergleichbarer Daten tendenziell unverhältnismäßig hoch erscheint. Methodisch saubere sozialwissenschaftliche Forschung an den und über die Geisteswissenschaften könnte – nicht zuletzt wegen der Komplexität der ›Daten‹ und ihrer ›Erhebung‹ – nach dem Prinzip des Grenznutzens zu teuer werden: Spätestens wenn die Evaluationsforschung teurer wird als die evaluierte geisteswissenschaftliche Forschung selbst, wird sie obsolet. Derzeit herrscht der Eindruck vor, dass »mit viel Ressourceneinsatz inkompatible Datenbestände mit unterschiedlichen Definitionen« geschaffen werden (Hornbostel); gleichwohl wird, so scheint es, an dem Ziel festgehalten, durch standardisierte und koordinierte Methoden in der Zukunft einmal die Vergleichbarkeit über Fächer- und Institutionengrenzen hinweg zu erreichen. Das halte ich für unangemessen, ja abwegig. Wie kann man die Leistungen eines Kardiologen und eines Kodikologen miteinander vergleichen? Und warum sollte man es auch? Die Priorisierungen zwischen den Fächern müssen nach anderen Kriterien als dem *output* an Doktoranden oder Aufsätzen erfolgen – was faktisch ja auch geschieht: nach wirtschaftlichem Bedarf, nach kulturellen und sozialen Bedürfnissen, nach medialer Präsenz. Administrative, politische Steuerung mag an disziplinenübergreifenden Skalen ein verständliches Interesse haben, wenn dabei aber nicht nur die Spezifik, sondern die wissenschaftliche Substanz der Fächer aus den Augen verloren wird, verlieren auch die Evaluationen ihren Wert.

Nachholbedarf?

Warum wird die Evaluationsdebatte für die Geisteswissenschaften überhaupt geführt? Und warum gerade jetzt? Durch die Luhmannsche Systemtheorie waren wir doch noch vor kurzem von der Ausdifferenzierung des Wissenschaftssystems mit entsprechenden und ausreichenden Selbstregulationsmechanismen überzeugt. Das erweist sich als Irrtum. Offensichtlich wird, bei knapperen Ressourcen und bei globaler Konkurrenz um Intelligenz und Kreativität, eine präzisere Steuerung von außen nötig oder als nötig erachtet. Man scheint der Überzeugung zu sein, dass die einzelnen Disziplinen und das Wissenschaftssystem als Ganzes ihre internen Hierarchisierungen nicht (mehr) selbst vornehmen können. Letztlich sind, bezogen auf die Geisteswissenschaften, diese Diskussionen der Beweis dafür, dass sich die Existenz geisteswissenschaftlicher Forschung nicht mehr von selbst versteht – und nicht mehr von selbst rechtfertigt. Qualitätsmessung, Evaluation, Leistungsbezug tangieren damit ganz erheblich die Akzeptanz und die gesellschaftliche Legitimation von Geisteswissenschaften. Doch wenn die Legitimierung von Lyriktheorie, Keilschrift-Edition oder Byzantinistik vor allem auf disziplinenübergreifende Leistungsmessungen angewiesen ist, wird sie scheitern. Die Evidenzproduktion im Hinblick auf die eigenen Leistungen kann nur beiläufig auch über Quantifizierungen und Indizes gestützt werden. In den meisten Fällen wird sie die qualitative Ebene, aus dem Binnenraum der Einzelfächer heraus erobert – seien sie groß oder klein, historisch oder systematisch, Orchideen- oder Massenfächer – und der Professionalität und der Theoriebildung der jeweiligen Disziplin verpflichtet, gar nicht hinter sich lassen können.

Und hier könnte die vielbeschworene und offensichtlich noch zu wenig genutzte (vermeintliche oder tatsächlich vorhandene) Nähe der Geisteswissenschaften zur Medienöffentlichkeit wirklich von Nutzen sein: als Möglichkeit, ökonomischen *output*, Patente, neue Therapien und Techniken durch kulturelles Kapital aufzuwiegen. Die Qualität der Geisteswissenschaften wird sich immer mehr auch durch ihre Fähigkeit zur Vermittlung ihrer Ergebnisse vermitteln lassen – nicht im Sinne von Populärwissenschaft, sondern im Sinne einer offensiven Beteiligung an der Diskussion um Rankings, Evaluationen, Exzellenz und Standards. Und dann könnte sich zeigen, dass die Kriterien und Prozeduren der Qualitätsermittlung auch in den Natur-, Sozial- und Lebenswissenschaften keineswegs so unbefragt sind oder sein dürften, wie es zuweilen – auch in den vorliegenden Studien – den Anschein hat.

Die methodologischen Verunsicherungen, wie sie in den Beiträgen von Donovan und Hornbostel für den so heterogen-widerspenstigen Sektor der Geisteswissenschaften mit großer Präzision namhaft gemacht werden, sollten Anlass sein, nicht nur von einem Nachholbedarf an messenden Beurteilungsverfahren in diesem Bereich zu sprechen, sondern umgekehrt dieselben problematisierenden Fragen auch an die gegenüberliegenden, die ›harten‹ Disziplinen zu stellen. Auch dort sind Zitierindizes nicht über jeden Zweifel erhaben, auch die Leitjournale sind es nicht mehr; die Drittmittelvalenz ist auch in den Naturwissenschaften keineswegs überall gleich, und Ansehensfaktoren, die sich in Forschungsmittel ummünzen lassen und selbsterfüllende Prophezeiungen produzieren, gibt es auch dort. Der Mythos der Quantifizierbarkeit und der harten Methodik in der Forschungsevaluation wäre auch dort zu entzaubern. Die Umkehrung der Fragerichtung und der vermeintlichen Asymmetrie könnte dann zu einer Differenzierung und Relativierung gerade auch auf den Feldern der Natur- und Lebenswissenschaften führen – und damit letztlich auch der Qualitätssteigerung der Forschungsevaluation selbst dienen.

3. Haben uns Moden die Qualität verdorben?

Weltwahrnehmung im Wandel: Neue Theorieansätze als adäquate heuristische Instrumente der Geisteswissenschaften

Erika Fischer-Lichte

Die Formulierung der Frage, die als Titel des dritten Kapitels firmiert und in ihm geklärt werden soll, erscheint mir in mancher Hinsicht problematisch. Denn sie impliziert Voraussetzungen, von denen wir meiner Ansicht nach keineswegs ausgehen können. Dabei handelt es sich zum einen um die Annahme, dass es in den Geisteswissenschaften so etwas wie Moden gibt, sie sich also wechselnde, jeweils etwas anders geschneiderte Kostüme anlegen, die keinen Erkenntnisgewinn versprechen, sondern lediglich die »schöne« und »reine« Gestalt der Geisteswissenschaften verunstalten. Damit sind wir bei der zweiten Voraussetzung; sie besteht nämlich in der Annahme, dass diese Gestalt in der Tat vor dem Auftreten derartiger »Moden« »schön« und »rein« war, das heißt, dass die Geisteswissenschaften über hohe Qualitätsstandards verfügten, die ihnen nun durch derartige »Moden« verdorben wurden.

Mit der Titel gebenden Frage kann man sich folglich nur sinnvoll auseinandersetzen, wenn die beiden von ihr implizierten Annahmen sich als zutreffend erweisen. Deshalb werde ich, ehe ich weiter auf die Frage eingehe, zunächst beide Annahmen genauer überprüfen.

Was sind »Moden« in den Geisteswissenschaften?

Nach Georg Simmel ist Mode zu begreifen als

»Nachahmung eines gegebenen Musters und genügt damit dem Bedürfnis nach sozialer Anlehnung, sie führt den Einzelnen auf die Bahn, die alle gehen, sie gibt ein Allgemeines, das das Verhalten jedes einzelnen zu einem bloßen Beispiel macht. Nicht weniger aber befriedigt sie das Unterscheidungsbedürfnis, die Tendenz auf Differenzierung, Abwechslung, Sich-Abheben […] So ist die

Mode nichts anderes als eine besondere unter den vielen Lebensformen, durch die man die Tendenz nach sozialer Egalisierung mit der nach individueller Unterschiedenheit und Abwechslung in einem einheitlichen Tun zusammenführt«. (Simmel 1919: 27)

Simmel beschreibt damit die Mode als eine Erscheinung, welche auf den Grundprinzipien gesellschaftlichen Lebens aufbaut und ihnen Ausdruck verleiht. Die Wirkung der Mode besteht im Wesentlichen darin, dass man mit ihrer Hilfe dem anderen sowohl bedeuten kann, man sei wie er Mitglied derselben Gemeinschaft, als auch, dass man sich aufgrund seiner spezifischen Herrichtung von allen andern Mitgliedern der Gemeinschaft signifikant unterscheidet. Die Mode funktioniert also ähnlich wie Bourdieus »feine Unterschiede«. Sie kann dies jedoch nur leisten, wenn sie zu einem schnellen Wechsel fähig ist. Sobald sie sich so weit verbreitet hat, dass die signifikante Unterscheidung nicht mehr greift, wird von denen/für die, die sich klar von den anderen unterscheiden wollen, eine neue Mode kreiert.

Lässt sich dieser Modebegriff nun sinnvoll auf Entwicklungen in den Geisteswissenschaften übertragen und anwenden, wie die Titel gebende Frage suggeriert?

Ganz zweifellos haben wir in den letzten vierzig Jahren in den Geisteswissenschaften eine rasante Theorie-Entwicklung erlebt. In rascher Abfolge wurden immer neue theoretische Ansätze eingeführt, teilweise auch gleichzeitig und scheinbar miteinander konkurrierend. Dazu gehörten unter anderem – um nur die wichtigsten zu nennen – Strukturalismus, sozialgeschichtliche Ansätze, Semiotik, feministische Theorien und *gender*-Forschung, Diskursanalyse, Psychoanalyse, Poststrukturalismus, Dekonstruktivismus, *New Historicism*, Medientheorie, Performativitätsforschung, Bildtheorie, Postkolonialismus. Was haben diese theoretischen Ansätze geleistet bzw. leisten sie? Worin bestanden/bestehen ihre wichtigsten Funktionen? Lassen sie sich als »Moden« im Sinne Simmels begreifen?

Diesen Fragen soll zunächst an zwei ausgewählten Beispielen nachgegangen werden, ehe sie mit Blick auf derartige Entwicklungen allgemein beantwortet werden. Als Exempel wähle ich (1) semiotische Theoriebildung, also einen theoretischen Ansatz aus den 1960er/1970er Jahren, sowie (2) Performanztheorien als eine auf die 1990er Jahre bzw. die Wende vom 20. zum 21. Jahrhundert zurückgehende Entwicklung.

Ad 1) In der Sprachwissenschaft, die bis in die 1960er Jahre in Deutschland überwiegend, ja fast ausschließlich als historische Wissenschaft betrieben wurde, nahm mit der Rezeption von Ferdinand de Saussures *Cours de linguistique générale* (1907–1911, erschienen 1916), die 1931 ins Deutsche übertragen wurden und hier 1967 eine zweite Auflage erfuhren, eine semiotisch begründete, systematische Sprachwissenschaft bereits in den 1960er Jahren ihren Anfang. In dieselbe Zeit fällt in der Philosophie, die seit Aristoteles eine lange semiotische Tradition aufzuweisen hat, mit dem Erscheinen des ersten Bandes der Übersetzung von Charles Sanders Peirce' Schriften (1868–1878) im Jahre 1967 eine erneute Auseinandersetzung mit der Philosophie des Zeichens. In die Literaturwissenschaft fanden hierzulande semiotische Ansätze durch die Übersetzungen von Semiotikern der Tartuer und vor allem Moskauer Schule, insbesondere Jurij Lotmans, und des italienischen Philosophen und Literaturwissenschaftlers Umberto Eco Eingang. Mit den hier genannten Arbeiten und ihren Übersetzungen – zum Teil auch ihren kritischen Editionen wie im Falle Peirce – ereignete sich in den Geisteswissenschaften nicht nur in Deutschland, sondern in ganz Europa und Nordamerika der sogenannte *linguistic* oder *semiotic turn*.

Diese semiotische Wende hat erhebliche Auswirkungen auf die Geisteswissenschaften gehabt. Dies gilt sowohl für die Grundlagenforschung, die in der Allgemeinen Semiotik durchgeführt wurde, als auch für die Angewandte Semiotik, welche einige geisteswissenschaftliche Disziplinen geradezu revolutioniert hat.

Die Forschungen im Bereich der Allgemeinen Semiotik haben die Geisteswissenschaften zum einen für Interdisziplinarität untereinander als auch mit Blick auf die Naturwissenschaften geöffnet. Hier konnte auf Forschungen zurückgegriffen werden, die im deutschen Sprachraum seit der Aufklärung betrieben wurden – in diesem Zusammenhang sei lediglich auf die Arbeiten Leibniz', Lamberts, Lessings, Bolzanos, Vischers, Cassirers, Bühlers hingewiesen, welche die systematische Frage nach den Prinzipien zu beantworten suchten, nach denen Zeichenprozesse funktionieren. Diese Frage trat zwar im 19. Jahrhundert, das ganz besessen war von der historischen Frage nach den Ursprüngen, in den Hintergrund, wurde jedoch in den ersten Dekaden des 20. Jahrhunderts vom amerikanischen Pragmatismus, vor allem von Peirce und Charles Morris, sowie in der Sprachwissenschaft von Saussure wieder ins Zentrum der Forschung gerückt. Seit den 1960er Jahren wurde von den verschiedensten Disziplinen ausgehend der Versuch unternommen, für alle zeichenbezogenen Wissenschaften eine gemeinsame Fundierung zu leisten und so eine Vergleichbarkeit im Vorgehen und eine gegenseitige Anschlussfähigkeit zu ermöglichen. Das gilt zum einen für die Geisteswissenschaften, die im Sinne sowohl des Peirceschen als auch des Saussureschen Zeichenbegriffs als zeichenbezogene Wissenschaften zu verstehen sind. Zum anderen ermöglichte es auch eine Vergleichbarkeit mit und Anschlussmöglichkeiten an Naturwissenschaften. Denn auch hier war von spezifischen Zeichen- und Kommunikationsprozessen auszugehen, wie zum Beispiel beim Funktionieren des genetischen Codes, beim Bienentanz, bei Austauschprozessen zwischen Organismen oder organismusintern. Möglichkeiten, die Grenzen nicht nur zwischen den verschiedenen Geisteswissenschaften, sondern auch zwischen geistes- und naturwissenschaftlichen Disziplinen aufzubrechen und zu überwinden, wurden so ganz wesentlich von der Semiotik eröffnet.

Die Allgemeine Semiotik war zum anderen auch insofern für die Geisteswissenschaften folgenreich, als sie einen Begriff von Kultur entwickeln half, welcher den einzelnen Disziplinen nicht nur ganz neue Methoden erschloss, sondern auch neue Gegenstände. Denn Kultur wird von der Semiotik als ein strukturierter Zusammenhang von Zeichen begriffen und bestimmt und in diesem Sinne als ein Text. Text meint hier also nicht nur einen aus sprachlichen Zeichen bestehenden Text, sondern jeden strukturierten Zusammenhang von Zeichen. Unter diesen Textbegriff fallen entsprechend auch Rituale, Feste, Spiele, Sportwettkämpfe, Theateraufführungen, Bilder, Feuerwerke, Gärten und vieles andere mehr. Die Untersuchung derartiger Phänomene und Prozesse konnte nun als Analyse von Texten, die jeweils aus unterschiedlichen Zeichen zusammengesetzt sind, durchaus vergleichbar vollzogen werden. Mit diesem Kulturbegriff bereitete die Semiotik auch der sogenannten kulturwissenschaftlichen Wende in den Geisteswissenschaften den Weg, nach der diese sich zum Teil nicht mehr Geistes-, sondern Kulturwissenschaften nennen würden. Während sich die Geisteswissenschaften bis in die 1960er Jahre bevorzugt, wenn nicht gar ausschließlich mit Werken bzw. Produkten der sogenannten Höhenkammkultur, also der Kultur der Eliten, beschäftigten und die Volkskultur lediglich anerkannt war, soweit sie als traditionelles »Brauchtum« den Gegenstand der

Volkskunde bildete, weitete sich nun das Feld ihrer möglichen Gegenstände erheblich aus. Phänomene und Prozesse der Alltags- ebenso wie der Massenkultur fanden Eingang in die Geisteswissenschaften, da sie sich alle durchaus als strukturierter Zusammenhang von Zeichen und damit als »Texte« analysieren ließen.

Nicht zuletzt hat die Semiotik einzelnen geisteswissenschaftlichen Disziplinen ganz neue, zum Teil weit präziser arbeitende und daher effektivere heuristische Instrumente zur Verfügung gestellt als diejenigen, die sie bisher verwendeten. Dies gilt zum Beispiel für die Ethnologie oder auch für die Theaterwissenschaft. So wurde Clifford Geertz' Methode einer »dichten Beschreibung« nur möglich vor dem Hintergrund der semiotischen Wende. Seine Bestimmung von Kultur als einem Netz von Bedeutungen, in das die Mitglieder einer Kultur verstrickt sind, ist ohne einen semiotischen Kulturbegriff gar nicht denkbar. Der sogenannte *interpretative turn* in der Ethnologie, der durch Geertz eingeleitet wurde, lässt sich entsprechend durchaus als Folge des *semiotic turn* begreifen.

Während in der Literaturwissenschaft und der Kunstgeschichte Werkanalysen traditionell einen festen Bestand ihres Methodenarsenals bildeten – ebenso wie in der Musikwissenschaft mit Bezug auf die Partitur –, hatte die erst zu Beginn des 20. Jahrhunderts entstandene Theaterwissenschaft bis in die 1970er Jahre keine Methode der Aufführungsanalyse entwickelt. Sie verstand sich wie die anderen Kunstwissenschaften als eine historisch-hermeneutische Wissenschaft. Während die anderen Kunstwissenschaften jedoch über die Werke der Vergangenheit verfügen konnten, blieben der Theaterwissenschaft nur Dokumente über Aufführungen der Vergangenheit, da die Aufführungen selbst, also die »Werke« des Theaters, für immer verloren sind. Aufführungen der Vergangenheit lassen sich nicht analysieren; dies ist nur bei Aufführungen möglich, die der Wissenschaftler hier und heute miterlebt. Da sich auch die Literatur- und Musikwissenschaft ebenso wie die Kunstgeschichte nahezu ausschließlich mit Werken der Vergangenheit beschäftigten, beschränkte sich die Theaterwissenschaft sozusagen in Analogie auf den Bereich der Theatergeschichte, der sich allerdings nicht als »Werkanalyse« betreiben ließ. Die Aufführungen der Gegenwart überließ sie den schöngeistigen Besprechungen der Theaterkritiker.

Es war die Semiotik, die es der Theaterwissenschaft ermöglichte, zum ersten Mal in ihrer Geschichte ein methodisches Instrumentarium für eine Aufführungsanalyse auszuarbeiten. Die Aufführung wurde nun als ein »Text« im semiotischen Sinn begriffen – also nicht als identisch mit dem literarischen Text des Dramas, das zur Aufführung kam –, als ein strukturierter Zusammenhang heterogener theatraler Zeichen. Dabei wurde sowohl die Tätigkeit des Schauspielers als Zeichen begriffen, die sich in sprachlichen, paralinguistischen, mimischen, gestischen, proxemischen Zeichen vollzieht, als auch seine Erscheinung, die sich aus Gestalt, Maske und Kostüm konstituiert, als auch der Raum, und zwar sowohl im Hinblick auf die ihm zugrunde liegende Konzeption als auch den Bühnenraum, seine Dekoration, die Requisiten und das Licht. Nicht zuletzt wurden auch Musik und Geräusche als Zeichen verstanden und entsprechend analysiert. Eine genaue Bestimmung der Eigenart des theatralen Zeichens, vor allem seiner Fähigkeit, als Zeichen von Zeichen zu fungieren, seiner Polyfunktionalität und Mobilität, war eine wichtige Voraussetzung für die Aufführungsanalyse ebenso wie die Herausarbeitung der spezifischen Gliederung des »Textes« – also der Aufführung – sowie der von ihr vorgenommenen Hierarchisierung der verwendeten Zeichen. Außerdem galt es, für eine erfolgreiche Aufführungsanalyse die besonderen Bedingungen zu ermitteln, unter denen die theatrale Kommunikation zwischen Akteuren und Zuschauern jeweils abläuft. Auf diese Weise wurde es möglich, eine Aufführung so zu analysieren, dass die Analyse für andere nachvollziehbar wurde, die in ihrem Verlauf generierten Bedeutungen plausibel erschienen und zugleich klar war, unter welchen Bedingungen sie entstanden waren, so dass bei Änderung bestimmter Voraussetzungen auch andere Bedeutungen möglich gewesen wären – dass eine Aufführungsanalyse letztlich ebenso wenig bzw. noch weniger abschließbar ist als jede andere Werkanalyse.

Die Leistungen, die von der Semiotik für die Geisteswissenschaften insgesamt ebenso wie für einzelne ihrer Disziplinen erbracht wurden, waren nicht nur erheblich, sondern haben sich auch langfristig ausgewirkt. Während der Traum mancher Semiotiker von einer *unified method* sich in den Geisteswissenschaften in der Tat als eine Illusion erwiesen hat, sind die heuristischen Instrumente und methodischen Standards in die einzelnen Disziplinen eingegangen und gehören bis heute zu ihrem festen Bestand. Durch semiotische Ansätze wurde die Qualität der Geisteswissenschaften nicht nur nicht beeinträchtigt oder gar »verdorben«, sondern im Gegenteil erheblich verbessert. Denn sie verlangte von den einzelnen Disziplinen klar beschreibbare, von anderen jederzeit nachvollziehbare, wenn auch zum Teil höchst komplizierte Prozeduren, die es minutiös durchzuführen galt/gilt, um zu plausiblen Ergebnissen zu gelangen. Diese sollen dann entsprechend von anderen überprüft und so nachvollzogen werden, dass sie sie entweder für sich selbst akzeptieren oder aber klar benennen können, welche Operationen sie nicht nachzuvollziehen vermögen, weil sie die ihnen zugrunde liegenden Bedingungen und Voraussetzungen, welche die Analyse offenlegt, nicht teilen. Damit waren/sind sehr hohe Qualitätsstandards gesetzt, welche die Geisteswissenschaften in den 1960er/1970er Jahren in vielen Fällen nicht zu garantieren vermochten.

Ad 2) Ähnlich wie die Semiotik ist auch die Performanzforschung – ebenso wie alle anderen eingangs aufgelisteten Theorien – ihrem Ansatz nach transdisziplinär. Sie wurde in den 1950er Jahren von John L. Austin mit seinen Vorlesungen *How to do Things with Words* (Harvard 1955) inauguriert, in denen er erläutert, dass sprachliche Äußerungen nicht nur dem Zweck dienen, einen Sachverhalt zu beschreiben oder eine Tatsache zu behaupten, sondern mit ihnen auch Handlungen vollzogen werden. Für diese Qualität von sprachlichen Äußerungen prägte Austin den Begriff *performativ* (abgeleitet von dem Verb *to perform – vollziehen*). Dieser Begriff wurde Ende der 1980er/Anfang der 1990er Jahre von der Kulturphilosophin Judith Butler in die *gender*-Forschung und darüber hinaus allgemein in die geistes- und kulturwissenschaftliche Forschung übertragen.

Mit diesem Begriff ist zugleich ein neues Verständnis von Kultur verbunden. Während die Semiotik Kultur als Text versteht, nimmt Performanzforschung eher die Tätigkeiten, Handlungen, Austauschprozesse, Transformationen, Inszenierungen und Dynamiken in den Blick, welche die jeweiligen kulturellen Ereignisse überhaupt erst konstituieren, sowie ihre je spezifische Materialität. Entsprechend gilt ihr Kultur eher als »Performance«, als Aufführung, wie dies vor allem an Ritualen, Spielen, Festen, Theateraufführungen, Sportwettkämpfen, politischen Versammlungen und Ähnlichem deutlich wird. Dieses Verständnis steht zu dem der Semiotik nicht im Widerspruch, sondern ergänzt es. Es fokussiert Aspekte, welche aus semiotischer Perspektive gar nicht ins Blickfeld treten, und erweitert damit den Horizont der Geisteswissenschaften ganz erheblich.

Da Aufführungen/Performances aus der Interaktion aller Beteiligten hervorgehen, lassen sie sich weder von einem einzelnen noch von einer Gruppe der Beteiligten vollkommen durchplanen und kontrollieren. Sie entziehen sich vielmehr ihrer Verfügungsgewalt. Jeder nimmt Einfluss auf ihren Verlauf und wird von ihm beeinflusst, aber keiner vermag über die Aufführung insgesamt zu verfügen. Vielmehr handelt es sich bei allen um Mit-Erzeuger, die in unterschiedlichem Ausmaß und in unterschiedlicher Weise an der Gestaltung der Aufführung mitwirken, ohne sie allein bestimmen zu können. Durch die zwischen den Teilnehmern ablaufenden Wechselwirkungen wird die Aufführung konstituiert und umgekehrt ist es erst dieser Prozess, der die Beteiligten als Akteure und Zuschauer hervorbringt. Die Aufführung eröffnet so allen an ihr Beteiligten die Möglichkeit, sich in ihrem Verlauf als ein Subjekt zu erfahren, das Handeln und Verhalten anderer mitzubestimmen vermag und dessen eigenes Handeln und Verhalten ebenso von anderen mitbestimmt wird – als ein Subjekt, das weder autonom noch fremdbestimmt ist und das Verantwortung auch für eine Situation trägt, die es nicht geschaffen hat, an der es jedoch teilhat.

Daher erweist es sich als schwierig, mit einer Aufführung »hermeneutisch« umzugehen. Das heißt nicht, dass man einzelnen Elementen, Sequenzen, Verfahren nicht Bedeutungen zusprechen kann. Keineswegs aber lässt sich die Aufführung ausschließlich oder auch nur in erster Linie als Ausdruck eines vorgegebenen oder einheitlichen Sinnes begreifen, den es zu verstehen gälte. Alles, was in ihrem Verlauf an Sinnhaftem entstehen mag, kann auch den unvorhergesehenen und unvorhersagbaren Wendungen entspringen, welche sie aufgrund der Wechselwirkungen nimmt, und ist nicht notwendig der Intention eines oder mehrerer Subjekte geschuldet. Die Unverfügbarkeit, die charakteristisch für Aufführungen jeglicher Art ist – seien es Aufführungen der Künste, Feste, Rituale, Spiele, Sportwettkämpfe, politische Versammlungen oder anderes –, hebt ausdrücklich auf die Involviertheit aller Beteiligten ab – und zwar sowohl im Hinblick auf den mehr oder weniger starken Einfluss, den diese auf den Verlauf der Aufführung ausüben, als auch hinsichtlich des Einflusses, dem sie selbst dabei ausgesetzt sind, da es sich ja gerade um Wechselwirkungen handelt. Der Begriff der Unverfügbarkeit zielt in diesem Zusammenhang auf die Unmöglichkeit, die *per se* kontingente Aufführung, die Handlungen und Verhaltensweisen aller an ihr Beteiligten vollständig zu planen und zu kontrollieren. Sie sind nicht voraussagbar, erscheinen jedoch in der Regel im Nachhinein durchaus als plausibel und nachvollziehbar.

In einer Aufführung sind daher immer zwei Aspekte zu unterscheiden, die gleichwohl nicht unabhängig voneinander gedacht werden können: der Aspekt des Hervorbringens, Erzeugens, Schaffens und der Aspekt des Widerfahrenlassens, des Ausgesetztseins, der Emergenz. Beide lassen sich in gewisser Weise im Begriff der »Wirkung« zusammenfassen.

Wie am Modell der Aufführung ersichtlich, ergeben sich für eine Untersuchung von Kultur als »Performance« ganz neue Forschungsperspektiven. So lässt sich als Ableitung die These formulieren, dass kulturelle Prozesse, sofern sie als performative Prozesse gedacht sind, sich nur dann in ihrer besonderen Eigenart angemessen erfassen lassen, wenn die enge, ja unlösbare Verbindung von Performanz und Emergenz nicht aus dem Blick gerät. Sie konstituieren Wirklichkeit, indem sie etwas hervorbringen, das eine Wirkung zeitigt, ohne dass das Hervorgebrachte bzw. die Wirkung ausschließlich den Intentionen der einzelnen an ihnen beteiligten Subjekte geschuldet ist, und sie konstituieren sie, indem sie Unvorhergesehenes, Nichtgeplantes, Nichtvorhersagbares auftauchen und in Erscheinung treten lassen.

Die in den 1990er Jahren vollzogene sogenannte »performative Wende« hat sich für alle Geisteswissenschaften als äußerst folgenreich erwiesen. Dies gilt für die sich eher als Kulturwissenschaften bezeichnenden Disziplinen ebenso wie für die Kunstwissenschaften und die Textwissenschaften (im engeren Sinn nur auf sprachlich verfasste Texte bezogen).

Wenn bei Aufführungen davon auszugehen ist, dass alle Beteiligten insofern involviert sind, als sie die Aufführung mitbestimmen und sich zugleich von ihr bestimmen lassen, wird sich die – vor allem in den Sozialwissenschaften – weit verbreitete Manipulationsthese kaum aufrechterhalten lassen. In ihr wird davon ausgegangen, dass politische Feste und andere Arten von Massenveranstaltungen dazu geeignet sind, die an ihnen beteiligten Bevölkerungsgruppen im Sinne der Herrschenden zu manipulieren. Das heißt, dass die Veranstalter imstande wären, den Verlauf der Aufführung zu steuern und zu kontrollieren, also erfolgreich eben die Inszenierungsstrategien anzuwenden, die ein passives, unschuldiges Publikum in der genau vorausberechneten Weise zu überwältigen und ein bestimmtes Verhalten als gewünschte Wirkung auszulösen vermögen. Wenn man dagegen davon ausgeht, dass in eine Aufführung involviert zu sein zugleich bedeutet, in sie einzuwilligen, Mitverantwortung für sie zu übernehmen, so kann von Manipulation nicht oder nur unter Vorbehalt die Rede sein.

Im Zentrum der Kunstwissenschaften stand lange Zeit bzw. steht bis heute der Werkbegriff. Es galt/gilt, das Werk in seinem Gemacht-Sein zu analysieren und es zu verstehen. Wenn die Künste jedoch, wie zunehmend seit den 1960er Jahren zu beobachten, nicht mehr nur Werke, sondern vor allem Aufführungen hervorbringen, wie es nicht nur im Theater, in der Musik und Performance-Kunst der Fall ist, sondern ebenso in der bildenden Kunst (aus der immerhin Aktions- und Performance-Kunst hervorgegangen sind) wie auch in der Medienkunst und der Literatur, dann greift weder eine Werkästhetik noch eine Produktions- und Rezeptionsästhetik. Vielmehr gilt es, eine Ästhetik des Performativen auszuarbeiten, die als eine neue Wirkungsästhetik konzipiert ist. Damit gilt es zugleich, den Begriff der ästhetischen Erfahrung zu redefinieren.

Eine solche neue Wirkungsästhetik gilt auch für Literatur als Kunst. Darüber hinaus ist gerade den Textwissenschaften wie zum Beispiel der Theologie oder der Rechtswissenschaft, die mit Texten arbeiten, die insofern als performativ begriffen werden können, als sie nicht nur auszulegen sind, sondern das, wovon sie sprechen, auch vollziehen, also eine spezifische Wirkkraft entfalten, mit der Performanzforschung eine neue Perspektive eröffnet. Wie weit diese bereits in die theologische Forschung eingegangen ist, zeigt ein Text des herausragenden Theologen Josef Ratzinger, der als Papst Benedikt XVI. in der Enzyklika *Spe Salvi* schreibt:

»Itaque dicere possumus: christianismum non solum esse ›bonum nuntium‹ – id est communicationem rerum quae ad illud usque tempus ignorabantur. Hodierno sermone dicere possumus christianum nuntium non tantum ›informativum‹ esse, verum etiam ›performativum‹. Quod sibi vult: Evangelium non est tantum communicatio rerum quae sciri valent, sed communicatio quae actus edit vitamque transformat«.

»So können wir jetzt sagen: Christentum ist nicht nur ›gute Botschaft‹ – eine Mitteilung von bisher unbekannten Inhalten. Man würde in unserem heutigen Sprachgebrauch sagen: Die christliche Botschaft ist nicht nur ›informativ‹, sondern auch ›performativ‹. Das heißt: Das Evangelium ist nicht nur Mitteilung von Dingen, die es wert sind gewusst zu werden, sondern eine Mitteilung, die Handlungen bewirkt und das Leben verändert«.[1]

Die christliche Botschaft ist also nicht vollständig mit Mitteln der Textanalyse zu erfassen, auch nicht einer semiotischen Textanalyse, sondern nur, wenn sie als performativ begriffen, das heißt ihr Wirklichkeit schaffendes, die Welt und das Selbst veränderndes Potenzial am eigenen Leibe erfahren wird.

Mit diesem Beispiel ist allerdings zugleich das methodische Problem angesprochen, das aus einem performanztheoretischen Ansatz folgt. Denn wie lässt sich ein derartiges Wirklichkeit schaffendes sowie die Welt und das Selbst veränderndes Potenzial oder auch der Prozess seiner Erfahrung am eigenen Leib methodisch erfassen?

Das Problem, das hier am Beispiel eines Textes, nämlich der Heiligen Schrift, offenkundig wird, ist bei jedem performativen Prozess virulent. Wenn eine beliebige Aufführung eines Rituals, des Theaters, eines Festes, eines Fußballspiels, eines Parteitages – um nur einige Möglichkeiten zu nennen – nicht nur als ein Text (im semiotischen Sinn), sondern auch mit Blick auf ihre spezifische Performativität analysiert werden soll, dann muss geklärt werden, wie dabei vorzugehen ist. Wie lassen sich die Mittel beschreiben und analysieren, die eine Wirkung auf die anwesenden Subjekte ausüben, ebenso wie diese Wirkung selbst? Wie ist methodisch mit der im Raum zwischen den beteiligten Subjekten zirkulierenden Energie umzugehen – wie lassen sich die physiologischen, affektiven, energetischen und motorischen Veränderungen erfassen, welche die beteiligten Subjekte im Verlauf einer Aufführung durchlaufen?

Um mit diesen und ähnlichen Fragen methodisch vertretbar umgehen zu können, bedarf es zum Teil ganz neuer Verfahren und Prozeduren; zum Teil sind entsprechende Verfahren bereits in der theaterwissenschaftlichen Aufführungsanalyse, in der Musikpsychologie oder der Emotionsforschung entwickelt.

---

1 Vgl. http://www.vatican.va/holy_father/benedict_xvi/encyclicals/index_ge.htm; letzter Zugriff 27.9.2008.

Folgt aus der Tatsache, dass Verfahren zur Beschreibung und Analyse einer Dimension, die bisher von der geisteswissenschaftlichen Forschung ausgeklammert oder besser: übergangen oder gar ignoriert wurde, obwohl sie eine wesentliche Dimension ihrer Gegenstände darstellt, noch nicht in standardisierter Form vorliegen, sondern sich noch in Entwicklung befinden, eine Rechtfertigung des Vorwurfs, dass damit die Qualität der Geisteswissenschaften ›verdorben‹ werde? Dies wird wohl niemand, der sich je mit der Entwicklung neuer Analyseprozeduren und -verfahren beschäftigt hat, im Ernst behaupten. Die Tatsache, dass an einer solchen Entwicklung gearbeitet wird, spricht eher für ein hohes Methodenbewusstsein, welches die spezifischen Schwierigkeiten berücksichtigt, die sich der Analyse von Gegenständen in den Weg stellen, welche nicht stabil und unverändert sind, sondern sich unablässig verwandeln und denjenigen, der sie analysieren will, involvieren, anstatt ihm die Position eines distanzierten Beobachters zu erlauben. Entsprechende Verfahren lassen sich auch nicht von einer Disziplin alleine entwickeln. Dazu bedarf es vielmehr der Zusammenarbeit der unterschiedlichsten geisteswissenschaftlichen sowie ausgewählter sozial- und naturwissenschaftlicher Disziplinen. Die Arbeit an derartigen Methoden ist bereits weit fortgeschritten, so dass von der Performanzforschung für die Zukunft noch wichtige Erkenntnisse zu erwarten sind.

Nach der skizzenhaften Darstellung zweier willkürlich herausgegriffener Beispiele gilt es nun die Frage zu klären, ob es sich bei ihnen um »Moden« in dem von Simmel definierten Sinne handelt. Dienen Semiotik und Performanzforschung dazu, die »Tendenz« nach sozialer Egalisierung mit der nach individueller Verschiedenheit und Abwechslung in einem »einheitlichen Tun« zusammenzuführen? Diese Frage lässt sich nach meinen (wenn auch nur kurzen) Ausführungen zu beiden theoretischen Ansätzen eindeutig verneinen. In beiden Fällen geht es darum, bisher entweder für selbstverständlich gehaltene oder aber übersehene Aspekte bzw. Dimensionen von traditionell als Gegenständen der Geisteswissenschaften anerkannten Objekten in den Blick zu bringen bzw. aufgrund dieser neuen Perspektiven den Geisteswissenschaften ganz neue Forschungsobjekte und -felder zu erschließen. Das hat nichts mit Moden zu tun, sondern mit einer sich – teilweise rasant – wandelnden Welt und Wahrnehmung von Welt, Selbst und Anderen. Aus ihr ergeben sich neue Fragen und Problemstellungen, auf die die Geisteswissenschaften allein mit ihren überlieferten heuristischen Instrumenten nicht angemessen zu reagieren vermögen. Die Leistung der neuen theoretischen Ansätze besteht darin, ein auf die neuen Frage- und Problemstellungen ausgerichtetes heuristisches Instrumentarium bereitzustellen.

Auch wenn die neuen Theorien daher nicht als »Moden« denunziert werden können, ist nicht zu übersehen, dass sie in bestimmten Kontexten durchaus die Funktion von Moden zu erfüllen vermögen. So ließ sich vor allem in geisteswissenschaftlichen Communities in den USA zeitweilig eine gewisse Tendenz beobachten, die Berufung auf eine bestimmte Theorie im Sinn einer Mode zu handhaben. So gab es Zeiten, in denen auf Konferenzen jeder, der sich nicht als Anhänger des Poststrukturalismus – oder der *gender*-Forschung oder des Postkolonialismus (die Beispiele sind beliebig) – zu erkennen gab oder es gar wagte, diesen offensiv als allein richtigen Weg zur Wahrheit zu leugnen und gegen ihn andere Paradigmata ins Feld zu führen, aus der Gemeinschaft ausgeschlossen wurde. Sich zu dieser Theorie zu bekennen, führte »den Einzelnen auf die Bahn, die alle gehen« und befriedigte zugleich »das Unterscheidungsbedürfnis, die Tendenz auf Differenzierung, Abwechslung, Sichabheben«, indem so eine klare Abgrenzung gegen alle vorgenommen wurde, die sich nicht zu ihr bekannten.

Für die Einschätzung als Mode spricht in einem solchen Fall auch, dass die entsprechende Theorie – Psychoanalyse, Dekonstruktivismus, Semiotik, Phänomenologie oder welche auch immer – nach einer gewissen Zeit als *outmoded* stigmatisiert, in toto verworfen und durch eine neue, angeblich wiederum allein seligmachende, nämlich alles erklärende Theorie ersetzt wird. Auch wenn mit derartigen theoretischen Ansätzen wie mit »Moden« im Simmelschen Sinn umgegangen werden kann, spricht dies weniger gegen die Theorien selbst als gegen ihre sektiererischen Anhänger, die sie wie ein Dogma gegen jegliche Kritik zu immunisieren suchen. Zu begrüßen ist vielmehr jeder Versuch, ihre Plausibilität zu erschüttern und Inkonsistenzen in ihnen nachzuweisen – wie dies für jede ernst zu nehmende wissenschaftliche Auseinandersetzung mit Theorien gilt.

Die erste von der Formulierung des Titels implizierte Annahme hat sich somit als hinfällig erwiesen. Bei den neuen theoretischen Ansätzen, die seit den ausgehenden 1960er Jahren in den Geisteswissenschaften eingeführt wurden, handelt es sich nicht um Moden, sondern um neue heuristische Instrumente, welche bei der Klärung von Fragen bzw. von Problemen, die zum Teil bisher höchst unbefriedigend bearbeitet wurden und sich zum Teil überhaupt erst in den letzten Jahren gestellt haben, neue, plausible Lösungsvorschläge sowie im zweiten Fall eine erste diskussionswürdige Klärung ermöglichen.

Solange diese Fragen virulent sind, werden auch die auf sie bezogenen theoretischen Ansätze in der Diskussion bleiben, es sei denn, ihre Plausibilität wird nachhaltig und nachvollziehbar erschüttert. Wenn die entsprechenden Fragen und Probleme nicht mehr relevant erscheinen, werden höchstwahrscheinlich auch die zu ihrer Lösung entwickelten Theorien kaum mehr mit Interesse rechnen können, es sei denn ihre Eignung für die Klärung neu entstandener Fragen wird entdeckt und überzeugend nachgewiesen. Für beide Fälle gibt es Beispiele aus der Geschichte der Geisteswissenschaften ebenso wie aus der Ideengeschichte. Denn ob Theorien nur noch von historischem Interesse sind oder auch weiterhin ernsthaft diskutiert und angewandt werden, hängt in der Regel davon ab, ob die Probleme, die sie zu lösen versprachen, noch Aktualität beanspruchen können oder neue Fragen auftauchen, bei deren Klärung sie anzuwenden kaum Erfolg versprechend erscheint. Da in unserer so rasant sich wandelnden Welt sich ständig neue Fragen ergeben und Probleme auf die Tagesordnung kommen, die gestern noch jenseits unserer Vorstellungskraft lagen, hat sich nicht nur der Wechsel verschiedener theoretischer Ansätze beschleunigt, sondern auch ihre Vielfalt erheblich vergrößert. Auch wenn sich bei der Anwendung der einen oder anderen Theorie herausstellen mag, dass sie zur Lösung des anstehenden Problems weniger beizutragen vermag als anfangs angenommen, rechtfertigt dies nicht, sie als Mode zu denunzieren. Denn dabei handelt es sich um einen ganz normalen Vorgang in der Wissenschaft, für dessen Erklärung es nicht des Begriffs der »Mode« bedarf.

Waren die Geisteswissenschaften vor den 1960er Jahren durch hohe Qualitätsstandards geprägt?

Wenden wir uns nun der zweiten Annahme zu, welche die Behauptung beinhaltet, dass die Geisteswissenschaften vor der Entwicklung derartiger neuer heuristischer Instrumente über hohe Qualitätsstandards verfügten, die ihnen nun durch diese Einführung neuer theoretischer Ansätze verdorben wurden.

In der Literaturwissenschaft – um ein Beispiel zu wählen, in dem es tatsächlich klare Qualitätsmerkmale gab – setzten die Vertreter der sogenannten Immanenten Interpretation, die nach dem Krieg die völkisch ausgerichtete Literaturwissenschaft mit ihren ganz speziellen »Qualitätsstandards« ablöste, strenge Maßstäbe. Als Beispiel möge hier Wolfgang Kaysers Einführung in die Literaturwissenschaft, *Das sprachliche Kunstwerk,* dienen, die zuerst 1948 erschien und bis 1965 elf Auflagen erlebte. In diesem Werk wird von den philologischen Voraussetzungen literaturwissenschaftlichen Arbeitens wie kritischen Ausgaben, Ermittlung des Autors oder Datierungsfragen und Grundbegriffen des Inhalts wie Stoff, Motiv, Fabel über Verslehre, Rhetorik, Aufbau, Fragen nach Darbietung in den verschiedenen Gattungen, nach Gehalt und Rhythmus bis hin zur Stilistik und Gattungslehre ausführlich dargelegt, wie bei der Analyse eines sprachlichen Kunstwerks vorzugehen sei. Damit ist zugleich das Handwerkszeug benannt, dessen sich ein Literaturwissenschaftler bis heute bei der Analyse bedienen wird, wenn auch in modifizierter Form.

Denn ein durchaus entscheidender Unterschied besteht darin, dass Wolfgang Kayser oder Emil Staiger, um nur die beiden im deutschsprachigen Raum profiliertesten Vertreter dieser Richtung zu nennen, der im angelsächsischen das *close reading* und in Frankreich die *explication de texte* entsprachen, von einem bestimmten Begriff eines autonomen Kunstwerkes ausgingen, für den sich heute wohl kaum ein Literaturwissenschaftler aussprechen wird. Für sie bestand seine Autonomie darin, dass es völlig losgelöst von anderen kulturellen Bereichen entstanden und zu verstehen sei. Deshalb berücksichtigten sie ausschließlich die – semiotisch gesprochen – syntaktische Dimension des Textes, die gegenseitigen Beziehungen und Verweisungen der verschiedenen Textelemente aufeinander, vom Lautmaterial bis hin zu bestimmten semantischen Einheiten. Der einzige Kontext, in den sie den Text eingebettet sehen wollten, waren der Dichter und seine Biographie.

Diese Loslösung des Textes aus allen anderen Kontexten ist historisch verständlich, kann allerdings kaum Vorbildcharakter für spätere Literaturforschung beanspruchen, die unter anderen historischen Bedingungen betrieben wird. Die Qualitätsstandards folgten hier aus zwei Prämissen: erstens aus der Beherrschung des ›Handwerkszeugs‹ und zweitens aus einem bestimmten literaturtheoretischen Ansatz. Während die erste Prämisse bis heute gilt – wer keine Ahnung von der Gattungslehre hat, weiß auch zu Gattungsüberschreitungen kaum Erhellendes zu sagen –, hat die zweite längst ihre Gültigkeit eingebüßt. Beide sind allerdings bei der Immanenten Interpretation auf eine Weise aufeinander bezogen, dass auch dieser spezifische Modus, in dem das ›Handwerkszeug‹ Anwendung findet, für den, der nicht der zweiten Prämisse folgt, nicht mehr akzeptabel erscheint.

Die Qualität wird also nicht nur durch die Beherrschung eines Repertoires von Methoden gesichert, die unabhängig von der zugrunde liegenden Theorie und der aus ihr erfolgenden Fragestellung eingesetzt werden könnten. Vielmehr ist das Repertoire an Methoden abhängig vom jeweiligen theoretischen Ansatz bzw. dem Problem, das mit ihm gelöst werden soll.

Wenn die seit den 1960er Jahren entwickelten Theorien neue Forschungsperspektiven und Fragestellungen ermöglichen, so folgt daraus, dass sie dies nur gemäß hohen Qualitätsstandards tun können, wenn sie das vorliegende Methodenarsenal entsprechend verändern und/oder ganz neue Verfahren ausbilden. Es ist also allein die Anwendung der Theorie in einer methodisch gesicherten Prozedur, die über die Qualität entscheidet: *»The proof of the pudding is in the eating.«* Daher kann, wie auch an den beiden Beispielen ausgeführt, nicht die Rede davon sein, dass die neuen Theorieentwicklungen uns eine vorher garantierte Qualität verderben.

Somit hat sich auch die zweite Annahme als unzutreffend herausgestellt. Die Frage, die dem dritten Kapitel als Titel vorgegeben ist, kann letztlich nicht beantwortet werden, da sie falsch gestellt ist. Ihre Formulierung lässt den Verdacht einer gewissen Theoriefeindlichkeit aufkommen, die nicht bedenkt, dass wir in jeglicher Forschung von bestimmten theoretisch begründeten Vorannahmen ausgehen, auch wenn diese implizit bleiben und nicht ausgesprochen werden, weil sie dem betreffenden Forscher als selbstverständlich erscheinen. Nicht explizit gemachte theoretische Voraussetzungen entziehen sich jedoch der öffentlichen Diskussion und sind daher für die Forschung kontraproduktiv.

Die neuen Theorieentwicklungen der letzten vierzig Jahre sind, wie gesagt, rasanten gesellschaftlichen Veränderungen geschuldet, wie sie die 68er-Bewegung in Deutschland und Frankreich oder die Bürgerrechts- und Anti-Vietnam-Bewegung in den USA, die Frauenbewegung, die neuen Kommunikationstechnologien, Migration und Globalisierung bewirkt haben. Sie versuchen, Antworten auf Probleme zu geben, die durch die Veränderungen entstanden sind, oder diese Probleme überhaupt erst bewusst zu machen und in den wissenschaftlichen Diskurs einzuspeisen. Das erklärt auch, warum sie nicht disziplinspezifisch, sondern transdisziplinär sind. Damit haben sie zugleich wichtige Auswirkungen auf den Forschungsprozess. Dieser orientiert sich zunehmend an Problemen, die nicht im Kontext einer einzigen Disziplin entstehen und daher angemessen auch nicht nur von einer einzigen Disziplin bearbeitet werden können. Interdisziplinäre Verbünde, die nicht nur unterschiedliche Geisteswissenschaften, sondern auch Sozial- und Naturwissenschaften umfassen, sind daher die Folge, weil allein sie fähig erscheinen, das betreffende Problem zu lösen. Dies verlangt jedoch jedes Mal eine neue Verständigung über die Qualitätsstandards, von denen auszugehen ist. Das heißt, sie können nicht länger durch die Anwendung eines in einer Disziplin gegebenen Methodensets garantiert werden, sondern bedürfen eines ständigen gegenseitigen Austauschs und Abgleichs, um miteinander kompatibel zu sein und zu plausiblen Ergebnissen zu führen. Dies ist jedoch ein komplizierter Prozess, der jeweils unter anderen Bedingungen immer wieder neu vollzogen werden muss. Einfache Lösungen sind hier nicht möglich.

Ein ganz anderes Problem stellt die Vielfalt der neu entwickelten Theorien im Hinblick auf die Sicherung von Qualitätsstandards dar. Solange alle Wissenschaftler einer Disziplin sich auf denselben Methodenkanon beziehen, fällt es ihnen leicht zu überprüfen, ob die jeweils gewählte Methode angemessen ist und in produktiver Weise Anwendung findet. Die Community kann daher relativ einfach eine effiziente Qualitätskontrolle praktizieren. Wenn, wie dargelegt, aus neuen theoretischen Ansätzen auch neue methodische Ansätze, zumindest jedoch eine spezifische Modifikation des überlieferten methodischen Kanons folgen, dann werden nur noch diejenigen über die Fähigkeit verfügen, die Qualität einer Arbeit zu überprüfen, die mit denselben Theorien und Methoden arbeiten. Da auch innerhalb einer Disziplin auf unterschiedliche Theorien rekurriert und entsprechend mit unterschiedlichen Methoden vorgegangen wird, kann durchaus der Fall eintreten, dass innerhalb ein und derselben Disziplin einander widersprechende Qualitätsurteile abgegeben werden, weil von einem je anderen theoretischen und methodischen Ansatz ausgegangen wird. Dies wird sich nur dann vermeiden lassen, wenn die Anhänger einer bestimmten theoretischen Ausrichtung sich nicht als eine geschlossene Gesellschaft begreifen, in der jeder den anderen schon aufgrund der gemeinsamen Basis verstehen und in seiner Qualität würdigen wird, sondern jeweils die theoretischen Voraussetzungen und die aus ihnen folgenden methodischen Ansätze offengelegt werden. Ein solches Vorgehen wird das grundsätzliche Problem zwar nicht beseitigen, ermöglicht jedoch einen akzeptablen Umgang mit ihm.

Da die einzelnen geisteswissenschaftlichen Disziplinen weder über einen für alle in gleicher Weise verbindlichen Methodenkanon verfügen noch der Traum der Semiotik von einer *unified method* in Erfüllung gegangen ist, werden wir mit diesem Problem, das die Vervielfältigung der Ansätze mit sich gebracht hat, auch in Zukunft leben müssen, ohne dass damit notwendigerweise ein Verlust an Qualität verbunden wäre. Vielmehr ist dadurch das Methodenbewusstsein, das eine der wichtigsten Voraussetzungen für die Setzung und den Erhalt von Qualitätsstandards darstellt, erheblich gesteigert.

Die neuen Theorien sind also nicht nur nicht als »Moden« zu betrachten, welche die Qualität der Geisteswissenschaften verderben, sondern als wichtige heuristische Instrumente, die uns bisher übersehene oder verkannte Dimensionen und Gegenstände erschließen und aufgrund ihrer Transdisziplinarität neue interdisziplinäre Arbeitsformen ermöglichen und neue Qualitätsstandards setzen.

Literatur

Benedikt XVI. (2007), Enzyklika *Spe Salvi*, 30. November, http://www.vatican.va/holy_father/benedict_xvi/encyclicals/index_ge.htm; letzter Zugriff 27.9.2008..

Simmel, Georg (1919), »Die Mode«, in: ders., *Philosophische Kultur. Gesammelte Essays*, 2. vermehrte Auflage, Leipzig, S. 25–57.

Der genauere Blick: Welche Moden haben uns wo die Qualität verdorben?

Christoph Markschies

»Unter Qualität verstehe ich das, aufgrund dessen etwas irgendwie beschaffen genannt wird. Qualität gehört aber zu dem, wovon auf vielfache Art gesprochen wird.«
(Aristoteles: cat. 8 b 25)

Einem Altertumswissenschaftler wird hoffentlich verziehen, wenn er seine Überlegungen zum Thema nicht bei irgendeiner der einschlägigen gegenwärtigen Qualitätsdebatten beginnt, sondern beim Begriff »Qualität« und einem antiken Philosophen, der ausführlicher über diesen Begriff nachgedacht hat – bei Aristoteles. Denn ungeachtet aller Wandlungen im allgemeinen wie fachterminologischen Verständnis jenes Begriffs beschreibt der antike griechische Philosoph Problemzusammenhänge, die bis auf den heutigen Tag von Bedeutung sind, wenn man sich anschickt, über Qualitätsstandards nachzudenken. In der Kategorienschrift des Aristoteles heißt es zu Beginn des einschlägigen Abschnittes lapidar: »Qualität gehört aber zu dem, wovon auf vielfache Art gesprochen wird.« (ἔστι δὲ ἡ ποιότης των πλεοναχῶς λεγομένων: cat. 8 b 25.)

Aristoteles versucht aufgrund solcher Bedeutungsdiversität des Begriffs in der Kategorienschrift eine – wie man selbst als gutwilliger Leser zugeben muss – etwas hilflose und wenig konzise Ordnung der vielfältigen Bedeutungshinsichten des Begriffs »Qualität« und unterscheidet vier Typen von Qualität, die teilweise als Gegensatzpaare entfaltet werden: Qualität kann *erstens* eine dauerhafte Haltung oder ein zeitlich eng begrenzter Zustand sein, kann *zweitens* eine ererbte Veranlagung oder ein erworbenes Talent sein, *drittens* eine irgendwie beschaffene Eigenschaft, die bei anderen sinnliche Reaktionen auslöst, πάθη, Affekte wie Angst oder Freude, und schließlich *viertens* eine bloße äußere Gestalt (μορφή oder σχῆμα). Auch wenn diese Typisierung arg konstruiert wirkt und die Abgrenzungen der Typen gegeneinander künstlich bleiben, macht sie doch zum einen darauf aufmerksam, dass Qualität offenkundig nichts Statisches ist, das, einmal vorhanden, auch in Ewigkeit bleibt, sondern sich Qualität gelegentlich als Zustand plötzlich einstellen und auch wieder verschwinden kann, unverfügbar und kontingent bleiben kann. Zum anderen erinnert Aristoteles daran, dass bestimmte Qualitäten gelernt und gelehrt werden können, andere dagegen überhaupt nicht, zum dritten wird deutlich, dass Qualität nicht nur die Eigenschaft von irgendetwas ist, sondern affektuöse Wirkungen auslöst: Stolz, Angst, Neid und so weiter. Zum vierten wird aus der Kategorienlehre des Aristoteles deutlich, dass Qualität vollkommen äußerlich bleiben kann, schärfer: ein schöner Schein, ohne jede Tiefe.

Das Verständnis des Begriffs »Qualität« hat sich sehr gewandelt seit diesen ersten Versuchen zu präziser Bestimmung. Ein einziges Beispiel: Die gültige Norm zum Qualitätsmanagement, DIN EN ISO 9000:2005, bestimmt Qualität als denjenigen »Grad, in dem ein Satz *inhärenter* Merkmale *Anforderungen* erfüllt«, und ist damit vom umgangssprachlichen Wertungscharakter des Begriffs mehr als beeinflusst, der bei Aristoteles allenfalls im Hintergrund steht. Man kann sich also fragen, ob der wertungsfreie antike Begriff von Qualität und der Wertung implizierende Begriff der Moderne überhaupt mehr als eine reine Äquivokation zweier Termini darstellen, die durch eine gemeinsame Begriffsgeschichte historisch verbunden sind. Wie dem auch sei: Die Kategorisierungen eines antiken Philosophen führen pfeilgerade auf Probleme, die die Anwendung eines – so jedenfalls der Eindruck des Laien – ziemlich umfangreich gewordenen wissenschaftlichen Qualitätsdiskurses auf die Universität und insbesondere auf die Geisteswissenschaften macht. Solche Anwendungsprobleme erschöpfen sich ja nicht im oft verhandelten Problem der Messbarkeit von Qualität in den Geisteswissenschaften. Vielmehr können die vier Problemkreise, auf die die vier Typen des Aristoteles führen, auf nahezu allen Ebenen einer Universität und in nahezu allen ihren Bereichen entfaltet werden: Wenn Qualität offenkundig nichts Statisches ist, fragt sich, wie beispielsweise eine Universitätsleitung trotzdem Dauerhaftigkeit sichern kann oder wie ein Nachwuchswissenschaftler unter solchen Bedingungen flüchtiger Qualität seine Ausbildung gestalten sollte. Wenn bestimmte Qualitäten gelernt und gelehrt werden können, fragt sich, wie man Studierende und akademisches Lehrpersonal an Qualitätsstandards beispielsweise auf dem Feld geistigen Eigentums gewöhnen kann. Wenn Qualität auch sehr ambivalente affektuöse Wirkungen wie Stolz, Angst, Neid auslöst, fragt sich, wer dies wie vermeiden helfen kann. Und schließlich wissen wir ja alle, dass Qualität vollkommen äußerlich bleiben kann – hier in Berlin wurde das jüngst im Rahmen einer öffentlichen Auseinandersetzung über eine Berufungsliste klassisch formuliert und war in vielen Zeitungen nachzulesen: »Da zählt man einfach mal die Publikationen, dafür muss man kein Fachwissenschaftler sein«.

»Qualität«, so zitierten wir Aristoteles, »gehört aber zu dem, wovon auf vielfache Art (πλεοναχῶς) gesprochen wird«. Aus solcher Bedeutungsdiversität folgt die Aufgabe, vor allem und zunächst zu präzisieren, was mit ein und demselben Ausdruck eigentlich gemeint sein soll: »What the hell is quality?«. Fragt man aber so, dann fällt mir jedenfalls sofort ein anderer antiker Denker ein, der auf die Frage nach der Bedeutung eines zentralen Phänomens die klassische Antwort gab: »Wenn mich niemand danach fragt, weiß ich es; will ich es einem Fragenden erklären, weiß ich es nicht«. Was Augustinus in seinen *Bekenntnissen* von der Zeit sagt (XI 14,17), gilt *mutatis mutandis* eben auch für Qualität und betrifft hier wie dort nicht nur ein sprachliches Problem. Die meisten Geisteswissenschaftler haben ein gewisses, häufig sogar ein hohes Qualitätsbewusstsein, könnten aber kaum definieren oder erklären, was eigentlich Qualität ist. Dass eine solche besondere Verquickung von fundamentaler Unklarheit wie basaler Klarheit in Zeiten, da ein unreflektiertes »Höher, Schneller, Weiter« den Takt der Entwicklung deutscher Universitäten anzugeben droht, ein hohes Risiko für die Geisteswissenschaften darstellt, bedarf weniger Worte. Es gilt, dieses Risiko näher zu beschreiben und seine Folgen abzuschätzen.

Nach solchen allgemeinen Vorklärungen können wir nun eine etwas spezifischere Frage in Angriff nehmen: Haben uns Moden die Qualität verdorben? Eigentlich sollte man solche klaren Fragen auch klar mit ›Ja‹ oder ›Nein‹ beantworten. Wer hier aber ohne Umschweife mit ›Ja‹ antwortet, kurz über die geringe Modenresistenz bestimmter deutscher Geisteswissenschaften räsoniert und – formulieren wir einmal polemisch – dagegen den bleibenden Wert basaler geisteswissenschaftlicher Arbeitstechniken wie den der Sammlung und Edition magistraler Quellen setzt, läuft im Diskurs nicht nur dieses Landes Gefahr, als ziemlich schlichter Positivist abgekanzelt zu werden und bar jeden Interesses an wissenschaftlicher Innovation zu sein, ohne Bereitschaft zum Risiko, gerade so, wie die Systemevaluation zweier großer Forschungsorganisationen im Jahr 1999 unser Wissenschaftsförderungssystem charakterisiert hat.[1] Nun muss man ja auf solche Fragen nicht mit »Ja« antworten.

Wer freilich ohne Umschweife mit »Nein« antwortet, hat offenkundig nie wahrgenommen, dass es natürlich deutliche Parallelen zwischen der Modebranche und den deutschen Geisteswissenschaften gibt und also gute und schlechte Moden: Da werden von den großen Designern auf dem Gebiet der Geistes- und Kulturwissenschaften zu den großen Modemessen, die im Frühjahr in Leipzig und im Herbst in Frankfurt stattfinden, neue Kleider auf den Markt geworfen, im bunten Design einer neuen oder schon lange nicht mehr verwendeten Terminologie – und irgendwann landen diese neuen Kleider zwar nicht in den Secondhand-Läden einschlägiger Szeneviertel, aber doch in den Krabbelkisten bestimmter Antiquariate und Bahnhofsbuchhandlungen. So viel ist also aus meiner einleitenden Bemerkung schon deutlich geworden: Für eine schlichte Antwort mit ›Ja‹ oder ›Nein‹ taugt die Frage nicht, weil zu viele Erläuterungen nachgeschoben werden müssten. Anders formuliert: Die Befundlage ist doch ein wenig komplexer, als dass man ganz einfach antworten könnte. Die Frage muss umformuliert werden in »*Welche* Moden haben uns *wo* die Qualität verdorben?«, auch wenn natürlich unbestritten ist, dass manche Moden nicht nur die ästhetischen Qualitäten heben.

Bei Beantwortung dieser von mir leicht modifizierten Frage habe ich eine Vorentscheidung getroffen, die ich kurz erläutern muss. Ich habe nämlich beschlossen, als Beispiele von Moden die verschiedenen Wenden – sagen wir vorsichtiger: Wenderhetoriken – in den Geistes- und Kulturwissenschaften zu diskutieren, vor allem das, was bei der Göttinger Kultur- und Literaturwissenschaftlerin Doris Bachmann-Medick (2006: 17) unter der Überschrift *Cultural Turns* zusammengestellt ist und ohne Mühe noch ergänzt werden könnte. Bachmann-Medick behandelt *interpretative turn, performative turn, literary turn, postcolonial turn, spatial turn* und *iconic turn*; ich erwähne aus der jüngsten Diskussion noch den *emotional turn*.

---

1 Volkswagen-Stiftung (Hg.) (1999), Forschungsförderung in Deutschland. Bericht der internationalen Kommission zur Systemevaluation der Deutschen Forschungsgemeinschaft und der Max-Planck-Gesellschaft. Studie im Auftrag der Bund-Länder-Kommission für Bildungsplanung und Forschungsförderung, Hannover.

Als Moden kann ich diese verschiedenen Wenderhetoriken der Geistes- und Kulturwissenschaften schon deswegen bezeichnen, weil Bachmann-Medick in ihrer Studie gezeigt hat, dass die genannten *turns* zwar gern in der einen Meistererzählung eines *cultural turn* zusammengefasst werden, aber in Wahrheit ein beständiger Wechsel unterschiedlicher Neuorientierungen die Szenerie charakterisiert, Neuorientierungen, die die Autorin als »experimentell« und nicht-fundamental bezeichnet und so von wirklichen wissenschaftlichen Revolutionen abhebt. Moden aber können *per definitionem* nicht fundamentale Revolutionen im Sinne einer Dauerhaftigkeit und Ausschließlichkeit sein, haben a priori experimentellen Charakter. Damit ist zugleich auch deutlich, dass der sogenannte *linguistic turn* unter der Überschrift »Mode« nicht verhandelt werden kann, jedenfalls dann nicht, wenn man die Überzeugung der einschlägigen Protagonisten teilt, hier sei eine »Kopernikanische Wende«, ein fundamentaler »Paradigmenwechsel« von einer ontologisch grundierten Perspektive hin auf die grundsätzliche Berücksichtigung der sprachlichen Dimension von Anschauung wie Denken eingeleitet.

Man kann die Frage, ob die in der Meistererzählung des *cultural turn* zusammengefassten Moden in bestimmten Bereichen der Geistes- und Kulturwissenschaften die Qualität verdorben haben, sehr grundsätzlich stellen und beantworten. Frau Bachmann-Medick (2006: 9) wirbt mit ihrer *Kartierung der Kulturwissenschaften* für die mit solcher Wenderhetorik thematisierten Neuorientierungen: Dadurch würden Blickrichtungen geändert, disziplinübergreifende Fokussierungen der Forschung etabliert und anregende Untersuchungsperspektiven freigelegt – zweifelsohne kein Verderben der Qualität, sondern vielmehr eine Steigerung, jedenfalls der Potenz nach, um noch einmal Aristoteles zu bemühen. Der Bielefelder Historiker Hans-Ulrich Wehler (1998: 91), um ein extremes Gegenbeispiel zu nennen, beklagt in einer Streitschrift unter dem Titel *Die Herausforderung der Kulturgeschichte* beispielsweise die Qualität der Arbeiten Foucaults, um die ganze Richtung zu desavouieren: »Wegen der erkenntnistheoretisch abstrusen Prämissen [...], wegen zahlreicher Mängel seiner Vorstellung von Diskursanalyse, wegen seines undifferenzierten Machtbegriffs, wegen der Verweigerung diskussionsfähiger normativer Auskünfte, wegen der systematischen und historischen Defizite seiner Diagnose der ›Disziplinargesellschaft‹, wegen der endlosen Mängelserie seiner sogenannten empirischen Studien ist Foucault ein intellektuell unredlicher, empirisch absolut unzuverlässiger, kryptonormativistischer ›Rattenfänger‹ für die Postmoderne«. Viel gewonnen ist mit solchen groben Charakterisierungen ganz gewiss nicht, und ihr Unterhaltungswert muss inzwischen auch mäßig genannt werden.

Wenn man unsere modifizierte Frage nach den Folgen von Moden in den Geistes- und Kulturwissenschaften im hier vorgegebenen Rahmen einigermaßen intellektuell redlich beantworten will, kommt nur ein radikal paradigmatischer Zugang in Frage – wollte ich allein die magistralen Veröffentlichungen im Rahmen der diversen von Bachmann-Medick kartographierten Wenden hier aufzählen und bewerten, so müsste man eine vollkommene Entgleisung im Hinblick auf den gebotenen Umfang des Beitrags, argen Dilettantismus oder (um Wehler zu variieren) eben nicht diskussionsfähige normative Auskünfte befürchten. Also wähle ich ein einziges Beispiel aus Bachmann-Medicks Aufzählung kulturwissenschaftlicher Moden, den *iconic turn*. Dass William J. T. Mitchell und Gottfried Böhm gleichzeitig den Anspruch erheben können, Vater des Terminus *iconic* oder *pictorial turn* und in gewisser Weise auch ›Kirchenväter‹ der ganzen Richtung zu sein, Bild nicht als bloße Illustration von Texten zu ›lesen‹, sondern als eigenständiges Medium mit einer ganz besonderen ›Macht‹ zu beschreiben, setze ich als bekannt voraus. Und genauso muss vermutlich nicht erwähnt werden, dass Horst Bredekamp und Hans Belting sich immer wieder bemüht haben, eine solche faktische Autonomisierung des Bildes deutlich vor ihrer theoretischen Entdeckung und Beschreibung im späten 20. Jahrhundert nachzuweisen – beispielsweise in der politischen Ikonographie bei Thomas Hobbes oder in den Zeichnungen von Charles Darwin, Literatur ist Legion.[2] Ich möchte vielmehr am Beispiel eines Berliner Projektes, das sich erkennbar den Anregungen des *iconic turn* verdankt, zeigen, welche Chancen für Qualitätssteigerung und welche Gefahren für Qualitätssenkung solche mehr oder weniger modernen (also modeabhängigen) Projekte haben.

Doch zunächst ein paar Bemerkungen zu diesem Berliner Projekt: Horst Bredekamp, Jochen Brüning, Peter Deuflhard, Richard Schröder und ich haben vor reichlich zwei Jahren an der Berlin-Brandenburgi-

2 Jüngst erschienen William J. Thomas Mitchell (2008), *Bildtheorie*, hg. und mit einem Nachwort versehen v. Gustav Frank, Frankfurt, sowie Ingeborg Reichle et al. (Hg.) (2007), *Verwandte Bilder. Die Fragen der Bildwissenschaft*, Berlin.

schen Akademie der Wissenschaften eine interdisziplinäre Arbeitsgruppe unter dem Titel »Die Welt als Bild« gegründet. Im Rahmen dieser Arbeitsgruppe fragen wir, welche besonderen Chancen und Gefahren die *bildliche* Darstellung von Weltvorstellungen, die es bereits in den altorientalischen Kulturen gibt, mit sich bringt und worin präzise die Unterschiede zwischen rein textlich entfalteten Weltvorstellungen und mehrdimensionalen Weltbildern bestehen. Schon begriffsgeschichtlich ist der Ausdruck ›Weltbild‹ mit der Komponente der Anschaulichkeit und der Ordnung eines Ganzen verbunden (*imago mundi* oder *orbis pictus*).[3] Wir waren und sind aber davon überzeugt, dass die im Ausdruck »Weltbild« enthaltene Metapher des Sehens mehr als ein historischer Zufall ist und auf eine visuelle oder jedenfalls »quasi-visuelle« Dimension grundlegender Orientierung in der Welt verweist. Wird diese Dimension ernst genommen und in einem Weltbild aktiv oder gar künstlerisch gestaltet, gewinnt die solcher Gestaltung zugrunde liegende Weltvorstellung (oder Weltanschauung) nicht nur im Blick auf ihre Einprägsamkeit und die damit verbundenen Verbreitungsmöglichkeiten. Diese visuellen Dimensionen grundlegender Orientierung in der Welt beschreiben wir in den diversen Publikationen der Arbeitsgruppe präziser.[4] Außerdem wird ein »Atlas der Weltbilder« erstellt, der eine Anzahl maßgeblicher Beispiele von einem babylonischen Weltmodell bis hin zu einem Bild einer Spiralgalaxie aus dem Hubble-Teleskop abbildet und kommentiert (Markschies/Zachhuber 2008: 7–14).

Wir fragten, welche Chancen für Qualitätssteigerung und welche Gefahren der Qualitätssenkung solche in gewisser Weise modeabhängigen Projekte wie eben unsere interdisziplinäre Arbeitsgruppe »Die Welt als Bild« haben. Ich beginne mit den *Chancen*: Zunächst einmal meinen wir Arbeitsgruppenmitglieder schon, dass die – etwas despektierlich gesprochen, aber ein Nichtkunsthistoriker darf das vielleicht – Mode des *iconic turn* uns geholfen hat, die Qualität von Forschung zu steigern. Zunächst einmal hat die Mode uns in einem sehr schlichten Sinne geholfen, Kol-

3 Zur Problem- und Begriffsgeschichte vgl. Johannes Zachhuber (2005), »Weltseele«, in: Ritter, Joachim et al. (Hg.), *Historisches Wörterbuch der Philosophie*, Bd. 12, Basel, S. 516–521; Horst Thomé (2005), »Weltbild«, in ebd: S. 460–463.

4 Bequem zugänglich auf der Homepage der Arbeitsgruppe unter der Internetadresse: http://www.bbaw.de/bbaw/Forschung/Forschungsprojekte/Weltbilder/de/Publikationen; ; letzter Zugriff 27.9.2008.

legen zur Mitarbeit zu gewinnen, Institutionen zur Förderung, größere Verlage zum Interesse an einer ansprechenden Publikation des erwähnten Atlasses mit vielen Farbtafeln. Dann hat sie aber auch in einem tieferen Sinne geholfen, auf den Aspekt der Bildlichkeit von Weltbildern besonders zu achten und ihn mithilfe der verschiedenen Theorieangebote über die ikonische Form des Wissens präziser zu beschreiben.[5] So machte beispielsweise das Nachdenken der Arbeitsgruppe darüber, warum bildliche Darstellungen von Weltvorstellungen am Ende der frühen Neuzeit zunächst einmal weitgehend verschwinden und erst angesichts des ungeheueren Anwachsens von neuen medialen Techniken heutigentags wieder vermehrt auftreten, sehr deutlich auf die Problematik der fehlenden Abgeschlossenheit und entfallenden Zentrumsorientierung von Weltvorstellungen in der Moderne aufmerksam: Zur räumlichen Entgrenzung der Welt, die in der modernen Standardvorstellung von einem sich beständig ausbreitenden Universum kanonisiert wurde, kam der Verlust an wahrnehmbarer Ordnung in den wissenschaftlichen Weltvorstellungen. Im Universum, wie es die moderne Kosmologie beschreibt, nimmt weder die Sonne noch die Milchstraße, in der sie sich befindet, eine privilegierte oder gar zentrale Stellung ein. Vielmehr läuft spätestens nach dem Übergang von einer Newtonschen zu einer Einsteinschen Kosmologie selbst die Frage nach einer solchen Position buchstäblich ins Leere. »Weltbilder« konnten daher seit dem 18. Jahrhundert die so anders vorgestellte Welt auch nicht mehr so visualisieren, wie dies in mittelalterlichen Kosmosdarstellungen noch möglich war. Erst die Möglichkeiten des Trickfilms und der Computeranimation erlauben es in jüngster Zeit wieder, gegenwärtige Theorien über die ersten Sekunden des Weltalls zu verbildlichen.[6] Von besonderem Interesse waren in den Diskussionen der Arbeitsgruppe auch die Konfliktlagen, das heißt die Infragestellung, Ablösung und Veränderung von Weltbildern. Dabei wurde schnell deutlich, dass im Unterschied zu einer verbreiteten Annahme kein Weltbild einfach grundsätzlich abgelöst wird

5 Gottfried Böhm (2007), »Ikonisches Wissen. Das Bild als Modell«, in: ders. (2007), *Wie Bilder Sinn erzeugen. Die Macht des Zeigens*, Berlin, S. 115–140; Achim Spelten (2008), »Visuelle Aspekte von Modellen«, in: Ingeborg Reichle et al. (Hg.) (2008), *Visuelle Modelle*, München, S. 41–56.

6 Günther Hasinger (2007), Das Schicksal des Universums. Eine Reise vom Anfang zum Ende, München.

und verschwindet (zum Beispiel ein ›mythologisches‹ durch ein ›wissenschaftliches‹ Weltbild), sondern sich nur der Ort und die Funktion des Weltbildes ändern – auch für Astrophysiker »geht« die Sonne morgens im Osten »auf« und abends im Westen »unter«. Man kann also beispielsweise nicht in einem schlichten Dual »Das Weltbild des mittelalterlichen Menschen« (Aaron J. Gurjewitsch, 1972) gegen das »Weltbild der Physik« stellen (Carl Friedrich von Weizsäcker, 1943).[7]

Natürlich kann am Beispiel der interdisziplinären Arbeitsgruppe »Die Welt als Bild« auch gezeigt werden, welche *Gefahren* für Qualität solche in gewisser Weise modeabhängigen Projekte haben und welche unter Umständen qualitätssenkende Implikationen mit ihnen verbunden sind. Mir ist die entsprechende Gefahr unseres in gewissem Sinne modebewussten, jedenfalls stark theorielastigen Zugangs zu Bildern schlagartig im Rahmen einer Lehrveranstaltung deutlich geworden, die ich mit den Projektmitarbeitern der Gruppe an der Theologischen Fakultät durchführte. Wir interpretierten im Rahmen dieser Lehrveranstaltung die berühmten Fotographien, die James Watson und Francis Crick im Labor in Cambridge vor ihrem sehr handgestrickten ersten Modell der Doppelhelix zeigen, und die ebenso sehr skizzenhafte Zeichnung, die Odile Crick, die Ehefrau von Francis Crick, auf der Basis jenes Modells angefertigt hatte, das so instabil war, dass es wenige Wochen später schon wieder auseinandergenommen werden musste.[8] Und wir philosophierten trefflich auf der Linie neuerer bildwissenschaftlicher Theorien über die Verbindung von Bild und gesellschaftlicher Kommunikation und über vieles andere mehr, vergaßen aber das Kerngeschäft der Kunsthistoriker. Wir vergaßen, zunächst einmal zu beschreiben, wie Odile Crick die Zeichnung angefertigt hat (nämlich offenkundig etwas hastig mit einem Kugel- oder Filzschreiber) und wie die beiden sich auf der berühmten Bilderserie inszenierten und postierten. Ein solcher Verlust des für die Disziplin basalen Handwerks, das Verschwinden der

---

7 Vgl. dazu ausführlicher Christoph Markschies und Klaus Pinkau (2006), »Die *eine* Welt und die *vielen* Weltbilder (Akademievorlesung am 22. April 2004)«, in: *Berlin-Brandenburgische Akademie der Wissenschaften. Berichte und Abhandlungen* 11, Berlin, S. 157–187.

8 Reinhard Wendler (2008), »Das Spiel mit Modellen. Eine methodische Verwandtschaft künstlerischer Werk- und molekularbiologischer Erkenntnisprozesse«, in: Reichle et al., *Visuelle Modelle*, S. 101–116, bes. 101–107 mit Abb. 1.

disziplintypischen Aufmerksamkeit für elementare Materialität scheint mir aber der fast unvermeidliche Preis einer stark theorielastigen Mode.[9] Diese Gefahr droht übrigens nicht nur Forschungen, die durch den sogenannten *iconic turn* mindestens mit angeregt sind (wie das Beispiel des Berliner Projektes »Die Welt als Bild«), sondern allen stark theorielastigen Zugriffen auf die Wirklichkeit, wie es die meisten von Bachmann-Medick neben dem *iconic turn* in der Meistererzählung vom *cultural turn* subsumierten methodischen Wenden nun einmal sind oder mindestens sein können. Auch hier ist also ein gewisses Maß an Moderesistenz notwendig, um die Basis nicht zu verlieren, den Körper, der die Mode trägt, um im Bild zu bleiben.

Nun habe ich also doch einen Weg der *via media* gewählt, auf eine schwierige Frage zu antworten und die deutlich unterhaltsamere Einseitigkeit zu vermeiden gesucht. Aber wir sahen: Bereits an einem einzigen, mehr oder weniger beliebigen Beispiel – nämlich einem Forschungsprojekt unter den vielen in diesem Lande geförderten und durchgeführten, der Berliner Arbeitsgruppe »Die Welt als Bild« – lässt sich paradigmatisch demonstrieren, welche Chancen für die Steigerung von Qualität Moden in den Geistes- und Kulturwissenschaften mit sich bringen können, welche Gefahren dem Niveau der Qualität freilich auch drohen, wenn aus der modischen Kleidung Alltagsgewandung wird und das Neue das Alltägliche ersatzlos zu verdrängen droht. Angesichts solcher Beispiele kann man also nur wie der eingangs erwähnte Aristoteles für die *via media* votieren: Wer wünscht sich schon eine wissenschaftliche Welt ohne den Luxus der Moden? Aber wer könnte es umgekehrt ertragen, wenn sie nur aus Moden bestünde? Die saisonalen Neuheiten in der Wissenschaft dürfen ganz gewiss nicht mit permanenter Innovation verwechselt werden. Wirkliche Innovation setzt vielmehr das rechte Gleichgewicht von Modebewusstsein und Moderesistenz voraus.[10] Und ein gewisses Interesse für wissenschaftstheoretische und philosophische

---

9 Auf diese Gefahr weist freilich (nicht nur im Rahmen der Berliner Arbeitsgruppe) Horst Bredekamp immer wieder hin.

10 Christoph Markschies (2008), [Diskussionsvotum zu einer Diskussion »Die kreative Universität« unter Leitung von Hubert Markl am 20. April 2007], in: Graevenitz, Gerhard von/Mittelstraß, Jürgen (Hg.), *Kreativität ohne Fesseln. Über das Neue in Wissenschaft, Wirtschaft und Kultur* (=Konstanzer Wissenschaftsforum 1), Konstanz, S. 163–167.

Debatten, um nicht jeden galiläischen Landpropheten gleich für den Messias Israels zu halten.

Literatur

Aristoteles (1984), »Kategorien«, übersetzt und erläutert von Klaus Oehler, in: Ernst Grumach/Hellmut Flashar (Hg.), *Aristoteles. Werke in deutscher Übersetzung*, Bd. 1, T. 1, Berlin.

Bachmann-Medick, Doris (2006), *Cultural Turns. Neuorientierungen in den Geisteswissenschaften,* Reinbek bei Hamburg.

Markschies, Christoph/Zachhuber, Johannes (2008), »Einleitung«, in: dies. (Hg.), *Die Welt als Bild. Interdisziplinäre Beiträge zur Visualität von Weltbildern,* Berlin/ New York, S. 7–14. (= Arbeiten zur Kirchengeschichte 107)

Wehler, Hans-Ulrich (1998), *Die Herausforderung der Kulturgeschichte*, München.

Wehe, Behemoth erwacht – harmlose und weniger harmlose Moden in den Geisteswissenschaften

Wolfgang Kemp

Die eine Autorin findet, dass ihr Ansatz keine Mode ist, sondern eine große Innovation bedeutet. Der andere Kollege bemüht Aristoteles und dessen unschlüssige Versuche zur Klärung des Begriffes Qualität und vermeidet es nach dieser Enttäuschung, irgendeinem *turn* das offenbar abwertende Label Mode anzuheften. Zum Schluss allerdings bekennt er, dass Moden auch in den Wissenschaften ein belebendes Ingredienz seien. Nur wer darunter fällt und wer dieses notwendige Flair und Flittern beisteuert, im Augenblick oder in den letzten Jahrzehnten, das erfahren wir leider nicht. Abgewatscht wird nur derjenige, der zuerst einen anderen der Mode zeiht – in diesem Fall Hans-Ulrich Wehler wegen seiner Kritik an Foucault. Hier wird die Chance vergeben, darüber nachzudenken, wieweit Moden anregend und falsch oder anregend, weil falsch sind. Zum Fall Foucault ließe sich in dieser Perspektive vieles sagen, er gehört zweifellos zu den widerlegtesten und wirkungsmächtigsten Autoren des 20. Jahrhunderts, aber erteilen wir, um Wehler nicht allein im Regen stehen zu lassen, Andrew Scull das Wort, der seine Abrissbirne in den folgenden Sätzen auspendeln lässt – Anlass ist eine neue englische Übersetzung von Foucaults *Wahnsinn und Gesellschaft* (zuerst 1965), und Sculls Besprechung hat den Titel »The Fictions of Michel Foucault«:

»The back cover of *History of Madness* contains a series of hyperbolic hymns of praise to its virtues. Paul Rabinow calls the book ›one of the major works of the twentieth century‹; Ronnie Laing hails it as ›intellectually rigorous‹; and Nikolas Rose rejoices that ›Now, at last, English-speaking readers can have access to the depth of scholarship that underpins Foucault's analysis‹. Indeed they can, and one hopes that they will read the text attentively and intelligently, and will learn some salutary lessons. One of those lessons might be amusing, if it had no effect on people's lives: the ease with which history can be distorted, facts ignored, the claims of human reason disparaged and dismissed, by someone sufficiently cynical and shameless, and willing to trust in the ignorance and the credulity of his customers«. (TLS 21. März 2007)

Ich würde gerne ganz woanders ansetzen. Bei den Nachfolgern von Aristoteles, die zwar nicht als Prinzenerzieher agieren, aber sich als *Praeceptores Germaniae* die Kontrolle über unsere höheren Lehranstalten anmaßen. Zitieren wir einen unserer obersten Qualitätshüter, der sich mit der These vorgewagt hat, dass die Qualität der Universität von der Qualitätssicherung (also letztlich von ihm oder seiner Agentur) abhänge und Qualität die Gesamtheit der Eigenschaften und Merkmale (eines Produktes oder) einer Tätigkeit bezeichne, die sich auf deren Eignung zur Erfüllung gegenüber Erfordernissen beziehe. Nun verachte man den Autor nicht gleich, weil er ein so ungeschicktes Deutsch schreibt, denn die vielleicht unerkannte Qualität seiner Definition von Qualität besteht darin, dass er sich bemüht hat, nicht abzuschreiben, was ja allgemein als Qualität wissenschaftlichen Schreibens gilt, aber manchmal eben auch nicht. Der Qualitätspapst hätte lieber doch seine Vorlage direkt zitieren sollen. Qualität ist laut Deutschem Institut für Normung (DIN) die »Eignung zur Erfüllung festgesetzter und vorausgesetzter Erfordernisse« (DIN EN ISO 8402) – das klingt gleich besser. Nicht wie Aristoteles, irgendwie ein bisschen schleifenförmig, also nicht aristotelisch, sondern autotelisch, wenn das die Sprache des Aristoteles hergibt. Im »Mission Statement« des Akkreditierungsrats, der obersten Kontrollinstanz der Qualitäten, die an bundesdeutschen Universitäten erbracht und abgeprüft werden sollen, heißt es analog: »Die Beurteilung von Qualität in Studium und Lehre folgt dem kombinierten *fitness of-* und *fitness for purpose*-Ansatz, somit der Überprüfung der Validität des Studienziels in Verbindung mit der Zielerfüllung.«

Dieses magere Konzept scheint im Moment auszureichen, um auf seiner Basis einen großen Geschäftsbereich (das ganze Evaluierungs-, Akkreditierungs- und Qualitätsmanagement-Business) und einen von Ministerien, Agenturen, Planungsabteilungen etc. gestützten Qualitätsdiskurs aufzubauen, der im Grunde ein Unterthema der viel größeren Bewegung hin zu einer »Audit Society« (Michael Power), einer Gesellschaft des *controlling* darstellt. Qualität ist, was sich abprüfen lässt, auf diese Idee wäre Aristoteles so nicht gekommen und leider auch Platon nicht, der seinen Sokrates in einem nicht geschriebenen Dialog den Vertreter eines solchen Qualitätsbegriffs nach allen Regeln der Kunst zerlegt hätte: »Sage mir doch, mein lieber Modistes, was du mit jener Qualität meinst, von der ich dich so oft sprechen hörte.«

Dies bringt mich zu meiner These: Nicht die Moden, sondern die Mode, Qualität institutionell bestimmen und fördern zu wollen, haben uns die Qualität verdorben. Gerade erreicht mich die Aussendung der Vizepräsidentin für Struktur und Personalentwicklung mit der frohen Botschaft, dass es ihr gelungen sei, eine vierte Mitarbeiterin für Qualitätsmanagement in ihr Team zu holen, eine ausgewiesene Kraft auf diesem Gebiet. Einige kurze Anmerkungen dazu: Wir würden niemals von dieser Adresse erfahren, dass es gelungen sei, auf die vakante Position eines Professors/einer Professorin für das Fach A Herrn oder Frau Dr. XY zu berufen, und dass diese renommierte Neubesetzung aufgrund ihrer Arbeiten auf den Gebieten ABC eine wichtige Stärkung des Lehr- und Forschungspotenzials der Hochschule bedeute. Wir würden das schon deswegen nicht mitgeteilt bekommen, weil das jetzige Regime so gut wie überhaupt nicht mehr neu besetzen lässt. Nur ein Beispiel: Eine Professur für Romanistik an der Universität Hamburg ist seit fünf Jahren vakant. Wir würden das aber vor allem deswegen nicht mitgeteilt bekommen, weil die Verwaltung sich natürlich selbst der nächste und beste Adressat ist und weil Qualitätsmanagement heute mehr gilt als Qualitätsproduktion.

Anders gesagt: Es könnte sein, dass die angeregte Diskussion über *Scholarship's Next Topmodel*, also die Beschäftigung mit Bildwissenschaft, *Cultural Studies*, Xenologie, *Performance Studies*, neuronale oder darwinistische Ästhetik und was sonst noch so aus den Theorie-Outlets entlassen wird und den Laufsteg der aktuellen ›Forschungsdesigns‹ (oder -dessins?) entlangstöckelt, uns massiv ablenkt von den viel wirksameren Megatrends, die irgendwie ziemlich unauffällig und ›normal‹ erscheinen und doch nicht abstoßend oder *démodé* wirken, denn wer sich für sie entscheidet, wird belohnt und zwar materiell und nicht nur durch das Gefühl, einem neuen Paradigma auf die Welt zu helfen. Megatrends stehen immer im Bündnis mit den Mächten, den Zuwendungsgebern, wie sie sich so schön nennen. Die Mächte irritiert der Flitterkram der kurzfristig sich aufplusternden Modetrends oder Premium-Theorien nur, da braucht man sich gar nicht groß anzustrengen. Die Mächte verinnerlichen für die Dauer von 20 bis 25 Jahren Megakriterien, die strukturell deutlich über Unterscheidungen wie leser- oder werkorientierte Analyse, *visual* oder *linguistic turn* angesiedelt sind. Diese Kriterien sind die scheinbar zeitlosen Moden der Entscheider. Entschieden wird heute für Gruppen- und Großforschung und gegen Einzelforschung, für Interdisziplinarität und gegen Disziplinarität, für Institutionalisierung und gegen Charismatisierung und so weiter. Richard Münch hat vor kurzem in seinem Buch *Die akademische Elite* (2007) diesen szientifisch-administrativen Komplex als ein sich selbst bestätigendes und steigerndes System beschrieben, das nach dem Prinzip »Der Teufel scheißt immer auf den größten Haufen« operiert. Drittmitteleinwerbung ist der Qualitätsbeweis, der zu weiteren Gratifikationen führt, die zu … usw. Dabei bedeutet die Gewährung von Drittmitteln an einen Forscher doch nach Jürgen Kaube nur die Bestätigung solcher Projekte, gegen die seine Kollegen nichts haben.

Wir haben in den letzten 15 Jahren in Deutschland dieses System sich auf- und ausrichten sehen, es steht, bombenfest, vielfach verstrebt, aber wir täuschen uns, wenn wir glaubten, seinen *impact*, um ein Lieblingswort der Kontrolleure zu gebrauchen, bereits ermessen zu können. Wir haben im Moment noch keine Vorstellung davon, was passieren wird, wenn es sich in den europäischen Maßstab vergrößert, wenn in Brüssel nicht mehr Oliven, sondern Forschungen gefördert werden. Das geschieht in diesem Moment, und es stehen die Regulars bereit, denen wir auch schon auf nationaler Ebene in allen maßgebenden Kontrollgremien begegnet sind. Das wird ein Wissenschafts-Behemoth werden! »Siehe, er schluckt in sich den Strom und achtet's nicht groß; lässt sich dünken, er wolle den Jordan mit seinem Munde ausschöpfen.« (Hiob 40,24) Dieser Vielfraß wird sich an den Megatrends mästen, er wird Qualität endgültig in messbare *items* überführen, und es mag ja durchaus sein, dass er gerne mal ab und zu ein wippendes Röckchen am Rande seines Pfuhls vorziehen sieht. Aber der Behemoth mag in Wirklichkeit nur eines: Mehr vom Gleichen. Und er liegt, wie das Buch Hiob meldet, gerne dösend im Schatten. Den Grund dafür wusste bereits John Stuart Mill: »Both teachers and learners go to sleep at their post, as soon as there is no enemy in the field.« (Mill 1989: 44)

Literatur

Mill, John Stuart (1989), *»On Liberty« and other writings*, hg. v. Stefan Collini, London (= Cambridge Texts in the History of Political Thought).

Scull, Andrew (2007), »The Fictions of Michel Foucault«, in: *Times Literary Supplement,* 21. März 2007.

4. Wer wird berufen?

Mehr Offenheit, weniger Passfähigkeit: Chancengleichheit in geisteswissenschaftlichen Berufungsverfahren

Christine Färber

Berufungen sind zentrale Entscheidungen in den Geisteswissenschaften. Dies gilt für alle, die eine wissenschaftliche Karriere anstreben. In der deutschen Wissenschaftslandschaft ist die Professur fast die einzige Position, in der Geisteswissenschaftlerinnen und Geisteswissenschaftler für das Denken und die Vermittlung ihres Wissens bezahlt werden. Für die Hochschulen entscheidet die Auswahl des professoralen Personals langjährig über Profil und Leistungsfähigkeit. Trotz der großen Bedeutung für die Institution wissen wir wenig über Standards in Berufungsverfahren. Die Reform von Berufungsverfahren ist ein Thema, dem sich die wissenschaftspolitische Diskussion in den vergangen Jahren intensiver gewidmet hat (Wissenschaftsrat 2005; Färber/Spangenberg 2008: 16f.). Dabei wurde deutlich, dass die Verfahren in der Wissenschaftsgemeinschaft kaum Akzeptanz genießen. Bei einer Internetplattform des Centrums für Hochschulentwicklung waren 81 Prozent der Teilnehmenden der Auffassung, es kämen nicht die Besten auf eine Professur (CHE 2005).

Für die meisten Bewerberinnen und Bewerber auf Professuren sind die Verfahren eine Black Box, intransparent, unkalkulierbar und willkürlich. Die Hochschulen gestalten die Berufungsverfahren selten so, wie es der Bedeutung der Entscheidungen angemessen ist, sie widmen den Kandidatinnen und Kandidaten wenig Aufmerksamkeit und Wertschätzung. Allenfalls die informellen Prozesse hinter dem offiziellen Verfahren machen deutlich, dass es hier um wesentliche Richtungsentscheidungen geht.

Wer setzt sich durch in geisteswissenschaftlichen Berufungsverfahren? Wie wird hier Qualität konzipiert? Diese Frage habe ich mir gestellt, als ich als Frauenbeauftragte der Freien Universität Berlin in den 1990er Jahren an 80 verschiedenen Berufungsverfahren beteiligt war.

Mich hat dabei die institutionelle Perspektive interessiert, wie Berufungsverfahren so gestaltet werden können, dass Chancengleichheit geschaffen wird. Seit Ende meiner Amtszeit arbeite ich intensiv mit inzwischen mehr als tausend Wissenschaftlerinnen und Wissenschaftlern zu ihren Perspektiven in Berufungsverfahren. Ein vom Bundesministerium für Bildung und Forschung gefördertes Projekt hat mir ermöglicht, die Frage nach der Qualität und nach der besseren Gestaltung von Berufungsverfahren wissenschaftlich zu untersuchen. Im Jahr 2006 habe ich mit 43 Bewerberinnen und Bewerbern, Berufungskommissionsvorsitzenden und Gleichstellungsbeauftragten eine qualitative Interviewstudie durchgeführt, in der sich ein Muster herauskristallisierte, wie Qualität im Verfahren konzipiert wird und wie Bewerberinnen und Bewerber an den Qualitätskriterien gemessen werden. Die von mir untersuchte Chancengleichheitsdimension ›Geschlecht‹ eignet sich sehr gut, um herauszuarbeiten, wie leistungsfremde Kriterien in die Auswahl der Kandidatinnen und Kandidaten eingehen.[1]

Festlegung von Qualifikationskriterien

Auf Berufungsverfahren gibt es zwei grundlegend verschiedene Perspektiven: die der Auswählenden und die der Auszuwählenden. Bewerberinnen und Bewerber erleben Berufungsverfahren als heterogen, fast beliebig. Vor allem Frauen, aber auch Männer, kritisieren, dass mit ihnen in den meisten Verfahren abwertend und geringschätzig umgegangen wird. Die Variabilität der Entscheidungen und Verfahrensweisen erweckt bei vielen den Eindruck von Willkür. Der abwertende Umgang wirkt verunsichernd und marginalisierend, vor allem auf Frauen. In den Geistes- und Sozialwissenschaften haben die Bewerberinnen und Bewerber den Eindruck, dass vor allem informelle Netzwerke über die

---

1 Eine Zusammenstellung der Reformvorschläge für politische Handlungsebenen leisten Färber/Spangenberg 2008. Im Rahmen dieses Aufsatzes wird der Schwerpunkt darauf gelegt, Qualitätskriterien und Passfähigkeitsdimensionen für die Geisteswissenschaften herauszuarbeiten. (Die im Beitrag gekennzeichneten Passagen in direkter Rede stammen aus der Interviewstudie.)

Berufungen entscheiden: »In der Regel ist vorab festgelegt, wer die Stellen kriegt.«

Die Berufungskommissionen erleben die Ausgestaltung der Verfahren und Qualifikationskriterien als gerechter als die Bewerberinnen und Bewerber. Die Berufungskommissionsvorsitzenden beschreiben häufig, dass Verfahrensabläufe informell tradiert werden. Kriterien werden oft erst gebildet, wenn feststeht, wer sich beworben hat. Viele Entscheidungen fallen im informellen Umfeld der Verfahren: »Das eigentliche Geschehen spielt sich außerhalb der Kommissionssitzung ab.« Die Qualität der Verfahren und die Fairness im Umgang mit den Bewerberinnen und Bewerbern hängen sehr stark von der Person der Berufungskommissionsvorsitzenden ab. Kriterien werden oft während der Verfahren den favorisierten Bewerbern angepasst. Viel Wert wird darauf gelegt, dass niemand das Verfahren durch Klagen verzögern kann, das wird den Kommissionsvorsitzenden nachdrücklich mit auf den Weg gegeben. So entsteht ein formales Kriterienraster, an dessen Oberfläche sich die Berufungskommission über Monate und Jahre hinweg hoch formalisiert und inszeniert abarbeitet, während unter der Oberfläche wissenschaftliche Schulen und karriererelevante Seilschaften ihre Interessen durchzusetzen versuchen. Die informelle Tradierung der Verfahren und die aktiven informellen Netzwerke führen dazu, dass Berufungsverfahren als Immunisierungsprozesse gegen Nicht-Favoriten gestaltet werden und nicht als transparente Prozesse.

Qualifikationskriterien im Verfahrensverlauf

Als Qualifikationsaspekte werden in den geisteswissenschaftlichen Berufungsverfahren Forschung, Lehre und Persönlichkeit beurteilt. In der ersten Auswahlrunde, wenn in den großen Fächern von nicht selten über 100 Bewerbungen ein kleiner Kreis ausgesucht wird, von dem Schriften erbeten werden, wird oft anhand von Kriterien entschieden, die sich in einer Matrix abbilden lassen und die in irgendeiner Form zählbar oder messbar sind. Hierzu gehören die Habilitation, die Zahl der Publikationen, das Volumen der Drittmittel, die Reputation der Drittmittelgeber und die Lehrerfahrung, als Hilfskriterium zur Beurteilung der Persönlichkeit das Lebensalter und die (internationale) Mobilität. Das Berufungsverfahren ist hier an einem kritischen Punkt: Alle Bewerbungen müssen gesichtet und gewürdigt werden, aber es ist nicht möglich, von allen Personen die Publikationen zu lesen. Den Ausschlag gibt, ob jemand habilitiert ist, sowie die Anzahl der Publikationen und das Alter. Nach dieser ersten, sehr formal orientierten Auswahlrunde folgt eine differenziertere Auseinandersetzung mit der Qualifikation der einzelnen Bewerberinnen und Bewerber: Die Betrachtung der Schriften des verbleibenden, kleineren Kreises der Bewerberinnen und Bewerber führt zu einer tieferen Diskussion um die behandelten Inhalte und die verwendeten Methoden. Es werden circa fünf bis acht Personen angehört und davon in der Regel drei bis fünf an extern vergleichende Gutachterinnen und Gutachter gereicht. Nach den externen Gutachten wird von der Kommission die Liste beschlossen. Es folgt der Weg durch die Hochschulinstanzen bis zur berufenden Stelle. Das Auswahlverfahren ist somit langwierig, vielstufig und komplex, die Anwendung der Kriterien in diesem Setting ist ein komplizierter und vielschichtiger Vorgang.

Kriterien für Forschungsleistung

Die Bewertung der Forschungsleistungen ist eine herausragende Aufgabe der Berufungskommission und der vergleichenden Gutachten. Die wichtigsten Aspekte werden in der praktischen Arbeit der Berufungskommissionen aufgrund der schriftlichen Bewerbungsunterlagen und der eingereichten Schriften erfasst. Neben Habilitation, Publikationen und Projekten werden Vorträge, Kooperationen und Konferenzorganisation berücksichtigt.

Die Habilitation gilt in den Geisteswissenschaften nach wie vor als formales Hauptkriterium bei Berufungen. Gleichwertige Leistungen werden oft ohne Ansehen der faktischen Leistung als nicht berufbar gewertet. Wer trotz der Tatsache, »nur« habilitationsadäquate Leistungen vorweisen zu können, eingeladen wird, benötigt eine sehr engagierte Fürsprache in der Kommission. Dies ist besonders problematisch, weil die Habilitation Frauen benachteiligt. Alternative Qualifizierungswege wie die Juniorprofessur setzen sich in der Auswahlpraxis nicht angemessen durch.

Bei den Publikationen wird quantifiziert und qualitativ hierarchisiert. Wird nur die Zahl der Publikationen betrachtet, geraten zum Beispiel praktizierende Eltern ins Hintertreffen, sowie all diejenigen, die nicht perfekt in Publikationsnetzwerke eingebunden sind: »Der Mann ist dran mit einem Sammelband. Das passiert Frauen relativ selten, dass sie dran sind mit einem Sammelband. Man muss als Frau einfach mehr arbeiten, um an den Punkt zu kommen.« Es ist wichtig, dass solche Aspekte der Förderung durch Netzwerke in den Berufungskommissionen intensiv diskutiert werden und dass nicht nur scheinobjektiv gezählt wird: »Meine Beobachtung ist, dass die wirklich gefährlichen Frauen, die die männliche Hegemonie und die Pläne stören könnten, weil sie einfach so gut sind, in der Regel bei der Erstsortierung rausgeschmissen werden. Denn wenn sie dann wirklich gelesen oder gar eingeladen werden, ist die Gefahr, dass sie so gut sind, dass man nicht an ihnen vorbei kommt, viel zu groß.«

Eine qualitative Hierarchisierung erfolgt durch die Bewertung der Themen und Publikationsorgane, wobei es von der Zusammensetzung einer Berufungskommission abhängt, ob im Einzelfall konkurrierende oder einheitliche fachinterne Hierarchien gebildet werden. Diejenigen, deren Themen besonders innovativ oder kritisch gegenüber dem Mainstream sind, wie zum Beispiel die *gender*-Forschung, haben es schwer: »Was ich mache, gilt nicht als richtige Forschung.« Sowohl die Quantifizierung als auch die Hierarchisierung der Publikationsformen und Publikationsorgane bergen damit Probleme für die Chancengleichheit und können zu einer Minderbewertung der Publikationen von Frauen führen.

Bei den Drittmittelprojekten werden die Anzahl der Projekte, Fördersumme, Förderdauer und Mittelgeber als Leistungskriterien verglichen. Zum einen geht es quantitativ um die eingeworbenen Summen. Darüber hinaus werden Drittmittel gewichtet: Einige Drittmittelgeber wie die DFG haben *peer review*-Vergabeverfahren, weshalb in einigen Fachgebieten diese Projektmittel höher gewertet werden. Für *peer review*-Verfahren bei Drittmitteln werden ähnliche netzwerkgesteuerte Ausschlussstrukturen in den Fachgemeinschaften beschrieben wie für Publikationen. Auch hier herrscht keine Chancengleichheit: Frauen haben oft schlechtere Ausgangsbedingungen, um Drittmittel einzuwerben, weil sie prekärere Beschäftigungsverhältnisse haben, »da kommen manche Geldgeber für mich gar nicht in Frage«. Bewerberinnen mit hohem Drittmittelaufkommen machen die Erfahrung, dass ihre Projekte abgewertet werden und ihnen Bewerber vorgezogen werden, die nicht annähernd so viele Gelder eingeworben haben: »Die können sich nicht vorstellen, dass ich das viele Geld selber akquiriert habe oder dass ich so viele Projekte geleitet habe, weil sie das selber nicht gemacht haben. Ich glaube, bei einem Mann würden sie sagen, toll, und bei mir sagen sie, wie kann die das alles schaffen, das kann die doch gar nicht alles selber gewesen sein.«

Manche Geisteswissenschaften sind zurückhaltend gegenüber Drittmitteln, drittmittelstarken Nicht-Favoriten wird dann die Seriosität abgesprochen, während Favoriten mit Drittmitteln als innovativ gelten. Hier wird mit zweierlei Maß gemessen, was Frauenbeauftragten auffällt, die viele Berufungskommissionen begleiten und dieselben Argumente in diametral entgegengesetzten Fassungen gegen Kandidatinnen angewendet sehen: Hat eine Frau wenige Drittmittel, hat sie nicht genug, hat eine Frau viele Drittmittel, forscht sie zu breit.

Bei den Vorträgen werden Einladungen, zum Beispiel für Kongresshauptreden, besonders hoch bewertet. Sie liegen im Kern wissenschaftlicher Netzwerke, bei denen Frauen besonders marginalisiert sind. Bei Einladungen auf Konferenzen fallen den Einladenden »immer nur Männer ein«, und zwar vor allem gut vernetzte Männer. Letztlich bilden Vorträge damit vor allem Vernetzung und die über Netzwerke generierte Reputation ab.

Forschung wird demnach in Berufungsverfahren teilweise an quantifizierbaren Kriterien gemessen. Die Berufungskommissionen betrachten quantifizierbare Daten so lange als relativ objektiv, wie es ihre Interessen stützt. Forschungskriterien werden ›weicher‹ gehandhabt, wenn sie männlichen Favoriten angepasst werden. Nicht-Favoriten mit vielen Publikationen und Projekten werden bei gleicher Leistung als »zu speziell«, »zu breit«, »nicht einschlägig« bzw. »nicht vom Rang her bedeutend genug« eingestuft. So werden Themen priorisiert und Publikationsorgane und Drittmittelgeber hierarchisiert. Es erfolgt eine Bewertung der Bedeutung der Arbeit, also eine Reputationszuschreibung, in der auch eine ›Genialitätsvermutung‹ enthalten ist. Dabei werden formal gleiche Leistungen unterschiedlich bewertet. Die Forschungsleistung wird stark vergeschlechtlicht interpretiert, Bewerberinnen werden dadurch benachteiligt: »Genie ist immer noch männlich.«

Das Referenzsystem für Forschungsleistung ist die in Deutschland verankerte fachwissenschaftliche Gemeinschaft, die *gatekeeper* bei Berufungen sind in Deutschland vernetzt. Die Kommissionen benennen Gutachtende, deren Reputation in diesen Netzwerken entsteht. Die Gutachten bewerten ausschließlich die Forschungsleistung und Reputationszuschreibungen. In der Bewertung durch Gutachten kann, so der Wissenschaftsrat, auch eine persönliche Bewertung der Forschungs- und Lehrleistungen vorgenommen werden, »der Ruf des Doktorvaters und der habilitierenden Fakultät [...], die Wissenschaftskontakte und die Reputation in der internationalen und nationalen Fachgemeinde« (Wissenschaftsrat 2005). Der Wissenschaftsrat formuliert hier eine genealogische Argumentation zur Reputation der akademischen Lehrer und Institutionen, obwohl er gleichzeitig feststellt, dass *peer review* Frauen benachteiligt. Ein Problem ist, dass die Netzwerke national sind: Bewerberinnen beschreiben für sich persönlich oft sehr gute internationale Netzwerke und eine schlechte Verankerung in den deutschen »nationalen Netzwerken, die offensichtlich die Stellen vergeben«.

Forschungsqualifikation wird in den Geisteswissenschaften, auch in Berufungskommissionen und Gutachten, diskursiv festgelegt. Die relevanten Institutionen sind die deutschen fachwissenschaftlichen Netzwerke, die in der Berufungskommission vertreten sind und die auch die Gutachten strukturieren.

Bewertung der Lehre

Außer an den Fachhochschulen werden Lehrleistungen in Berufungsverfahren gering gewichtet: »Forschung spielt eine überragende Rolle. Ein guter Lehrer und mittelmäßiger Forscher wird bei uns nicht berufen.« Für die Beurteilung der Lehrleistungen gelten wenig definierte Kriterien: »Lehre ist wichtig, dass man das gemacht hat und damit Erfahrung hat. Man muss schon zeigen, dass man gelehrt hat. [...] Denn letztendlich erstellen wir in der Fakultät kein Gutachten, wo wir die Lehrerfahrung und die Lehrqualität vergleichen.« Es geht folglich nur darum, ob Lehrerfahrung vorliegt. Zusätzlich gelten Präsenz am Hochschulstandort, hochschuldidaktische Fortbildungen sowie studentische Lehrevaluationen als Qualitätsindikatoren. Einige Hochschulen haben Probelehrveranstaltungen bei Berufungsverfahren eingeführt. Dabei ist es schwierig, den Studierenden und Lehrenden eine gute Lehr-Lern-Situation zu bieten, die das Vorhaben nicht überfrachtet und zwischen den Kandidatinnen und Kandidaten Vergleichbarkeit ermöglicht.

Bewertung von Berufspraxis

An Kunst- und Musikhochschulen ist Erfahrung und Anerkennung im Kulturbetrieb außerhalb der Hochschule wichtig, auch in den zum Lehramt ausbildenden Fächern wird teilweise Erfahrung im Schuldienst erwartet. In den Geisteswissenschaften scheint aber grundsätzlich Berufspraxis kein Vorteil zu sein, im Gegenteil entsteht oft der Eindruck, dass Kontakt mit der Welt außerhalb des Elfenbeinturms als unwissenschaftlicher Makel gewertet wird.

Beurteilung der Persönlichkeit und Passfähigkeit

Eigentlich sollte es in Berufungsverfahren um die Managementkompetenzen gehen, die mit einer Professur verbunden sind, um kommunikative Kompetenzen und Schlüsselqualifikationen. Die bisher ausgeübten administrativen und organisatorischen Tätigkeiten werden im Berufungsverfahren unter diesem Aspekt betrachtet, zum Beispiel die Mitgliedschaft in Gremien der akademischen Selbstverwaltung.

Die Berufungskommissionen möchten, dass die Berufenen zuverlässig sind, sich für die Hochschule engagieren, ihre Lehrverpflichtung wahrnehmen, ihre Studierenden betreuen, sich im Fachbereich bei den organisatorischen Aufgaben und bei der Entwicklung von Forschungsschwerpunkten einbringen, die Lehraufgaben ernst nehmen und sich kooperativ verhalten. Sie wissen gleichzeitig, dass viele der Kollegen und

Kolleginnen anders sind und dass sie in diesem Bereich in der Vergangenheit die größten Fehler gemacht haben.

Bei der Beurteilung der Persönlichkeit wird zu Hilfskriterien gegriffen, zum Beispiel die Mobilität im Lebenslauf in der ersten Auswahlrunde. Wer nicht den Wanderzirkus Wissenschaft mitmachen kann, gilt schnell als »einfach schlechter in ihrer allgemeinen Urteilsfähigkeit«. Das Hilfskriterium »Mobilität« kann Frauen und *dual career couples* erheblich benachteiligen, und es gibt sicher auch andere Möglichkeiten, eine gute allgemeine Urteilsfähigkeit zu erlangen, als viel umzuziehen. In den USA, aber auch in Irland oder Skandinavien geht man hier gänzlich anders vor: Man holt zum einen direkte mündliche Referenzen über die Person ein und fragt auch nach den schwierigen Persönlichkeitsaspekten wie Kooperationsfähigkeit oder Zuverlässigkeit. In Deutschland wird eher die netzwerkgesteuerte Gerüchteküche in Gang gesetzt: Die Versuche der Berufungskommissionen, Schlüsselqualifikationen im Gespräch abzutesten, sind eher unqualifiziert, überschreiten Grenzen, sind verletzend und erfassen die falschen Merkmale. Persönlichkeitsaspekte werden oft sehr vorurteilsbehaftet und unqualifiziert abgeprüft. Dabei wird auch auf private Aspekte abgehoben:

»Gelegentlich ist das auch der Punkt, an dem die Persönlichkeit erörtert wird. Das ist eine ganz schreckliche Sitte, weil das Dinge sind, die nicht qualifizierbar sind. Da wird einer beispielsweise in die rechte Ecke gestellt, habe ich bei den [Geisteswissenschaftlern, Anm. d. Autorin] erlebt, oder ›persönlich unverträglich‹ [genannt] oder: ›Man ruiniert die Familie, wenn man sie auseinander reißt‹. Es gibt sämtliche Ebenen der Persönlichkeitszerstörung, und wenn es einmal gesagt ist, dann bleibt es hängen. Das ist dann etwas, was in den Köpfen bleibt, wenn man sagt: der oder die ist unverträglich.«

In Berufungsverfahren dienen in Deutschland als wichtigste Bausteine der Beurteilung der Schlüsselqualifikationen der Probevortrag und das Gespräch mit der Berufungskommission. Danach wird entschieden, ob die Bewerberin oder der Bewerber »zu uns passt«, »einen kompetenten Eindruck macht« und die zu besetzende Professur »gut ausfüllen kann«: »Ich denke mal, die Passfähigkeit ist das Entscheidende. Nicht der Beste, sondern der, der am besten reinpasst.«

Karin Zimmermann (2000) hat herausgearbeitet, dass Passfähigkeit ein Hauptkriterium in Berufungsverfahren ist. Sandra Beaufaÿs (2003) zeigte, dass diese Passfähigkeit nicht über fachliche Leistung, sondern über einen als Leistung interpretierten fachspezifischen Habitus hergestellt wird. In der Geographie ist es die Begeisterung für Exkursionen, in der Biochemie die Sonntagsarbeit im Labor. Was ist der fachspezifische Habitus in den – diesbezüglich durchaus verschiedenen – Geisteswissenschaften? In der Archäologie sind es die Grabungen. In den Rechtswissenschaften gehört die Drittmittelferne zum Habitus. Den Geisteswissenschaften gemeinsam ist die Praxisferne, angewandte Forschung ist weniger wert, auch in der Pädagogik oder anderen angewandten Fächern. Gemeinsam ist den Geisteswissenschaften auch die im Berufungsverfahren überprüfbare Liebe zum abgelesenen Vortrag. Beamer werden nicht selten abgelehnt: »Nur kein Mäusekino!« In der Mathematik ist passfähig, wer die Tafel mit Kreide beschreibt. Didaktisch und berufspraktisch versierte Personen haben es schwer, vor den methodisch konservativen Kommissionen zu bestehen, die einen Verzicht auf Visualisierung honorieren.

Um die Persönlichkeit zu beurteilen, bedarf es längerer Anhörungen sowie Zeit zum Kennenlernen und für Einzelgespräche. Faktisch werden Anhörungen in Deutschland im Stundentakt geschaltet, bei hohem Engagement widmet man sich einer anzuhörenden Person einen halben Tag. Was passiert in einer Stunde? Geplant sind 30 Minuten Vortrag, zehn Minuten Diskussion, Ausschluss der Öffentlichkeit und 15 Minuten Gespräch mit der Kommission. Die Durchführung verläuft anders, denn die Planung vergisst, dass Kommissionsmitglieder Pausen benötigen. Auch Geisteswissenschaftler in Berufungskommissionen sind Menschen, die nicht nur aus Kopf bestehen, sondern rauchen, ohne Getränke dehydrieren, ohne Essen unterzuckern und auch noch mehr in den Pausen erledigen müssen. Zusätzlich treten in fast jedem Verfahren technische Pannen auf. So gerät der Zeitplan aus den Fugen und Berufungskommissionsvorsitzende werden zu Dompteuren, die sich auf alles konzentrieren, nur nicht auf die Kandidatin oder den Kandidaten.

Im angelsächsischen Raum oder Skandinavien, aber auch in vielen anderen Ländern, verbringt man mit dem engsten Kandidatinnen- und Kandidatenkreis viel Zeit. Im Anschluss weiß eine Hochschule, was für eine Persönlichkeit sie berufen wird und wo die Stärken und Schwächen liegen. Die Bewerberinnen und Bewerber, die die Erfahrung gemacht haben, dass die Hochschulen sich intensiv mit ihnen auseinandersetzen, beschreiben das als anstrengend und aufwendig, aber dennoch als besonders gut:

»Ich habe das als die beste Variante erlebt, obwohl es die anstrengendste Variante von allen Berufungsverfahren war. Es zog sich über mehrere Tage hin und es war hoch formell, was ich aber nicht als unangenehm empfunden habe, sondern ich habe es im Gegenteil als respektvoll empfunden, weil mir auch Wertschätzung entgegengebracht wurde, was ich in den deutschen Verfahren nicht immer so sagen kann.«

Unter Geschlechteraspekten ergibt sich das Problem, dass Bewerberinnen und Bewerber im Gespräch mit der Berufungskommission manchmal eher einer Prüfungs- oder Show-Situation ausgesetzt werden, die keine systematische und umfassende Überprüfung der kommunikativen bzw. Sozialkompetenzen ermöglicht. Gerade Frauen werden in diesen Situationen als nicht passfähig wahrgenommen, weil das Verhalten von Frauen und Männern in solchen Kommunikationssituationen unterschiedlich bewertet wird, selbst wenn Bewerberinnen und Bewerber sich gleich verhalten.

Assessmentcenter unter Einbezug von Personalberatungsunternehmen sind für den deutschen Hochschulkontext relativ neu, über die Erfahrungen in den Geisteswissenschaften, beispielsweise in Bremen, liegen keine wissenschaftlichen Auswertungen vor. Die Standards der Personalberatungsfirmen sind bisher wenig wissenschaftsadäquat. Assessments werden in der wirtschaftswissenschaftlichen Personalforschung unter Chancengleichheitsaspekten kritisch bewertet, weil sie Geschlechterstereotype reproduzieren.

Es ist davon auszugehen, dass es die Chancengleichheit unterstützen würde, wenn allen Bewerberinnen und Bewerbern von den Kommissionen mehr Zeit und Aufmerksamkeit geschenkt würde, wenn es mehr Einzelgespräche gäbe und wenn die Management- und Sozialkompetenz in transparenten, geregelten Referenzverfahren überprüft würde.

Soziale Passfähigkeit und *doing gender*

Persönliche Merkmale und das Privatleben der Bewerberinnen und Bewerber spielen bei Berufungsentscheidungen trotz gesetzlicher Benachteiligungsverbote eine erhebliche Rolle. Zu diesen Faktoren gehören Geschlecht, Alter sowie die Familienfaktoren Elternschaft und Partnerschaft.

Dass Geschlecht als Auswahlfaktor in Deutschland eine wichtige Rolle spielt, beschreiben vor allem Frauen mit Auslandserfahrung, die dort feststellen, dass eine Last wegfällt, die sie in Deutschland gar nicht als Benachteiligung interpretiert hatten. Wissenschaftlerinnen schildern, dass ihre Leistungen nicht adäquat gewürdigt bzw. unsachlich oder gar nicht behandelt werden. Man begegnet ihnen tendenziell als Frau und nicht als Wissenschaftlerin. Bewerberinnen aus den Geisteswissenschaften beobachten, dass es Männern schwerfällt, für Frauen Begeisterung zu zeigen, weil eine Sexualisierung des Geschlechterverhältnisses unterstellt wird. Wissenschaftlerinnen werden eher über Beziehungen definiert, denen dann wiederum, zum Beispiel im Lehrer-Schülerinnen-Verhältnis, die Wissenschaftlichkeit abgesprochen wird. Genialitätsvermutungen treffen eher Männer, die Leistungen von Frauen werden abgewertet. Frauen müssen daher mehr leisten.

In konkreten Verfahren mit ihrer Vielzahl von Einzelentscheidungen ist der *gender bias* schwer konkret festzumachen. Frauenbeauftragte erkennen die Benachteiligung von Frauen oft erst im Rückblick auf Verfahren. Genealogie und Nepotismus werden selten auch auf Frauen ausgeweitet. Schlecht vernetzte oder »unabhängige« Frauen haben besonders schlechte Chancen. Vernetzung in der Wissenschaft folgt männerdominierten Strukturen, Frauen beschreiben sich selbst viel seltener als Männer als gut vernetzt. In einigen Fächern ist für Frauen ein schmaler Berufungskorridor entstanden, in dem die Fachgebiete *eine* Frau berufen, weil bisher keine Frau in ihrem Fach lehrt. Dabei spielt dann Passfähigkeit bis hin in die Privatbiographie eine große Rolle: Die einzige Frau im Fach soll einem nach hegemonialen Kriterien gestalteten Frauenbild entsprechen. In wenigen Geisteswissenschaften werden mehr Frauen berufen. Allerdings erfüllen Fächer dann die Frauenquote durch eine Berufung von Frauen in »schwächeren« Teilfächern, dort, wo es die hegemonialen Strukturen im Fach nicht tangiert.

Frauenbeauftragte beobachten, dass Männer oft andere Männer berufen, weil sie sich in ihnen wiedererkennen: »Das gibt es schon oft. Wo man sich wiedererkennt. Dass der Papa die Söhne beruft. Das ist nicht günstig.« Diese Ähnlichkeitskonstruktionen werden nicht nur von

Männern vorgenommen. Auch Frauen, die Professorinnen sind, passen sich der männlich geprägten Wissenschaftskultur an und wehren andere Frauen als nicht passfähig ab. Dies kann teilweise mit der zahlenmäßigen Repräsentanz von Frauen, ihrem Anteil in der Professorenschaft, zusammenhängen und damit standort- und fachspezifisch sein.

In der Regel werden Bewerberinnen schlechter behandelt als männliche Bewerber. Dies ist abhängig von der Fachkultur, der Hochschule und der spezifischen Kommission. Frauen wird teilweise offen signalisiert, dass sie nicht gewollt sind. So werden Frauenförderbestimmungen nicht eingehalten oder offen alibihaft erfüllt, indem eingeladenen Bewerberinnen erklärt wird, sie seien die Quotenfrau. Aber es werden vor allem subtile, unbewusste Mechanismen beobachtet:

»Ich habe mal zum Spaß sozusagen gestoppt, wie lange über Männer referiert wird und wie lange über Frauen. Bei uns war es so, dass die Bewerbungsunterlagen verteilt wurden, und dann wurde die Diss und die Habil gelesen und darüber referiert. Da habe ich tatsächlich mal eine Zeit lang gestoppt, und es wurde über die Männer viel länger geredet [...] als über die Frauen. Das zog sich wirklich durch.«

Lebensalter wird in der Wissenschaft teilweise als rigides Kriterium gehandhabt. Beispielsweise werden Personen ab einem bestimmten Alter nicht eingeladen. Gerade bei der ersten Auswahlrunde werden oft tabellarische Übersichten eingesetzt, die das Lebensalter der Bewerberinnen und Bewerber aufführen. Dabei findet nur in Ausnahmefällen eine geschlechterbezogene Bewertung des Alters statt. Berücksichtigt werden in diesen Ausnahmefällen Kindererziehungszeiten, die aber in der Wissenschaft, wo viele Frauen die Tätigkeit nicht sichtbar unterbrechen, schwer quantifizierbar sind. Vorgeschlagen wird eine Kategorie »wissenschaftlich produktive Zeit«, so dass Kindererziehungszeiten vom wissenschaftlichen Alter abgezogen werden. Hinzu kommt, dass auch Frauen ohne Kinder oft durch ihre marginale Position als Frauen andere, umständlichere Qualifikationsbiographien haben als Männer. Zusätzlich wirkt für Frauen das Alterskriterium stärker. Bewerberinnen beschreiben, dass sie oft mit unter 40 Jahren als »zu jung« und mit über 40 Jahren als »zu alt« gelten. Jugend ist für Frauen fast immer ein Handicap, bei Männern kommt hier eher die Genialitätsunterstellung zum Tragen.

Wissenschaft ist in Deutschland kaum mit Elternschaft zu vereinbaren, selbst in den zeitlich eigentlich flexiblen Geisteswissenschaften. In Berufungsverfahren wird das Privatleben von Müttern entweder peinlich vermieden, oder es kommt zu diskriminierenden Äußerungen. Die Frage »Wie machen Sie das eigentlich mit den Kindern?« steht ausgesprochen oder unausgesprochen im Raum. Bei Männern wird das Thema Familie in Zusammenhang mit Mobilität sachlicher verhandelt. Die fortdauernde Anforderung an Mobilität und Auslandskarrieren in der Familienphase ist für Wissenschaftlerinnen mit Kindern, gar für Friststellen oder Erstberufenengehalt von W2, tatsächlich manchmal schwer zu verantworten. Die Bewerberinnen sind aber nicht immer weniger mobil, sondern ihnen wird auch weniger Mobilität und Flexibilität unterstellt, so dass sie deshalb oft nicht zum Zuge kommen. Fehlende Netzwerke und Verzögerungen bei der Qualifizierung sind weitere Probleme für Wissenschaftlerinnen mit Familie.

Kinder oder die Möglichkeit, dass eine Frau Kinder bekommt, werden in Kommissionen mit einem *gender bias* verhandelt. Es erfolgt ein »seltsamer Blick« auf das »bunte Leben«. Dem Muttersein haftet etwas Körperliches an, was in den Geisteswissenschaften als Antagonismus zum vergeistigten Genie gewertet wird. Im Ausland wird der Umgang mit Wissenschaftlerinnen, die Mütter sind, als »wesentlich normaler« beschrieben. Frauen werden in Deutschland besonders auf ihre Körperlichkeit und auf ihre Frauenrolle verwiesen, insbesondere in den Geisteswissenschaften, die die Dichotomie von Geist und Körper stärker inszenieren als die Naturwissenschaften. Mehr Frauen in der Berufungskommission bilden einen wichtigen Beitrag zur Gleichstellung, aber auch Frauen unter den Auswählenden sind mit Müttern teilweise sehr kritisch. Subtile Zuschreibungen, die gegen Frauen mit Kindern bestehen, sollten im Verfahren bewusst gemacht und vermieden werden. Erziehungsleistungen sollten dagegen bei der Bewertung vergangener Leistungen einbezogen werden. Bei der Beurteilung der künftigen Leistungsfähigkeit darf faktische und potenzielle Mutterschaft keine Rolle spielen.

Positive Erfahrungen mit *dual career* auf der Ebene von Professuren gibt es fast nur im Ausland. Die Karriere von Wissenschaftspaaren ist in Deutschland sehr schwer möglich, insbesondere wenn gemeinsam Kinder erzogen werden. Dies benachteiligt Frauen, denn sie leben selten in

Partnerschaften, in denen der Partner als Hausmann tätig oder räumlich uneingeschränkt mobil ist. Gerade durch die Berufung eines Paares entstehen kurzfristig sehr interessante, aber oft unkonventionelle Optionen für Hochschulen. Oft besteht aber an Hochschulen sehr wenig Interesse an Paaren, weil man der Überzeugung ist, diese trügen private Zwistigkeiten in die Hochschule. Die zweite Person im *dual career*-Modell wird oft ignoriert oder als Person gesehen, die untergebracht werden muss, auch wenn Partnerin und Partner faktisch gleichwertig qualifiziert sind. Im Ausland wird dagegen häufiger auf beide wissenschaftlichen Partner gleich werbend zugegangen. In Deutschland ist das auf Fakultäten zugeschnittene Berufungsverfahren strukturell ungeeignet: Hochschulleitungen sollten konkret die Fachbereiche und die Bundesländer konkret die Hochschulen und Wissenschaftsregionen unterstützen, indem sie die notwendige Flexibilität und finanzielle Unterstützung für *dual career*-Paare bieten.

Benachteiligung erfahren auch Bewerberinnen und Bewerber mit Migrationshintergrund. Eine Bewerberin nennt das ihren »Exotenstatus« in Deutschland, der in Berufungsverfahren vor allem als Abwertung gebraucht und nicht als interkulturelle Kompetenz und Bereicherung gewertet wird. Ihre Benachteiligung in Berufungsverfahren in Deutschland schreibt sie ihrem Geschlecht und ihrem ethnischen Hintergrund zu:

»Ja, dass ich Migrantin bin, spielt eine Rolle. [...] Ich glaube, bei den Verfahren in Deutschland ist es so, um es kurz zusammenzufassen, dass ich als Exotin gehandelt werde. Bei diesem Exotischsein gibt es nur einen kleinen Teil, der tatsächlich auch als fachlicher Bonus markiert wird, und der größte Teil wird als, na ja, nicht so ganz fachlich kompetent, als Abwertung verbucht.«

Ethnische und *gender*-Diskriminierung lassen sich dabei schwer auseinanderhalten. Auch ethnische Benachteiligung lässt sich nicht an richtig offener Diskriminierung festmachen, sondern es werden subtile kommunikative Ausgrenzungsmechanismen und Marginalisierungsprozesse in der Interaktion in Berufungsverfahren wirksam. In konkreten Berufungsverfahren bevorzugt Günstlingswirtschaft weiße Männer, Frauen sowie Migrantinnen und Migranten haben ein schlechteres Netzwerk und weniger Fürsprache.

Noch schwerer zu fassen ist Diskriminierung nach sexueller Orientierung. Anders als Hautfarbe oder Geschlecht ist Homosexualität für die Berufungskommissionen nicht offen erkennbar, es sei denn, es werden über informelle Netzwerke Informationen preisgegeben. Homosexuelle berichten über ein breites Spektrum an Reaktionen auf ihre Homosexualität in und im Umfeld von Berufungsverfahren. Es überwiegt Ablehnung:

»Am besten ist es eigentlich, wenn bei den Leuten die Klappe fällt [wenn sie das mit der Homosexualität erfahren, Anm. d. Autorin] dann weiß man wenigstens direkt, was passiert. Aber ich habe es auch schon erlebt, dass man dann hinterher über drei Ecken gehört hat, warum bin ich da jetzt irgendwie nicht zum Zug gekommen, ja, der ist doch schwul. Man denkt ›Ja, und?‹ Das hört man dann aus den informellen Kommissionsgesprächen.«

Beschrieben wird aber auch Akzeptanz und Offenheit. Homosexuelle Männer erfahren gelegentlich für Stellen mit *gender*-Zuschnitt besonders fördernde Akzeptanz, lesbische Wissenschaftlerinnen schildern dagegen keine Vorteile, sondern eher, dass es schwer ist für sie zu unterscheiden, ob sie als Frau oder als Homosexuelle ausgegrenzt werden:

»Insgesamt in der fachwissenschaftlichen Community habe ich schon das Gefühl, dass da bei dem einen oder anderen Ressentiments bestehen, die aber nicht offen ausgesprochen werden. Man hat das Gefühl, dieser Mensch hat ein Problem mit mir, liegt es jetzt daran, dass ich eine Frau bin, liegt es daran, dass ich eine homosexuelle Beziehung habe, liegt es daran, dass ich jetzt auf einmal als Frau und Kollegin auftrete? Ich weiß es nicht genau. Das sind so Bauchgefühle, wo ich denke, so ganz wirklich akzeptieren können die das nicht. So offen wird sich natürlich auch keiner trauen das zu sagen, weil das ja ein absoluter Einklagungsgrund, eine offene Diskriminierung wäre.«

Der Stellenwert des Privaten bei der Entscheidung der Berufungskommissionen ist hoch. In einem dichten Leistungsfeld werden persönliche Merkmale zum wichtigen Passfähigkeitskriterium. Frauen werden durch das *doing gender* der Berufungskommissionen nach den Faktoren Geschlecht, Alter, Kinder oder *dual career* stark benachteiligt und viel seltener als Männer als passfähig wahrgenommen. Auch Männer, die eine gleichwertige Partnerschaft leben und die Karrieren ihrer Frauen mit unterstützen, die aktiv ihre Kinder erziehen, die homosexuell oder Migranten sind, erleiden hier Nachteile. Vielen Entscheidern in Berufungskommissionen sind solche Lebensverhältnisse eher unbekannt, sie kennen sie manchmal über ihre eigenen Kinder, wenige aus eigener Erfahrung. Manche Kommissionsmitglieder konnten selbst keine egalitären Karrieren in ihren Partnerschaften realisieren, oder weibliche Kommissionsmitglieder haben der Karriere zuliebe auf Kinder verzichtet, nun verlangen sie von den Bewerberinnen und Bewerbern, dass auch sie diesen Preis bezahlen. Geschlecht geht vor allem mittelbar diskriminierend und als Mehrfachdiskriminierung in die Leistungsbewertung ein. In dieser Frage werden die Berufungskommissionen von den Gleichstellungsbeauftragten zwar unterstützt, aber darüber hinaus ist es wichtig, solche Aspekte in der Kommission zu reflektieren und als Hochschule hierfür Kriterien zu entwickeln.

In Deutschland ist die Ausgestaltung der Berufungsverfahren im internationalen Vergleich besonders benachteiligend gegenüber Personen, die nicht nach hegemonialen Sozialkriterien passfähig sind. An ausländischen Hochschulen können sich deutsche Hochschulen viele gute Anregungen für die konkrete Ausgestaltung von Verfahrensschritten holen, insbesondere zum wertschätzenden Umgang mit Bewerberinnen, zu *dual career*, zur Transparenz des Verfahrens, zur Kriterienbildung und zur diskriminierungsfreien Gestaltung der Interviewsituationen. Bewerberinnen und Bewerber werden dort schnell und umfassend über die Entscheidung der Hochschule informiert. Die Frauen beschreiben für Großbritannien, Irland, Frankreich, Skandinavien, Kanada und die USA, wie positiv ihnen die hohe Beteiligung von Frauen in den Kommissionen auffällt, auch von Frauen mit Kindern und Frauen der älteren Generation. Alle Bewerberinnen schildern, dass sie im Ausland höhere Chancen auf Stellen hatten als in Deutschland.

Gleichstellungsorientierte Reformen

Es gilt, Berufungsverfahren in Deutschland besser und gleichstellungsorientiert zu gestalten. Die Verfahren sollten in Bezug auf Transparenz, Zügigkeit, wertschätzenden Umgang, die Zusammensetzung der Berufungskommission, die Kommissionsleitung und die Festlegung der Kriterien einem gleichstellungsorientierten Qualitätsmanagement unterzogen werden. Auswahlkriterien sollten diskriminierungsfrei ausgestaltet und angewendet werden.

Besonders wichtig ist es, dass Verfahrensmodernisierungen allein nicht ausreichen, um Frauen in absehbarer Zeit mehr Chancen in Berufungsverfahren zu eröffnen. Dafür bedarf es eines geschlechterbezogenen Kulturwandels, der die Berufung von Frauen mit Priorität versieht und Geschlecht als strukturelles Kriterium bei der Auswahl anlegt. Der *gender bias* ist sehr schwer zu fassen. Deshalb arbeiten einige der Hochschulen mit Quoten zur Einladung von Frauen. Die auf der Basis von Quoten eingeladenen Bewerberinnen sind nicht schlechter als die anderen Bewerber. Eher hängt das Abschneiden der Bewerberinnen von der Einstellung der Berufungskommission zur Berufung von Frauen ab. Eine verfahrensbezogene Ergebnisquote zur Einladung von Frauen und eine Ergebnisquote für die Berufung kompensieren teilweise den unterschwelligen *gender bias*, der im Verfahren ansonsten nicht fassbar ist.

Das Wissenschaftssystem ist wahrscheinlich nicht in der Lage, diesen Kulturwandel ohne Unterstützung durch die Politik zu leisten. Die Qualifikationskriterien sind vergeschlechtlicht. Dies gilt für die Leistungen in der Forschung, aber auch in der Lehre, in der Praxis oder bei den persönlichen Kompetenzen: Frauen werden mit anderen Maßstäben gemessen als Männer. Die Verfahrensgestaltung verstärkt den *gender bias.* Wissenschaftsinterne Referenzsysteme bauen auf hegemonial männlichen Strukturen auf, können sie folglich nicht wirkungsvoll kontrollieren und korrigieren. Daher sind politische, rechtliche und ökonomische Steuerungsinstrumente notwendig.

Zur Förderung der Transparenz und Verfahrenssicherheit sowohl für die Arbeit der Berufungskommissionen als auch für die Bewerberinnen und Bewerber sollten an den Hochschulen Leitfäden für Berufungsverfahren entwickelt werden. Es ist notwendig, dass die Hochschulen Regelungen aus Gleichstellungsgesetzen und Frauenförderbestimmungen, die Handlungsmöglichkeiten von Frauen- und Gleichstellungsbeauftragten, aber auch Bestimmungen zu den besonderen Rechten schwerbehinderter Frauen und Männer im Verfahren oder das Allgemeine Gleichbehandlungsgesetz in Berufungsleitfäden aufnehmen. Diese Leitfäden sollten eine vollständige und verlässliche Grundlage für Berufungsverfahren darstellen und, auf die speziellen Bedingungen und Anforderungen der Hochschule zugeschnitten, den Ablauf von Berufungsverfahren, Zuständigkeiten und Aufgaben der beteiligten Personen und Organe umfassend darstellen und erläutern.

Neben den Regelungen der Verfahrensabläufe ist das systematische gleichstellungsorientierte Qualitätsmanagement der Verfahrenspraxis entscheidend. Chancengleichheit kann entscheidend verbessert werden durch die Schaffung von Klarheit über konkrete Abläufe und Zeitpläne, ein kriterienbasiertes Vorgehen der Kommissionen und Gutachten, professionelle Unterstützung des Bewerbungsmanagements und eine wertschätzende, integrative Kommunikation mit den Bewerberinnen und Bewerbern.

Bund, Länder und Hochschulen können durch Rechtsetzung, gezielte Gleichstellungsmaßnahmen und ein systematisches gleichstellungsorientiertes Qualitätsmanagement die Chancengleichheit in Berufungsverfahren gezielt fördern. In den Geisteswissenschaften ist dabei die Definition von Qualität besonders kompliziert, denn Reputation und Qualität lassen sich noch schlechter objektivieren als in den Naturwissenschaften. Deshalb sollte Subjektivität zugelassen, offen verhandelt und sichergestellt werden, dass eine Pluralität der Relevanzstrukturen und Referenzsysteme gegeben ist. Zurzeit spielt Passfähigkeit nach Geschlecht, Hautfarbe, Elternschaft oder Partnerschaft in deutschen Berufungsverfahren eine wichtige Rolle, was zeigt, dass sachfremde Kriterien die Qualifikationsbeurteilung überlagern. Offenheit und Pluralität sind damit noch viel zu wenig Gegenstand der geisteswissenschaftlichen Auseinandersetzungen um Qualität.

Literatur

Beaufaÿs, Sandra (2003), *Wie werden Wissenschaftler gemacht? Beobachtungen zur wechselseitigen Konstitution von Geschlecht und Wissenschaft*, Bielefeld.

Centrum für Hochschulentwicklung (CHE) (2005), »TaCHEles. Entsprechen die Berufungsverfahren an deutschen Hochschulen den Erfordernissen?«, 15. März 2005.

Färber, Christine/Spangenberg, Ulrike (2008), *Wie werden Professuren besetzt? Chancengleichheit in Berufungsverfahren*, Frankfurt/New York.

Wissenschaftsrat (2005), *Empfehlungen zur Ausgestaltung von Berufungsverfahren*, Köln.

Zimmermann, Karin (2000), *Spiele mit der Macht in der Wissenschaft. Passfähigkeit und Geschlecht als Kriterien für Berufungen*, Berlin.

Überwiegend wettbewerbsfähig: Der Kampf um die besten Köpfe aus der Perspektive der Hochschulrektorenkonferenz

Margret Wintermantel

1. Vorbemerkung

In der Hochschulpolitik und in den Hochschulen besteht Einigkeit darüber, dass den Berufungen und damit auch der Ausgestaltung der Berufungsverfahren zentrale Bedeutung für die Leistungsfähigkeit der Hochschulen zukommt und sie mit größter Sorgfalt zu behandeln sind. Denn es geht schließlich darum, richtige Entscheidungen für längerfristige Beschäftigungsverhältnisse an einer Institution zu treffen, deren Ziele sich der/die zu Berufende zu eigen macht, und zugleich die individual-rechtliche Freiheitsgarantie für den/die zu Berufende(n) zu gewährleisten. Fehlerhafte Entscheidungen bei Berufungen haben dramatische Auswirkungen insbesondere dort, wo große Investitionen und zugleich große Erwartungen mit der neu besetzten Professur verbunden sind: Investitionen, die dann an anderer Stelle nicht mehr getätigt werden können, und Hoffnungen auf die positive Entwicklung eines Faches, die dann über Jahre eben nicht eintreten wird.

Was sollte aber bei der Ausgestaltung des Berufungsverfahrens beachtet werden? Die Westdeutsche Rektorenkonferenz äußerte sich schon im Februar 1972 dazu knapp, indem sie darauf hinwies, dass die entsprechenden Fragen »nur durch Verfahrensregelungen einer Lösung näher gebracht werden, die sowohl der Selbstverantwortung der Hochschulen für die wissenschaftliche Qualifikation ihres Lehrkörpers als auch der Verantwortung der Kultusminister gerecht werden«.

Sie beschreibt das damals und auch heute noch mit dem Berufungsverfahren verbundene Ziel. Dieses ist nicht nur die Besetzung einer freien Stelle, sondern die Sicherung einer hohen Qualität in Forschung und Lehre, die im höchsten Interesse der Hochschulen, des die Hochschulen finanzierenden Staates und der Wissenschaftler und Wissenschaftlerinnen liegt, jedenfalls liegen müsste.

2. Veränderte Rahmenbedingungen – von der alimentierten zur wettbewerbsgesteuerten Hochschule

Es ist an sich eine triviale Erkenntnis, dass Qualität und Exzellenz von Forschung und Lehre entscheidend über Personen, nicht nur über die Wissenschaftler und Wissenschaftlerinnen, sondern auch über die dazugehörenden Teams entstehen können. Allerdings sind die Voraussetzungen hierfür abhängig von den Verfahrensbedingungen des Wissenschafts- und Hochschulsystems. Diese haben sich zum Ende des letzten Jahrhunderts entscheidend geändert.

Während sich bis dahin die Qualität und Exzellenz oder deren Nichtvorhandensein vorrangig im Bereich der Reputation – der Universität wie der Wissenschaftler und Wissenschaftlerinnen auswirkten –, sind die Konsequenzen mittlerweile sehr viel realer. Sah man früher in der Universität eine Art ›Vertrauensinstitution‹, die, wenn man Wilhelm von Humboldts Maxime bei der Gründung der Berliner Universität befolge, nur »tüchtige Männer berufe und das ganze sich auskandieren lasse«, zukunftsweisende Erkenntnisse wohl hervorbringen würde und deshalb eine bedingungslose staatliche Alimentation verdiente, so war dieser Vertrauensvorschuss gegenüber den Universitäten spätestens Ende der siebziger Jahre des letzten Jahrhunderts verloren gegangen.

Die Hochschulen hatten sich, trotz dieses Befundes, bis zur Mitte der achtziger Jahre des 20. Jahrhunderts in ihren politischen Forderungen überwiegend darauf beschränkt, die ungenügenden staatlichen Finanzzuweisungen zu beklagen. Sie waren nicht in der Lage, auch rechtlich nicht, sich auf eigene, gleichsam strategische Möglichkeiten zur Verbesserung der Situation innerhalb des bestehenden Finanzrahmens zu besinnen. Was den Universitäten damals noch nicht gelang, war die überzeugende Darstellung ihrer eigenen Leistungen als Institutionen mit hoher Verantwortung insbesondere auch im Hinblick auf die volkswirtschaftliche Sicherung der Zukunft, so dass die staatlichen Haushaltsprioritäten eher zu ihren Gunsten gesetzt worden wären. Stattdessen wurden sie knapp gehalten und gegenüber anderen staatlichen Finanzierungsnotwendigkeiten vernachlässigt, was sich bis heute nicht verändert hat.

Und Mitte der achtziger Jahre verschärfte sich für die Hochschulen der Wettbewerb mit anderen Politikbereichen um die knappen öffentlichen Mittel. Fachhochschulen und Universitäten mussten einsehen: Wenn es ihnen nicht gelang, das stets aktivierbare Vorurteil zu beseitigen, der Hochschulbereich sei ein Fass ohne Boden, würden sie in diesem Wettbewerb nicht bestehen können. Es reichte nicht mehr aus, auf die drastisch gestiegenen Studienanfänger- und Studierendenzahlen bei unzureichenden finanziellen Rahmenbedingungen zu verweisen, wenn nicht gleichzeitig sehr deutliche Vorwürfe entkräftet werden konnten wie vor allem, dass die Hochschulausbildung international im Vergleich zu teuer sei und sie zu lange dauere. Universitäten und Fachhochschulen hatten die Wahl, die finanziellen Verhältnisse hinzunehmen und ihre Leistungen diesen anzupassen – was zu einem weiteren signifikanten Qualitäts- und Imageverlust geführt hätte. Oder sie akzeptierten den nationalen wie internationalen Wettbewerb mit anderen Politikbereichen um die knappen öffentlichen – und privaten – Mittel und stellten sich diesem Wettbewerb.

Die in der Hochschulrektorenkonferenz (HRK) vereinten Hochschulen haben sich klar für den zweiten Weg entschieden. Es begann sich bei ihnen die Einsicht durchzusetzen, dass sie die Herausforderung des Wettbewerbs annehmen und die Leistungen der Institutionen und der in ihnen arbeitenden Wissenschaftler und Wissenschaftlerinnen als oberstes Verteilungskriterium anerkennen müssen. Staat und Gesellschaft sollten durch Leistungen in Forschung, Lehre sowie in der Ausbildung des wissenschaftlichen Nachwuchses, in der Weiterbildung und in den sonstigen Dienstleistungen überzeugt werden, dass Investitionen in die Hochschulen lohnende Zukunftsinvestitionen sind. Die Hochschulen erkannten, dass sie sich – trotz unzureichender Ausstattung – auf ihre eigenen Kräfte besinnen, ihre Stärken ausspielen, ihre Schwächen beseitigen und ihre Effizienz zu optimieren hatten. Sie akzeptierten mithin, dass die staatlichen Finanzzuweisungen in einem wettbewerbsgesteuerten Hochschulsystem nicht mehr nach historisch gewachsenen Besitzständen oder Zufälligkeiten auf Hochschulen, Fakultäten und Fachbereiche verteilt werden, sondern sich nach Leistungs- und Belastungsparametern richten.

3. Profilbildung – Folge und Voraussetzung von Wettbewerb

Damit entstand die Notwendigkeit, in den Hochschulen den Blick für ihre Leistungsträger zu schärfen und deren Zahl zu erhöhen. Denn wenn der Wettbewerb als Chance und als Mittel akzeptiert wird, die Qualität der Leistungen von Universitäten und Fachhochschulen trotz Finanzknappheit zu verbessern, dann muss der Einsatz der zur Verfügung stehenden Mittel auch innerhalb der Hochschule optimiert werden. Statt mit zu wenig Geld jede Arbeitseinheit und jedes Fach unabhängig von den tatsächlichen Leistungen der Wissenschaftler und Wissenschaftlerinnen mit ihren Teams in Forschung und Lehre weiterzuführen und weiter zu finanzieren, müssen inhaltliche Schwerpunkte im Fächerspektrum und in den Forschungsfeldern gesetzt werden, so dass jeweils eine kritische Masse als Voraussetzung für das Bestehen im Wettbewerb entstehen kann. Statt sich überwiegend auf einem mittleren Niveau bewegen zu können, wird durch die Bündelung der Ressourcen die Leistungsfähigkeit in den verbliebenen Tätigkeitsfeldern deutlich und nachhaltig gesteigert. Es gilt, sich auf die aktuell leistungsfähigsten Schwerpunkte zu konzentrieren, zugleich aber auch zukünftige Entwicklungen – insbesondere durch die Option der Interdisziplinarität – zu ermöglichen. Schwerpunktbildung kann also nicht so weit gehen, dass links und rechts keine Chance mehr vorhanden ist, neuen Fragestellungen auf hohem Niveau nachzugehen. Die Schwerpunktsetzung im Sinne von Profilbildung und -schärfung muss von den Hochschulen selbst betrieben werden, weil nur hier der notwendige Sachverstand vorhanden ist. Aber wie ungeheuer schwierig ist dieser Prozess.

Mit diesen Entwicklungsprozessen hat sich die HRK seit langem beschäftigt. Zu der notwendigen strategischen Planung hat sie Empfehlungen ausgesprochen, die die notwendigen, von den Rektoraten oder

Präsidien zu treffenden Maßnahmen beinhalten. Darin wird vorgeschlagen, präzise Stärken-Schwächen-Analysen durchzuführen, die Prospektion der Forschung in Fakultäten und Fachbereichen vorzusehen sowie die Leitbilddiskussion der Hochschule als Grundlage für den Entwicklungsplan anzustoßen. Dieser Plan beschreibt also die konkreten Maßnahmen der Organisationsentwicklung, mit denen die Hochschule sich gegenüber anderen Hochschulen profilieren will. Dazu muss über Fortbestand oder Schließung von Studienangeboten, Forschungsfeldern und auch Standorten beraten und die Möglichkeit neuer Angebote, die das Profil der Hochschule schärfen, ausgelotet werden. Dazu gehört auch, die Ausbildungsziele deutlich zu definieren und die Zusammenarbeit der Fächer zu stimulieren sowie Optionen für fachliche Entwicklungen anzubieten und Reaktionsmöglichkeiten auf Erfolge und Misserfolge zu eröffnen.

Jede Hochschule sollte schließlich ein klar erkennbares Portfolio entwickeln. Manche Hochschulen geben ihre ›weichen‹ Fächer ab, klassische Volluniversitäten trennen sich von Disziplinen, um neue Schwerpunkte zu setzen oder vorhandene mit besonders guten Zukunftsaussichten zu stärken. Im Falle kleinerer Universitäten und Fachhochschulen kann dies ganz gezielt eine ›Nische‹ sein.

Spätestens an dieser Stelle ist die Frage zu beantworten, wie die Universitäten mit den Geisteswissenschaften umgehen. Passen sie in das Portfolio? Und tragen sie wesentlich zum wissenschaftlichen Profil und zur internationalen Wettbewerbsfähigkeit der Hochschulen bei? Die HRK hat sich immer wieder dafür ausgesprochen, dass die Potenziale dieser Disziplinen für die Hochschullandschaft in Deutschland langfristig zu sichern und zu stärken sind. Dazu gehören insbesondere eine bewusste Schwerpunktsetzung im Spektrum der Disziplinen am Standort, ein entsprechendes fachliches Umfeld mit Kooperationsmöglichkeiten in Lehre und Forschung auf lokaler und überregionaler Ebene sowie eine den Aufgaben angemessene Personalausstattung und -struktur. Um in dem Entwicklungsplan einer Hochschule berücksichtigt zu werden, sind die Geisteswissenschaften – wie andere wissenschaftliche Disziplinen auch – ihrerseits gefordert, durch Gewährleistung hoher Qualitätsstandards in Forschung, Lehre, Ausbildung und Wissenstransfer ihren Beitrag zum Erfolg der Hochschule zu leisten.

Da diese Prozesse alle mit Menschen zu tun haben, vor allem bezüglich des Erreichens der mit diesen Prozessen angestrebten Ziele, haben sich Berufungen und Neuberufungen von Professoren und Professorinnen zu dem zentralen strategischen Instrument der Profil- und Schwerpunktbildung der Universität und Fachhochschule entwickelt. Das Berufungswesen ist somit maßgeblich für den künftigen Erfolg oder Misserfolg der Hochschulen im Wettbewerb. Eine Fehlentscheidung hier bedeutet eine Fehlinvestition in Millionen-Euro-Höhe, da sie – im Regelfall des unbefristeten Beschäftigungsverhältnisses – schlimmstenfalls erst in 25 bis 30 Jahren revidierbar ist, und bedeutet damit zugleich viele verpasste Chancen, was die Weiterentwicklung des Faches und der benachbarten Disziplinen betrifft.

4. Funktionen des Berufungsverfahrens – unterschiedliche Sichtweisen

Das Berufungsverfahren stellt also, um mit den Worten des Wissenschaftsrates zu sprechen, eines der zentralen hochschulinternen Steuerungsinstrumente für die Qualitätssicherung in Forschung und Lehre dar (*Empfehlungen zur Ausgestaltung von Berufungsverfahren*, Mai 2005, Sonderheft, S. 5). Und es ist klar: Es muss zentrales Ziel jeder Hochschule sein, die besten Köpfe für sich zu gewinnen.

Genügen die Berufungsverfahren dieser ihnen zukommenden Funktion?

Bei der Bewertung der Verfahrensfunktionalitäten sind unterschiedliche Ebenen zu beachten. Für Länder und Hochschulen muss das Berufungsverfahren insbesondere ein wichtiges Instrument ihrer an Qualität orientierten Personal- und Entwicklungsstrategie sein, mit dem die Innovations- und Wettbewerbsfähigkeit der Hochschulen in all ihren Aufgabenbereichen nicht nur gesichert, sondern gestärkt wird. Das Zusammenwirken von Hochschule und Staat ist also die eine Seite. Mit der

Berufung auf eine Professur wird – wie dargestellt – nicht nur eine wichtige Entscheidung über die Zukunft eines jeden Faches in einer Hochschule getroffen, sondern im Hinblick auf die Profilierung und damit Schwerpunktsetzung auch über die Hochschule insgesamt. Insoweit ist offensichtlich, dass innerhalb der Hochschule, der zweiten zu beachtenden Ebene, unterschiedliche Interessen, im Wesentlichen zwischen Fakultätsebene und Hochschulleitung, bestehen können, die auf die Entscheidungsfindung einwirken. Das bedeutet: Das Berufungsverfahren kann hochschulintern Profilbildung und Qualitätssicherung insbesondere in Forschung und Lehre nur unterstützen, wenn darüber zum einen Einigkeit innerhalb der Hochschule besteht und zum anderen es möglich ist, die hochschulintern definierten Forschungs- und Lehrschwerpunkte schnell aufzubauen. Der internationale Wettbewerb um die renommiertesten Professoren und Professorinnen sowie die fähigsten Nachwuchswissenschaftler und Nachwuchswissenschaftlerinnen erfordert schnelles und gezieltes Handeln.

Wechselt man die Perspektive und versetzt sich in die Rolle des Bewerbers beziehungsweise einer Bewerberin um eine Professur, so besteht dort ein besonderes Interesse daran, dass das Berufungsverfahren zeitlich überschaubar und von der Ausschreibung bis zu den Bewertungsmethoden transparent organisiert und leistungsgerecht ist. Schließlich sollte man auch an die Studierenden denken. Sie haben an den Ergebnissen von Berufungsverfahren größtes Interesse, denn letztlich hängen die Qualität ihrer Ausbildung im Studium und ihre Betreuung als Doktorand oder in der Postdoc-Phase entscheidend vom Ausgang eines jeden Berufungsverfahrens ab.

Berufungsverfahren führen also unterschiedliche Statusgruppen mit teilweise divergierenden Interessen und Handlungsmotiven zusammen, dienen aber letztlich dem einen Ziel, die Hochschule zu stärken. Der Forderung des Wissenschaftsrates ist deshalb uneingeschränkt zuzustimmen, dass

»das Verfahren auf Kooperation angelegt sein, integrative und sachgemäße Gesamtlösungen fördern und die auf allen Entscheidungsebenen bestehende Gefahr der Blockadepolitik eindämmen [muss]. Darüber hinaus bilden die Qualitätssicherung, Verfahrensdauer, Transparenz und die Ausrichtung an den international üblichen Standards die maßgeblichen Kriterien, an denen die Verfahrensvorgaben ebenso wie die darin eingebettete Verfahrenspraxis bei Berufungen kritisch auf ihre Leistungsfähigkeit hin zu überprüfen sind«. (ebd.: 32f.).

Das alles sind im Prinzip keine neuen Erkenntnisse. Schon die Westdeutsche Rektorenkonferenz hat in der eingangs zitierten Empfehlung 1972 zusammenfassend unter anderem festgestellt:

- Das Recht, die personelle Zusammensetzung des Lehrkörpers grundsätzlich selbst zu bestimmen, ist einer der wichtigsten Gegenstände des Selbstverwaltungsrechts der Hochschulen.
- Das Berufungsverfahren setzt ein geordnetes Ausschreibungswesen voraus.
- Bei der Aufstellung der Berufungsliste wirken alle Mitglieder der Hochschule durch ihre Vertreter mit.
- Bei der Besetzung von Hochschullehrerstellen mit fachübergreifender Aufgabenstellung ist ein formalisiertes Zusammenwirken interessierter Fachbereiche erforderlich.
- Ausschlaggebend für die Aufnahme in die Berufungsliste ist die wissenschaftliche Qualifikation in Forschung und Lehre eines Bewerbers.
- Der akademische Senat prüft die Berufungsvorschläge der Fachbereiche darauf nach, ob sie die normativen Voraussetzungen erfüllen, insbesondere in dem dafür vorgesehenen Verfahren ordnungsgemäß zustande gekommen, frei von sachfremden Erwägungen sind und ob sie die Entwicklungsplanung des Fachbereichs berücksichtigen.
- Zur Gewährleistung eines transparenten Berufungsverfahrens ist es erforderlich, Bewerber von der Gesamtzahl der eingegangenen Bewerbungen und von der dem Kultusminister vorgelegten Berufungsliste zu unterrichten.

Allerdings haben diese und andere Empfehlungen nicht verhindern können, dass unseren Berufungsverfahren gravierende Mängel anhaften.

5. Defizite und Reformvorschläge

Die Berufungsverfahren sind auch heute noch nicht effektiv und effizient genug, und wegen ihrer von vielen Betroffenen beklagten Undurchsichtigkeit erwecken sie Misstrauen und werden häufig als ›unfair‹ empfunden. Oftmals wird den Verfahren auch eine Benachteiligung von Wissenschaftlerinnen vorgeworfen. Dies ist ausführlich im Arbeitspapier Nr. 53 des CHE *Berufungsverfahren im internationalen Vergleich* (Schmitt, Arnhold, Rüde: März 2004) und in den schon erwähnten Empfehlungen des Wissenschaftsrates zur Ausgestaltung von Berufungsverfahren erhoben worden. Deren gemeinsames Fazit lautet kurz zusammengefasst: Die Verfahren dauern mit bis zu zwei Jahren entschieden zu lange. Sie eröffnen den beteiligten Gremien, Kommissionen und Gutachtern Blockadechancen, die leider gerne und zu häufig auch genutzt werden. Verlauf und Ergebnisse sind unbefriedigend, insbesondere wegen ihrer Intransparenz. Es entstehen lange Vakanzen, und über die Qualität der Entscheidungen besteht Unsicherheit.

Es ist allgemein anerkannt, dass zu den Kernpunkten der Reformnotwendigkeiten des ordentlichen Berufungsverfahrens zur Professur vorrangig die Klärung der Verantwortlichkeiten auf Länder-, Hochschul- und Fakultätsebene, die Optimierung der qualitätssichernden Instrumentarien und ein geändertes Verhalten gegenüber den Bewerbern und Bewerberinnen zählen.

Die Reformempfehlungen beziehen sich deshalb im Einzelnen auf

1. das Verhältnis von Staat und Hochschule,
2. den Zusammenhang mit Strategieentwicklung und Profilbildung der Hochschule,
3. die Grundsätze für das Auswahlverfahren und den Umgang mit Kandidaten,
4. die Besetzung.

Verhältnis von Staat und Hochschule

In einem wettbewerbsgesteuerten Hochschulsystem sollte der Staat sich auf die ergebnisorientierte Kontrolle zurückziehen. Er muss finanzielle Planungssicherheit für die Hochschulen gewähren, sollte im Übrigen aber die Hochschule in jeder Beziehung autonom handeln lassen, wie sie die Qualität ihrer Lehr- und Forschungsleistungen steigert und die vereinbarten Ziele erreicht. Die Hochschulen benötigen dazu die institutionelle Autonomie in akademischer wie auch in finanzieller, personeller und organisatorischer Hinsicht. Die Hochschulen sind davon in vielen Bereichen noch ein gutes Stück entfernt. Eher besitzen sie eine ›geliehene‹ Autonomie, die der Staat zu häufig wieder zurücknimmt oder gar nicht erst zur Entfaltung kommen lässt.

Um so mehr ist zu begrüßen, dass die Länder vielfach das Berufungsrecht auf die Hochschulen übertragen haben. Dies ist erforderlich, damit Hochschulen im Wettbewerb hinsichtlich ihrer Profilbildung und Schwerpunktsetzung in einem, wenn nicht dem zentralen Bereich selbständig handeln können. Die Hochschulen sind dadurch in der Lage, eine verantwortliche Steuerung der Hochschulentwicklungs- und Personalplanung im Sinne einer operativen Autonomie tatsächlich umzusetzen.

Zusammenhang mit Strategieentwicklung und Profilbildung der Hochschule

Das Berufungsverfahren ist – wie schon mehrfach erwähnt – für die Profilbildung und die Gesamtentwicklung jeder Hochschule im Hinblick auf die Positionierung und den Erfolg im Wettbewerb mit anderen Hochschulen, aber auch mit außeruniversitären Forschungseinrichtungen von zentraler Bedeutung. Wenn Berufungen als strategische Maßnahmen anzusehen sind, müssen die Berufungsentscheidungen dementsprechend in die Hochschulentwicklungsplanung eingebunden werden. Diese Hochschulentwicklungsplanung erfolgt im Zusammenspiel zwischen Hochschulleitung und Fakultäten/Fachbereichen. Deshalb muss in dem Berufungsverfahren die Hochschulleitung stärker als in der Vergangenheit mitwirken können. Damit können Automatismen bei der fachlichen Ausrichtung von Nachberufungen verhindert werden, die der Gesamtplanung entgegenstehen. Dies erfordert allerdings einen nicht unerheblichen Vorlauf von mehreren Jahren, um die erforderliche intensive Strategiediskussion in der Universität über die Weiterentwicklung der aktuellen, aber auch der möglichen späteren wissenschaftlichen

Schwerpunkte zu führen. Zu der Verständigung über die künftige fachliche Entwicklung zählt auch die Verständigung über die damit verbundenen Finanzpläne.

Den guten ausländischen Beispielen folgend ist es ratsam, dass die Hochschulleitung ihre zentrale Zuständigkeit des Berufungsverfahrens sowohl im Hinblick auf Verfahren und Ergebnis intensiviert. Dazu sollte sie eine Person als Berufungsbeauftragte(n) einsetzen, die/der sich kontinuierlich und professionell mit der Durchführung der Verfahren von Beginn bis Ende beschäftigt. Ob die Vorschläge des Wissenschaftsrates ausreichend sind, einen solchen Berufungsbeauftragten lediglich als nicht stimmberechtigtes Mitglied an sämtlichen Sitzungen einer Berufungskommission teilnehmen zu lassen und der Hochschulleitung regelmäßig über den aktuellen Stand eines Berufungsverfahrens zu berichten sowie darauf hinzuwirken, dass die Pläne zur strategischen Hochschulentwicklung sowie die in der Ausschreibung festgelegten Kriterien bei der Entscheidungsfindung Berücksichtigung finden, müssen die Erfahrungen erst noch zeigen. Ganz offensichtlich sind diese Vorschläge ein Kompromiss gegenüber den Fakultäten und Fachbereichen, die in der Vergangenheit das Berufungsverfahren dominiert haben. Wenn man allerdings das Berufungsverfahren als strategisches Element der Profilbildung der im Wettbewerb stehenden und am Erfolg orientierten Institution sieht, so ist es eigentlich naheliegend, der Hochschulleitung die Rolle einer Herrin des Verfahrens und nicht nur die einer Kontrolleurin oder Beobachterin des Verfahrens zuzubilligen.

Diese wird besonders deutlich, wenn man sich die Frage stellt, wie und von wem Berufungskommissionen zusammengesetzt werden sollen. Unbestritten ist, dass gerade in diesem sensiblen Punkt der Einfluss der Wissenschaft und das Selbstergänzungsrecht des Lehrkörpers anerkannt werden müssen und anerkannt bleiben sollen. Im Sinne von Qualitätssicherung und Qualitätssteigerung lehrt aber alle Erfahrung, dass die Sicht von außen, also außerhalb der Fakultät/des Fachbereiches von erheblicher Bedeutung ist. Es liegt deshalb nahe, die Zusammensetzung der Berufungskommission entweder bei der Hochschulleitung anzusiedeln und der jeweiligen Fakultät/dem jeweiligen Fachbereich ein Vorschlagsrecht zuzugestehen, zumindest aber ein Einvernehmen von Fakultät und Hochschulleitung zu fordern. Im Hinblick auf die immer höhere Bedeutung der interdisziplinären Zusammenarbeit erscheint es im Regelfall notwendig, auch Nachbarfakultäten/-fachbereiche in die Berufungskommission einzubinden. Und es ist allgemein anerkannt, dass es unabdingbar ist, dass eine Berufungskommission auch bei ihrer Entscheidungsfindung externen Sachverstand heranzieht und dabei an den nationalen Grenzen nicht Halt macht. Hier spielt insbesondere die Kooperation zwischen Hochschule und außeruniversitären Forschungseinrichtungen eine besondere Rolle. Eine stärkere Kooperation in diesem Bereich könnte die Entscheidung verbessern und dazu beitragen, die viel kritisierte ›Versäulung‹ des deutschen Wissenschaftssystems zu reduzieren.

Hier ist schließlich der Befund zu berücksichtigen, dass im Bereich der Professuren – wie übrigens auch im Bereich der Leitungspositionen an Hochschulen und Forschungseinrichtungen – es trotz einer Verbesserung der Beteiligungswerte im letzten Jahrzehnt nach wie vor zu wenige Frauen gibt. Der Anteil der auf Professuren berufenen Frauen entspricht weder ihren Anteilen an den Studienanfängern, an den Studierenden noch an den Hochschulabsolventen. Die Chancen eines männlichen Hochschulabsolventen, später Professor zu werden, sind fünfmal so groß wie die einer Hochschulabsolventin. Die unzureichende Beteiligung von Frauen bedeutet ein Effizienz- und Exzellenzdefizit für den Hochschulbereich. Das in Wissenschaft und Forschung liegende Innovationspotenzial kann aber nur dann uneingeschränkt genutzt werden, wenn die herausragenden Talente unabhängig vom Geschlecht in möglichst großer Zahl im Wissenschaftsbereich verbleiben.

Die Gründe für die Benachteiligung von Wissenschaftlerinnen sind vielschichtig. In ihren Empfehlungen »Frauen fördern« vom November 2006 hat die HRK unter anderem zur Steigerung des Anteils von Frauen auf der Ebene der Professuren eine neue Gestaltung der Berufungsverfahren mit dem Ziel der Objektivierung der Auswahl gefordert. Die Empfehlungen zielen vor allem darauf ab, die externe Begutachtung zu verändern. So sollen keine Personen zur Begutachtung einbezogen werden, die in enger Verbindung mit einzelnen Kandidatinnen und Kandidaten stehen. Die Begutachtenden müssen über die Vorstellungen des Fachbereichs hinsichtlich der inhaltlichen Ausgestaltung informiert werden und diese bei der Anfertigung des Gutachtens berücksichtigen, darüber hinaus sollen sie nach Möglichkeit in den Auswahlprozess einbezogen werden, damit sie in Kenntnis anderer Bewerberinnen und

Bewerber ihr Urteil abgeben. Es erscheint zudem vorteilhaft, das Verfahren der wissenschaftlichen Begutachtung von Verhandlungen – auch informeller Art – mit den ausgewählten Personen zu trennen. Der Fachbereich sollte streng nach wissenschaftlichen Kriterien entscheiden, die anschließenden Verhandlungen sollten davon abgekoppelt mit den Hochschulleitungen stattfinden. Hier können Fragen nach den beruflichen Perspektiven des Partners/der Partnerin (*dual career*), der Betreuung von Kindern etc. angesprochen werden. Der einzelne Fachbereich ist mit diesen Fragen überfordert. Eine Hochschule, die sich der Politik der Chancengleichheit verpflichtet fühlt, sollte unterstützend tätig werden können.

Grundsätze für das Auswahlverfahren und den Umgang mit Kandidaten

Es ist völlig klar, dass die langen Berufungsverfahrenszeiten dringlich zu verkürzen sind. Dazu sind nach Möglichkeit die Verfahrensfristen für die einzelnen Schritte im Berufungsverfahren deutlich zu verkürzen. Gleichzeitig muss auch für die Einhaltung der Fristen gesorgt werden, ohne dass der Aspekt der Qualitätskontrolle zu kurz kommt.

Dies wird aber nicht in jedem Falle ausreichend sein, da es international immer üblicher wird, Berufungsverfahren für Professorinnen und Professoren auf *headhunting* umzustellen, also Professoren- und Professorinnen ohne Ausschreibung zu rekrutieren. Das hierauf Reaktionsbedarf in Deutschland besteht, ist mittlerweile unumstritten. So hat der Wissenschaftsrat sich in seinen schon erwähnten Empfehlungen für ein außerordentliches Berufungsverfahren ausgesprochen. Damit soll den Hochschulleitungen in Abstimmung mit den zuständigen Gremien die Möglichkeit eröffnet werden, Wissenschaftlern und Wissenschaftlerinnen direkt ein Berufungsangebot machen zu können. Dies ist zu begrüßen. Ob es allerdings in die Größenordnungen führen wird, die die Bundesbildungsministerin 2007 angedeutet hat, nämlich die Hälfte der Professorenstellen ohne Ausschreibung zu besetzen, ist eher zu bezweifeln.

Berufungsverhandlungen sollten ebenso wie die Verhandlungen über das individuelle Gehalt nur von der Hochschulleitung geführt werden. In diesem Zusammenhang ist auch zu berücksichtigen, dass Bewerber und Kandidatinnen keine Bittsteller sind. Sie sind potenzielle zukünftige Kolleginnen und Kollegen, die dementsprechend auch als solche im Berufungsverfahren behandelt werden sollten. Der Umgang mit ihnen sollte in dementsprechender zuvorkommender Art und Weise mit der darin zum Ausdruck gebrachten Wertschätzung erfolgen. Dies beginnt mit einer transparenten Informationspolitik, setzt sich über eine zeitnahe und kontinuierliche Information des Verfahrensstandes fort, beinhaltet insbesondere hinreichende Zeit für die Präsentationen der Kandidatinnen und Kandidaten und eine dementsprechend ausführliche Diskussion ihrer Vorträge beziehungsweise Probelehrveranstaltungen und endet schließlich darin, die nicht berücksichtigten Bewerberinnen und Bewerber auf geeignete Weise über die Gründe ihrer Nichtberücksichtigung zu informieren.

Besetzung

Das Berufungsverfahren wird mit den Berufungsverhandlungen abgeschlossen. Diese sollten mit einer Vereinbarung enden, wie der oder die Neuberufene sein eigenes wissenschaftliches Programm im Sinne der in der Ausschreibung bestimmten Ziele in Forschung und Lehre entwickeln und umsetzen wird.

Die Verbindung mit einer ›Probezeit‹ (jenseits von Assistenz- und/oder Juniorprofessur) ist international unüblich.

In diesem Zusammenhang ist nach wie vor die sogenannte Sperrfristenregelung umstritten. Nach einem Beschluss der Kultusministerkonferenz soll von einer erneuten Berufung abgesehen werden, wenn die letzte nicht länger als drei Jahre zurückliegt. Eine solche Regelung hat die an sich sinnvolle Funktion, eine Hochschule vor dem Verlust erheblicher finanzieller Mittel zu bewahren, indem sie die Neuberufenen für eine längere Zeit an sich bindet. Dies gilt insbesondere dann, wenn anlässlich einer solchen Berufung größere Investitionen zum Beispiel in Form der Anschaffung von Großgeräten vorgenommen wurden, die in anderen Bereichen nicht verwendbar sind. Auch das Interesse der Studierenden ist zu berücksichtigen, die an einer gewissen Kontinuität in Studium und Lehre und damit an einer kontinuierlichen Betreuung interessiert sind. Andererseits muss man das Individualinteresse berücksichtigen, das – aus welchen Gründen auch immer – auf Veränderung und Mobilität ausgerichtet sein kann.

Der notwendige Interessenausgleich kann nur darin liegen, dass vertraglich und damit flexibel die Konditionen vereinbart werden, wann und wie die Auflösung des Beschäftigungsverhältnisses möglich wird, zur Not auch mit einer Erstattungspflicht für die von der Hochschule getätigten Auslagen. Denn die aus dem Sportbereich bekannten ›Ablösesummen‹ scheinen wohl kaum wissenschaftsadäquat.

6. Rahmenbedingungen – zum Beispiel Kapazitätsrecht und Besoldungsrecht

Das beste Berufungsverfahren bietet jedoch keine Gewähr dafür, dass auch wirklich die besten Köpfe gewonnen werden können. Entscheidend sind darüber hinaus die Rahmenbedingungen, unter denen die Neuberufenen arbeiten können. Hier spielen insbesondere zwei Punkte eine wesentliche Rolle. Zum einen die Rahmenbedingungen für Forschung und Lehre, zum anderen die individuellen finanziellen Anreizsysteme.

Kapazitätsrecht

Das geltende Kapazitätsrecht behindert die Hochschulen dabei, die Qualität von Lehre und Studium zu verbessern. Heute dient das Kapazitätsrecht vor allem dazu, möglichst viele Studienplätze mit möglichst wenig staatlichen Finanzmitteln zu schaffen. Die von den Ländern eingeleitete Liberalisierung des Kapazitätsrechts hat daran nichts geändert. Der Staat behält sich nach wie vor die Festsetzung der Ausbildungskapazitäten der Hochschule vor. Flexiblere Berechnungsparameter verbessern die Lage nicht, wenn ihre Justierung letztlich mehr von der staatlichen Finanzlage als von den fachlichen Anforderungen abhängt. Kapazitätsfestsetzungen bleiben finanzpolitische Festsetzungen. Dem stellt die HRK ein neues Modell, das »Vereinbarungsmodell« gegenüber. Die Hochschulen sollen damit Raum erhalten, um die Qualität ihres Lehrangebots zu verbessern. Die von der Rechtsprechung entwickelten Begriffe der »erschöpfenden Nutzung der Ausbildungskapazität« und der »unzulässigen Niveaupflege« müssen neu definiert werden. Nur so ist Wettbewerb in der Lehre möglich. Im Wesentlichen enthält ein entsprechendes Kapazitätsrechtsmodell, das die HRK entwickelt hat, die folgenden Elemente:

- Die Aufnahme- und Ausbildungskapazitäten der einzelnen Hochschule pro Fächergruppe oder Fakultät werden in Zielvereinbarungen zwischen Land und Hochschule festgelegt.
- Das Ergebnis (d.h. die Studienplatzzahlen in den jeweiligen Lehreinheiten) wird als Anlage zum jeweiligen Haushaltsgesetz parlamentarisch bestätigt.
- Die in der Zielvereinbarung festgelegten Kapazitäten müssen als Grundausstattung die erforderlichen Mindestqualitätsstandards beachten. Diese sollen sich an Empfehlungen des Wissenschaftsrates und den Erfordernissen der gestuften Studienstruktur orientieren.
- Höhere Qualitätsstandards kann die Hochschule durch den Einsatz zusätzlicher Mittel (aus Studienbeiträgen und anderen Drittmitteln) realisieren, ohne dass diese Mittel sich auf die Aufnahmekapazität auswirken. Dies muss gesetzlich verankert werden.

Auf diese Weise sollte ausgeschlossen sein, dass der die Hochschulen finanzierende Staat einseitig kapazitätsrechtsrelevante Parameter, wie zum Beispiel das Lehrdeputat der Professoren und Professorinnen, verändert, um kostenneutral die Zahl der Studienplätze zu erhöhen. Dass dies auf Kosten der Qualität der Ausbildung, aber auch zu Lasten der Arbeitsbedingungen der Professoren und Professorinnen in Forschung und Lehre geht, sind die negativen Folgen, die schon in der Vergangenheit inakzeptabel waren.

Besoldungsrecht der Professoren und Professorinnen

Trotz aller intrinsischen Motivation für die Wissenschaft müssen im Wettbewerb um die besten Köpfe natürlich auch die finanziellen Anreize stimmen. Mit der Umstellung von der Alimentation zur leistungs- und belastungsorientierten Finanzierung der Hochschulen war für die

HRK klar, dass auch die individuelle Bezahlung der Hochschulangehörigen (nicht nur der Professorenschaft) stärker als bisher Leistungs- und Belastungsparametern folgen müsse. Leistungsfremde Parameter wie Alterszulagen oder das Prinzip der Alimentation als vorherrschendes Verteilungskriterium passen nicht zu einem Wettbewerbssystem. Die HRK hatte deshalb schon 1995 mit der Entwicklung eines neuen Besoldungssystems begonnen, die das Plenum im November 1998 mit den viel beachteten »Empfehlungen zum Dienst- und Tarif-, Besoldungs- und Vergütungsrecht und zur Personalstruktur in Hochschulen« (*Beiträge zur Hochschulpolitik* 8/1998) abschloss. Allerdings ist der Ansatz der HRK viel liberaler als das spätere Gesetz. Denn danach sollte gelten: Die bisher unterschiedlichen Besoldungsgruppen und die Alterszulagen entfallen. In jedem Einzelfall wird – unabhängig von der Hochschulart – ein individuelles Gehalt ausgehandelt. Die Obergrenzen entfallen ohne jede Begrenzung nach oben, hingegen wird von einer nicht verhandelbaren Untergrenze ausgegangen. Der verhandelbare Besoldungsteil besteht entweder aus einem Strukturzuschlag, der den ›Marktwert‹ oder die Reputation der zu Berufenden ausdrückt sowie Funktion und Verantwortung der zu besetzenden Professur berücksichtigt, oder aus variablen, überwiegend befristeten Leistungs-, Belastungs- oder Funktionszulagen, die allesamt leistungsorientiert sind. Die HRK hat immer wieder betont, dass ihre Vorschläge als conditio sine qua non an ausfinanzierte Globalhaushalte der Hochschulen mit Dynamisierungsklauseln für Vergütungs- und Besoldungsveränderungen gebunden sind. Stattdessen kam es zur Kostenneutralität der Reform. Aufgrund der für Leistungsanreize zu geringen und zu unflexibel zur Verfügung stehenden Finanzmittel können die Hochschulen nun weder auf die Bedingungen des Arbeitsmarktes wettbewerbsfähig reagieren noch Leistungen im nennenswerten Umfang honorieren. Verheerend wirkt sich die Deckelung des Zulagenvolumens durch Abhängigkeit von Besoldungsdurchschnitten der Länder und Eingrenzung der Auffüllungsmöglichkeiten aus. Sie führt zur Minimierung der eigenständigen Gestaltungsmöglichkeiten der Zulagensysteme in den Hochschulen. Eine höhere Vergütung in dem einen Fall hat zwangsläufig eine niedrigere Vergütung im anderen Fall zur Folge.

Die erste Bilanz nach drei Jahren Erfahrungen mit der W-Besoldung kann deshalb nur so ausfallen: Die Idee war gut, und es war zu begrüßen, dass neue Besoldungsstrukturen eingeführt worden sind, die vom Grundsatz her dem wettbewerbsorientierten Hochschul-Steuerungssystem entsprechen. Die konkrete Umsetzung ist jedoch überwiegend beklagenswert, da die Finanzierungsbedingungen nicht ausreichend sind. Damit kann die W-Besoldung die Erwartungen nicht erfüllen, im Gegenteil, oftmals werden Unzufriedenheit und Demotivation hervorgerufen. Der Vergaberahmen muss abgeschafft und durch eine hochschulfreundliche, unbürokratische Lösung ohne staatliche Detailvorgaben für die Bewirtschaftung ersetzt werden, die den autonomen Strukturen und dem Finanzierungsrisiko der Hochschulen Rechnung trägt. Der Besoldungsdurchschnitt als Bezugsgröße für die Höhe von Gehältern sollte entfallen, und die Hochschulen müssen in ihren Globalhaushalten uneingeschränkt Umschichtungen vornehmen können. Auch muss den Hochschulen eine Verstärkung des Finanzvolumens für die Zulagen aus anderen Quellen, insbesondere über Zuwendungen Dritter und *overhead*-Mittel, erlaubt und eine Eingliederung auch dieses Finanzblocks in ihr Globalbudget- bzw. Personalkostenbudget ermöglicht werden. Allerdings ist selbstverständlich, dass bei einer zusätzlichen Bezahlung aus eigenen Mitteln kein Anspruch gegenüber dem Land erwächst, künftig den Landeszuschuss zu erhöhen. Ohne diese Nachbesserungen hilft die W-Besoldung den Hochschulen nur in wenigen Einzelfällen, gute Berufungsverfahren um die besten Köpfe zu unterstützen.

In diesem Zusammenhang wird auch behauptet, dass die W-Besoldung zu einer Benachteiligung der Geisteswissenschaften führe, da es nicht einen ›Markt‹ gebe wie in anderen Fachdisziplinen, um hoch dotierte Gehälter aushandeln zu können.

Dies ist nur zum Teil richtig. Zum einen hat es diese unterschiedlichen ›Marktlagen‹ zwischen Geisteswissenschaften und zum Beispiel Ingenieurwissenschaften auch in früheren Zeiten der C-Besoldung gegeben. Zum anderen bietet die schon erwähnte Notwendigkeit, ein unverwechselbares Hochschul-Portfolio zu bilden, auch die Chance für die Geisteswissenschaften, ihre Position in der Hochschule zu stärken. Dann besteht aber auch in den Geisteswissenschaften die Chance leistungsgerechter und der Reputation angemessener Bezahlung ihrer Leistungsträger und Leistungsträgerinnen.

7. Anforderungen an die Qualifikationsphase bis zur Berufungsfähigkeit

Genauso wichtig wie das Berufungsverfahren an sich sind natürlich auch die Voraussetzungen, die erfüllt werden müssen, um die Berufungsfähigkeit zu erlangen, das heißt, um also Kandidat/Kandidatin für eine Professur sein zu können. Die HRK hat sich in ihren »Empfehlungen zum Dienst- und Tarif-, Besoldungs- und Vergütungsrecht sowie zur Personalstruktur in den Hochschulen« vom 2. November 1998 (Beiträge zur Hochschulpolitik 8/1998) dafür ausgesprochen, neben der Habilitation als neuen Qualifikationsweg Qualifizierungsstellen einzurichten, auf denen Nachwuchswissenschaftler innerhalb von maximal sechs Jahren die Berufungsfähigkeit erwerben können. Diese Stellen umfassen Aufgaben, die das gesamte Aufgabenspektrum von selbständigen Hochschullehrern umfassen, also Forschung, Lehre, Nachwuchsausbildung, Weiterbildung und Dienstleistungen, und somit die Möglichkeit zur berufsorientierten und eigenständigen Weiterqualifikation bieten.

Es ist allseits bekannt, dass aus diesem Vorschlag die im Jahre 2002 eingeführte Juniorprofessur wurde. Bei der Einführung stark kritisiert, ist dieses Instrument der Qualifizierung des wissenschaftlichen Nachwuchses für die Berufungsfähigkeit nach der Novelle im Jahre 2004 zunehmend etabliert und institutionalisiert, wenn auch in den einzelnen Fachdisziplinen in unterschiedlicher Art und Weise. HRK und Wissenschaftsrat halten daran fest, dass dieser Personalkategorie eine zukunftsweisende Bedeutung zukommt, da sie den jungen Wissenschaftlern und Wissenschaftlerinnen eine frühe Selbständigkeit in allen Tätigkeitsbereichen einer Professur ermöglicht, damit die Gleichstellung mit etablierten Wissenschaftlern fördert und auch die Vergleichbarkeit der ›Karrierewege‹ zur Professur im internationalen Vergleich verbessert. Auch wenn man im Augenblick noch feststellen muss, dass die Zahl der Juniorprofessuren insgesamt hinter den ursprünglichen Erwartungen zurückgeblieben ist, so ist andererseits immer wieder festgestellt worden, dass die Zufriedenheit der Juniorprofessoren und -professorinnen selbst im Allgemeinen hoch ist (vergleiche »5 Jahre Juniorprofessur« – die zweite CHE-Befragung zum Stand der Einführung, Federkeil/Buch: Arbeitspapier Nr. 90, Mai 2007). Es bleibt zu hoffen, dass die eingehende Beschäftigung, die der Wissenschaftsrat mit der Juniorprofessur im Rahmen seiner schon genannten Empfehlungen zur Ausgestaltung des Berufungsverfahrens vorgenommen hat, zu einer institutionellen Stärkung der Juniorprofessur führt, zumal er sich dafür ausgesprochen hat, für die Juniorprofessuren anspruchsvolle Berufungsverfahren im Sinne der ordentlichen Berufungsverfahren zu etablieren.

Entscheidend wird für den künftigen Erfolg der Juniorprofessur allerdings sein, ob die Möglichkeit eines *tenure track* im Sinne einer ausschreibungslosen Übertragung von entfristeten Professuren an erfolgreiche Juniorprofessorinnen und -professoren in größerem Maße ermöglicht wird, als dies bisher der Fall ist. Die Bedeutung eines *tenure track* ist jedenfalls als besonders hoch anzusehen. Alle Studien zur Juniorprofessur zeigen, dass es sich bei diesem Merkmal um eine der entscheidenden Fragen für die Attraktivität und Durchsetzungsfähigkeit des Modells Juniorprofessur handelt.

Dieser Zugangsweg zur Professur ist auch besonders geeignet, qualifizierte Nachwuchswissenschaftlerinnen zu fördern. Die geringe Beteiligung von Frauen an den Professuren hängt wesentlich mit der zeitlichen Parallelität von karriererelevanter Qualifizierung und Familiengründung unter den Arbeitsbedingungen in der Wissenschaft zusammen. Diese sind in den herkömmlichen Qualifikationswegen allzu oft durch stark individuelle Förderbeziehungen, wenig konkret definierte Arbeitszeiten und durch das Fehlen von konkreten und transparenten Qualifikationsanforderungen geprägt. Deshalb erscheint die Stelle einer Juniorprofessur geeigneter, die Zusammenführung von wissenschaftlicher Karriere und Familienplanung zu erleichtern.

8. Schlussbemerkung

Ein anspruchsvolles Ausbildungssystem über Studium, Promotion und Postdoc-Phase bis hin zur Berufungsfähigkeit, ein qualitätssicherndes Berufungsverfahren sowie rechtliche und finanzielle, dem Wissenschaftsbetrieb angemessene Rahmenbedingungen sind unabdingbare Voraussetzungen dafür, dass die besten Köpfe auch an den Hochschulen für die Hochschulen gewonnen werden können. Dies darf aber nicht den Blick dafür verschließen, dass auch unter den Bewerbern und Bewerberinnen, die nicht auf eine Professur berufen werden können, weil der zeitliche Bedarf nicht vorhanden oder Stellen aus finanziellen Gründen nicht in dem entsprechenden Maße zur Verfügung gestellt werden, gleichwohl kluge Köpfe sein können, an deren Verbleib im Wissenschaftssystem die Hochschulen großes Interesse haben. Mit dem neuen Wissenschaftszeitvertragsgesetz ist hier über den sogenannten Drittmittelparagraphen eine erleichterte Form geschaffen worden, hochkarätige Wissenschaftler und Wissenschaftlerinnen nicht nur für einen kurzen Übergang, sondern sogar längerfristig an der Hochschule zu halten. Die dem System immanente Unsicherheit des Arbeitsplatzes wird damit ein wenig gemindert.

Insgesamt kann man deshalb feststellen, dass die Instrumentarien eigentlich vorliegen, damit die Hochschulen den Wettbewerb um die besten Nachwuchswissenschaftler und -wissenschaftlerinnen überwiegend bestehen können. Es liegt nicht zuletzt an den Hochschulen selbst, diese Instrumentarien zu nutzen.

Berufungen hüben und drüben – Ein Erfahrungsbericht

Ute Frevert

Mein Kommentar zu den Beiträgen von Margret Wintermantel und Christine Färber kleidet sich in die Form eines Erfahrungsberichts. Was bleibt mir anderes übrig? Ich stehe weder einer großen Wissenschaftsorganisation vor noch habe ich ›Betroffene‹ interviewt. Ich kann deshalb nur über mich selber reden, über meine eigenen Beobachtungen und Erlebnisse.

Als Bewerberin vor deutschen Kommissionen

Diese Beobachtungen habe ich in verschiedenen Rollen und an verschiedenen Orten angestellt. Wenn ich richtig zähle, habe ich mich nach der Habilitation, also in den letzten achtzehn Jahren, auf sechs Professorenstellen beworben. Vier Bewerbungen waren erfolgreich, und selbstverständlich erinnere ich sie positiver als die nicht erfolgreichen. Aus der Rückschau entbehren aber auch letztere nicht der Komik. Anfang der 1990er Jahre schrieb mir ein Kommissionsvorsitzender, er bedaure zutiefst, dass meine Bewerbung nicht zum Zuge kommen könne. Es sei nämlich keine Stelle für »Frauengeschichte« ausgeschrieben. Damit hatte er zweifellos recht. Ich hatte mich aber auch nicht auf eine Professur für Frauengeschichte beworben, sondern auf eine (von mehreren) für neuere Geschichte. Darauf lautete meine *venia legendi*, und dafür meinte ich mich durch drei wissenschaftliche Monographien ausweisen zu können. Eins dieser Bücher trug in der Tat »Frauengeschichte« im Titel – Grund genug für die Berufungskommission, mich als ›Frauenhistorikerin‹ abzustempeln und aus dem Kreis der seriösen Kandidaten (selbstverständlich alles Männer) herauszukatapultieren. Das ist mein Kommentar zum

Thema Frauendiskriminierung, das vor allem der Text von Christine Färber intensiv beleuchtet. Allerdings muss ich fairerweise hinzufügen, dass ich eine derart flagrante Entgleisung tatsächlich nur ein einziges Mal persönlich erlebt habe. Die fünf anderen Bewerbungsverfahren verliefen ohne Fehltritt – zumindest ist mir keiner zu Ohren gekommen.

Dafür krankte die zweite erfolglose Bewerbung an vollständiger Intransparenz und Langatmigkeit. Als ich es wagte, mich mehrere Monate nach meinem Bewerbungsvortrag nach dem Stand des Verfahrens zu erkundigen, erhielt ich einen rüden Brief des Dekans, ich solle mich gefälligst gedulden. Der Zweizeiler mit dem abschlägigen Bescheid traf eineinhalb Jahre später ein. Auch für mich erfolgreiche Verfahren dauerten oft quälend lange. In der Zwischenzeit zirkulierten die Gerüchte, angenehme und verletzende, und die Nerven lagen blank.

Zur Perspektive ›von unten‹, aus der Position der Stellenbewerberin, gehört auch die Erfahrung, wie eine Bittstellerin aufzutreten. Frau Wintermantel findet dafür in ihrem Text die richtigen Worte. Besonders am Anfang, gleich nach der Habilitation, behandelten mich Dekane, Kommissionsvorsitzende und -mitglieder wie die Gänseliesel, der unverdientes Glück widerfahre. Der Umgangston war herablassend, gelangweilt, desinteressiert. Als ich, damals noch unbedarft in den akademischen Statusabstufungen, nach der Ausstattung des »Lehrstuhls« fragte, wies mich der Dekan brüsk und sehr von oben herab zurecht, es handele sich nicht um einen solchen, sondern »nur« um eine C 3-Professur. Um ein »Diensteinzelzimmer«, so winzig es auch war, musste ich wochenlang kämpfen.

Das Verhalten der Kollegen änderte sich selbstredend, je weiter ich auf der Gehalts- und Reputationsskala nach oben stieg. Wer sich von einer (ehemals) C4-Stelle auf eine gleichwertige Professur (pardon: Lehrstuhl) bewirbt, wird anders behandelt als eine frisch habilitierte Wissenschaftlerin, die ihre erste Position als Hochschullehrerin ansteuert. Hier zeigen sich die scharfen Hierarchien des deutschen Systems, das nicht nur zwischen C 3 und C 4 bzw. W 2 und W 3 unterscheidet, sondern auch und noch stärker zwischen denen, die drinnen sind, und anderen, die um Zutritt ›bitten‹. Wie verletzend, überflüssig und kontraproduktiv diese Hierarchien sind, habe ich vollends erst in den USA begriffen – aber dazu später.

In deutschen Berufungskommissionen

Vorerst wechsele ich die Rollen und werde zum Mitglied oder zur Vorsitzenden jener Kommissionen, die Berufungen vornehmen. Aus meiner Zeit in Berlin, Konstanz und Bielefeld kann ich die Zahl nicht mehr genau rekonstruieren, aber es waren mehrere Dutzend, in verschiedenen Fächern der Geistes- und Sozialwissenschaften. Als junge Professorin mit lebhafter Erinnerung an eigene Berufungserfahrungen wollte ich vieles besser machen – vor allem darauf achten, dass Frauen eine faire Chance hatten, dass die Bewerber sich nicht wie Hühner auf der Stange vorkamen, dass der Umgangston freundlich und ermutigend war. Die Entscheidungsfindung sollte rasch verlaufen, um die Gerüchteküche zu bändigen. Und natürlich sollten stets die Besten zum Zuge kommen.

Das gelang nicht immer. Ich erlebte, dass Kommissionsmitglieder sich oft nicht einig waren über das, was Qualität ist und woran man sie misst; dass taktisches Geschick bis hin zur Intrige zuweilen wichtiger waren als gute Argumente; dass strategische Überlegungen keine Rolle spielten, wenn es darum ging, *buddies* zu berufen. Ich lernte, wie man auswärtige Gutachter so auswählt, dass sie die Entscheidungen der Kommission bestätigen. Meine Versuche, das Verfahren menschlich angenehmer zu gestalten – und die Bewerber, typisch weiblich, mit Selbstgebackenem zu bewirten –, hinterließen keinen bleibenden Eindruck. Was die Länge der Verfahren betrifft, lag der schwarze Peter nicht immer bei den Kommissionen. Oft nahmen sich erstplatzierte Kandidaten enorm viel Zeit, um nachzudenken, zu prüfen, zu verhandeln. Wenn sie sich am Ende gegen die Stelle entschieden, war die zweitplatzierte Person oft schon ›vergeben‹. Hier hätte die Hochschulleitung auf eine zügigere Entscheidungsfindung einwirken müssen.

Gab es auch Positives zu vermelden? Tatsächlich würde ich die ›Frauenfrage‹ dazu zählen. Zweifellos macht es einen enormen Unterschied, ob eine Berufungskommission mit starken, durchsetzungsfähigen Frauen besetzt ist, die darauf achten, dass weibliche Kandidaten nicht untergehen. Es ist immer misslich, wenn diese Rolle ausschließlich der Gleichstellungsbeauftragten zufällt, die in der Regel lediglich formal argumentieren kann und deren Stimme letztlich wenig Gehör findet. Professorinnen dagegen können inhaltliche Gründe dafür anführen, warum man eine Kandidatin anhören oder berufen sollte. Ihre Einlassungen sind gewichtiger und weniger leicht vom Tisch zu wischen. Zugleich habe ich die Erfahrung gemacht, dass männliche Kollegen in punkto *gender bias* über die Jahre sehr viel offener und reflektierter geworden sind. Ich kann nicht ausschließen, dass manche nur Lippenbekenntnisse abgaben, wenn sie eine Lanze für die ›Frauenförderung‹ brachen. Trotzdem verändert es das Kommissionsklima. Und man kann sie beim Wort nehmen. Außerdem werden Frauen, die über Geschlechterthemen forschen, nicht mehr automatisch abgewertet – hier hat sich aus meiner Sicht, die den Befunden Christine Färbers teilweise widerspricht, in den vergangenen Jahren einiges zum Besseren gewendet. Ich komme am Schluss noch einmal auf diesen Punkt zurück.

Meine amerikanische Berufung

An dieser Stelle folgt erst einmal der dritte Teil meines Erfahrungsberichts. Sowohl Margret Wintermantel als auch Christine Färber betonen mehrfach, wie wichtig es sei, von anderen Ländern zu lernen. *Best practices* nennt man das heutzutage. Ich hatte das Glück und Privileg, aus eigener Anschauung lernen zu können. 2002 ereilte mich ein Ruf an die Yale University in den USA, ein Jahr später zog ich von Bielefeld nach New Haven. Viereinhalb Jahre war ich *full professor* in Yale, auf einer unbefristeten Lebenszeitstelle (wobei die Länge dieser Zeit in mein eigenes Belieben gestellt war, denn es gibt ja auf der anderen Seite des Atlantiks kein offiziell vorgeschriebenes Emeritierungsalter).

Was habe ich dort erlebt und gelernt? Ich fange mit der eigenen Berufungserfahrung an. Sie begann mit einer E-Mail, die mir der bis dato unbekannte Vorsitzende eines *search committee* schickte. Man suche einen Experten für deutsche Geschichte, ob ich Lust habe, einmal nach New Haven zu kommen und mir das Department anzuschauen? Einen Vortrag sollte ich auch halten und mit Kollegen und Studenten sprechen. Die Anfrage kam völlig überraschend. Ich kannte niemanden in Yale und wusste nichts über das Department. Ich hatte bis dahin auch niemals mit dem Gedanken gespielt, in den USA auf Jobsuche zu gehen. Meine Professur in Bielefeld machte mir Spaß, die Universität behandelte mich gut, die Familie fühlte sich wohl, es gab keinen Grund, weiterzuwandern. Zwar gefielen mir die USA, ich hatte gerade ein Forschungsjahr in Stanford verbracht und es nach allen Regeln der Arbeits- und Lebenskunst genossen. Auch eine Einladung als Gastprofessorin ans Dartmouth College in New Hampshire hatte ich angenommen. Aber in die USA gehen *for good*, für immer? Daran hatte ich nie und nimmer gedacht.

Doch die Neugier war geweckt. Immer häufiger las und hörte man vom wissenschaftlichen Traumland Amerika. Die Arbeitsbedingungen, hieß es, seien für Professoren unendlich viel besser, es gebe mehr Forschungsgeld und, was für Geisteswissenschaftler noch viel wichtiger ist, mehr Forschungszeit. Die Gehälter seien höher, und vor allem mache die Lehre sehr viel mehr Spaß. Ich hatte Wunderdinge vernommen, wie phänomenal amerikanische Studenten seien – nicht alle selbstverständlich, aber diejenigen, die es auf Elitehochschulen wie Yale schafften. Handverlesen seien sie, weniger als zehn Prozent der Bewerber würden genommen. Das garantiere nicht nur quicke Intelligenz und intellektuelle Brillanz, sondern auch hohe Motivation und Leistungsbereitschaft.

Also nahm ich die Einladung zum Campus-Besuch an. Ich arbeitete einen Vortrag aus und informierte mich auf der Yale-Homepage über das Department und seine Mitglieder. Inzwischen meldete sich, erneut per E-Mail, die Verwaltung bei mir und fragte nach meinen Reisewünschen. Wieder war ich überrascht, so viel Zuvorkommen war ich aus Deutschland nicht gewohnt. Nie hatte mir hier jemand angeboten, mein Bahnticket zu buchen, von Bezahlung ganz zu schweigen. (Bekanntlich werden nur demjenigen, der die Stelle schließlich bekommt, die Bewerbungskosten erstattet.) In Amerika war das offenbar anders. Hier schickte man mir nicht nur das Flugticket, sondern beauftragte auch einen Limousinendienst, mich am Flughafen abzuholen und ins Hotel zu bringen. Das Hotel war das erste am Platze, wie ich später feststellte.

Außerdem hatte man mir vorab einen Verlaufsplan geschickt, aus dem ich ersehen konnte, was mich an den zwei (!) Tagen erwartete, die ich in New Haven zubringen würde. Am Ankunftsabend lud mich der Kommissionsvorsitzende zum zweisamen Essen in einem schicken Restaurant ein. Er rühmte die kulinarischen Vorzüge der Stadt und hob immer wieder hervor, sie sei längst nicht so schlecht wie ihr Ruf. Am nächsten Morgen holte mich der Dekan zum Frühstück ab. Anschließend führte mich der Kommissionsvorsitzende über den Campus, zeigte mir die Bibliothek und gab Anekdoten aus der Geschichte der Universität zum Besten. Zum Lunch traf ich eine Reihe von Kollegen, die mich nach meinen Arbeitsprojekten fragten und von den ihrigen erzählten. Danach hatte ich eine halbe Stunde Zeit, um mich auf den Vortrag einzustimmen. Anwesend waren Professoren, Doktoranden, Studenten. Ich sah in aufmerksame, aufmunternde Gesichter, alle lächelten und schienen gutgelaunt. Die Fragen waren engagiert und fair, keiner tuschelte. Nach der *Q-and-A*-Stunde sah ich mich von freundlichen Menschen umringt, die die Fragerunde fortsetzten. Etwas später ging es weiter im Plan – zum Dinner im besten Restaurant der Stadt. Das Essen war in der Tat exzellent, der Wein nicht minder. Diesmal waren wir nicht zu zweit, wie am Abend zuvor, sondern zu acht. Alle (außer mir natürlich) gehörten dem *search committee* an – und verstanden es dennoch, dem Abend eine leichte, heitere Note zu geben. Natürlich saß ich auf dem Präsentierteller und wusste das auch. Zugleich aber hatte das Gespräch nichts Inquisitorisches oder Vorführendes an sich. Ich fühlte mich, trotz aller Anspannung, pudelwohl.

Am nächsten Tag gab es dann noch einmal Programm: Treffen mit Kollegen, die den Vortrag verpasst hatten, Kaffee mit *graduate students*, die mich nach meiner Meinung zu ihren Dissertationsthemen befragten, aber auch wissen wollten, ob ich auf Englisch schreiben und publizieren würde. Die Bibliothekarin, die für den Bestand der modernen europäischen Geschichte zuständig war, machte mich mit den Schätzen der zentralen Bibliothek bekannt. Und wieder ein ausgedehnter Lunch mit Kollegen, deren Arbeitsgebiete sich mit meinen Schwerpunkten und Interessen berührten. Kaum fand ich Zeit, noch ein bisschen in der gut sortierten Universitätsbuchhandlung zu stöbern – dann stand das Taxi abfahrbereit, um mich zum New Yorker Flughafen zu bringen.

Zurück in Bielefeld, erwarteten mich bereits E-Mails aus Yale. Kollegen versicherten mich ihres Wohlwollens, äußerten sich anerkennend über den Vortrag, stellten Nachfragen. Der Dekan informierte mich davon, dass ich schon bald von ihm hören würde, spätestens in zwei Wochen. All das beschwingte mich. Ich hatte zwar das untrügliche Gefühl, in den zwei Campus-Tagen weit über den Hunger gegessen zu haben – es gab einfach zu viele Lunches und Dinners. Aber ich fühlte mich wunderbar aufgenommen und fand den Umgangston umwerfend. Man hatte sich offenkundig für mich interessiert, für meine Arbeit, meine

Ideen, meine Erfahrungen, meine Person. Nur eins irritierte mich: Niemand hatte danach gefragt, ob ich denn meinerseits wirklich an Yale interessiert sei. Keiner hatte je auf meine Familiensituation angespielt oder sich danach erkundigt, wie Mann und Kinder über Amerika dachten. Dieses Desinteresse gab mir zu denken – bis mich eine amerikanische Freundin aufklärte: Fragen nach den Familienverhältnissen eines Kandidaten seien nicht statthaft. Es gehe in einem Verfahren ausschließlich um die akademische Qualität und soziale Passförmigkeit. Man teste, ob die Bewerberin mit Studenten umgehen könne, ob sie Doktoranden ernst nehme und einen ansprechenden Vortragsstil beherrsche. Ihre Familie aber sei ebenso tabu wie ihre sexuelle Orientierung.

Dass das Familien-Tabu alsbald gelüftet wurde, erfuhr ich zwei Wochen später. Wie versprochen, meldete sich der Dekan – diesmal telefonisch. »*We want you*« lautete die Botschaft kurz und knapp – und wann ich denn mit meiner Familie noch einmal zu Besuch käme? Wieder schickte Yale Flugtickets (diesmal zwei, für meinen Mann und für mich) und *itineraries* (ebenfalls zwei). Man hatte bereits im Vorfeld um einen CV meines Mannes gebeten und daraufhin für ihn spezielle Termine mit möglichen Ansprechpartnern vereinbart. In diesen Gesprächen wurde ausgelotet, welche Arbeitsperspektiven Yale ihm anbieten konnte und welche für ihn attraktiv waren. Derweil traf ich mit den wichtigen Personen der Administration zusammen: mit dem *Dean of College*, dem *Dean* der *Graduate School*, dem *Provost* und, *last but not least*, dem Präsidenten der Universität. Zwischendrin wieder eine Menge Lunches und Dinners, diesmal mit den Ehegatten der Kollegen. Man gab uns Informationen über Schulen und Wohnviertel, eine Maklerin zeigte uns schöne Häuser.

Es war ein wunderbares Erlebnis. Ich schwebte auf Wolke sieben, fühlte mich umworben und musste zum erstenmal in meiner Professorenlaufbahn nicht begründen, warum die Universität auch meinem Mann eine Karriereoption anbieten sollte. *Dual career*, in Deutschland ein Fremdwort, war von Anfang an ein selbstverständlicher Teil meiner amerikanischen Berufungsverhandlungen. Diese wurden überwiegend per E-Mail geführt – wie denn auch meine Zusage auf diesem Wege erfolgte. Vorher aber lud uns Yale noch zweimal, selbstverständlich immer auf Kosten der Universität, nach New Haven ein, damit wir uns einen Überblick über Schulen und Immobilien verschaffen konnten.

Diese Großzügigkeit und Umsicht, vor allem aber der konstant freundliche, ermutigende, aufgeschlossene Umgangston auf allen Ebenen – von der Sekretärin des Department über den Dekan und *Provost* bis zum Präsidenten – haben enorm dazu beigetragen, dass ich mich schließlich für Yale entschieden habe. Natürlich lockten auch andere Dinge: die Neugierde auf die Studenten, das geringere Lehrdeputat, die häufigeren Forschungsfreisemester, nicht zuletzt auch die Herausforderung, deutsche Geschichte in einer nicht-deutschen Umgebung zu lehren. Und manches mehr … Ohne die positiv-heitere Stimmung jedoch, die mich in Yale umfangen hatte, wäre mir die Entscheidung viel schwerer gefallen.

Jene Stimmung, das lernte ich in den folgenden Jahren, war nicht aufgesetzt und inszeniert. Sie ist ein Grundelement des amerikanischen Lebensgefühls, fester Bestandteil des emotionalen Codes, den Amerikaner von Geburt an erlernen und einüben. *Think positive, feel good, we can do it* – so und ähnlich lauten die Botschaften, die soziale Institutionen von der Familie über die Schule bis zum Arbeitsplatz vermitteln. In Yale – aber nicht nur dort – kam etwas anderes hinzu: das klare Bewusstsein, einer großen und großartigen Hochschule anzugehören. Studenten ebenso wie Professoren wussten um ihre Privilegien. Sie waren stolz auf ihre *Alma Mater* – und stolz darauf, ihr anzugehören. Dieser Stolz hatte nichts Arrogantes, Eingebildetes oder Selbstgefälliges. Im Gegenteil, er spornte dazu an, sich der Privilegien würdig zu erweisen und den Ruhm, das Ansehen der Institution durch die eigene *performance* zu mehren.

Wie gesagt, ich habe dieses Selbstbewusstsein, diese Identifikation nicht nur in Yale und Harvard gefunden. Sie ist an weniger elitären und reichen Universitäten nicht etwa geringer ausgeprägt. Auch kleinere, unscheinbarere Colleges entfalten ein sichtbares Wir-Gefühl und *commitment.* Ihre Angehörigen erwecken den Eindruck, dass sie sich glücklich schätzen, hier und nirgendwo anders zu sein. Gejammert und geklagt wird nicht. Wer gehen will, mag gehen – wer aber bleibt, der fühlt sich zugehörig und ist stolz darauf.

Diesen würdevollen Stolz vermitteln auch die amerikanischen Berufungsverfahren. Nicht zuletzt das macht sie so charmant und unwiderstehlich. Von den heiteren, gutgelaunten, mit ihrer Institution eng (wenn auch nie unkritisch) verbundenen Professoren und Studenten geht eine große Anziehungskraft aus. Beinahe unwillkürlich entsteht der Wunsch, sich jener Glücksgemeinschaft zuzugesellen, Teil der *family* zu werden.

Wird man dann tatsächlich als Familienmitglied akzeptiert, geschieht das unter Umständen, die das Selbstvertrauen und die Bereitschaft zur Identifikation erneut positiv beeinflussen. Wenn sich die Institution so viel Mühe gibt, die Besten zu finden und auszuwählen (das betrifft Studenten und Lehrkörper gleichermaßen), wenn sie so viel Zeit und Geld investiert, mich genauer kennenzulernen und sich ein Bild von mir zu machen, dann kann ich diese Investition nur als Zeichen ihrer Wertschätzung begreifen und letztere zum Nennwert nehmen. Ich kann mich, um es mit einem Hauch von Pathos zu formulieren, umfassend gewürdigt fühlen. Der Ruf ist somit eine wirkliche Ehre – und wird auf beiden Seiten als solche wahrgenommen.

Junior/Senior Appointments

Berufungen sind auch in den USA hochbedeutsame und entsprechend komplizierte und komplexe Angelegenheiten. Universitäten nehmen sich ungleich mehr Zeit und verwenden viel mehr Mühe darauf, Professoren zu rekrutieren – und zwar auf allen Ebenen. Bereits die *junior faculty* wird sorgfältig ausgesucht. Die Stellen von *assistant professors* werden weiträumig ausgeschrieben, eine Berufungskommission sichtet die Bewerbungen, liest die Publikationen und Empfehlungen. Dann lädt sie bis zu zehn Kandidaten zu je halbstündigen Interviews. Letztere finden in der Regel auf den jährlichen Fachverbandstagungen statt. Wer in den Interviews überzeugt (durch Eloquenz, rasche Auffassungsgabe, sicheres Auftreten etc.), wird zu einem Besuch auf den Campus eingeladen. Diese Besuche verlaufen nach einem ähnlichen Schema, wie ich es oben beschrieben habe. Sie sind nur etwas kürzer. Aber auch den *juniors* werden die Reisekosten bezahlt, Lunch und Dinner im Kollegenkreis anberaumt, Gespräche mit Studenten organisiert. Der Umgangston ist ebenso respektvoll-freundlich wie bei *senior colleagues.* Hierarchien spielen keine Rolle. Der weltberühmte Starprofessor plaudert ebenso angeregt und interessiert mit der jungen Kandidatin, die möglicherweise noch nicht einmal ihre Dissertation abgeschlossen hat, wie mit einem Nobelpreisträger.

Das heißt selbstverständlich nicht, dass es keine Status- und Machtunterschiede gäbe. Natürlich verdient der Starprofessor ein Vielfaches von dem, was der neuberufene *assistant professor* bekommt. Auch seine Forschungsgelder können sich sehen lassen. Vor allem aber hat er und haben seine festangestellten Kollegen das Sagen darüber, ob die Jüngeren dauerhaft am Department bleiben können oder nicht. Nach drei bzw. sechs Jahren entscheiden sie, ob die Jüngeren *tenure* bekommen oder die Universität verlassen müssen. Damit verkörpern sie eine Macht, die den *juniors* immer vor Augen steht. Gleichwohl führt das in der Regel nicht zu unterwürfigem bzw. dominantem Verhalten. Ein kollegialer Ton ist das Mindeste, das man erwarten kann. Sehr häufig verstehen sich Ältere als Mentoren der Jüngeren, stehen ihnen mit Rat und Tat zur Seite, geben ihnen Verhaltens- und Publikationstipps, fragen nach dem Stand der Dinge und helfen bei der Planung des neuen Forschungsprojekts (»zweites Buch«).

Auch dabei herrscht eine Atmosphäre der Ermutigung, des *empowerment*. Nachdem das Department sich so viel Mühe gegeben hat, die beste Person zu berufen, hat es auch ein Interesse daran, diese Person weiter zu fördern – durch persönlichen Zuspruch, aber auch durch großzügige Forschungsfreiräume. Zugleich wird die Lehrleistung der Jungen sehr genau beobachtet. Wie viele Studenten in ihren Vorlesungen und Seminaren sitzen, welche Bewertungen sie abgeben, spielt eine große Rolle. Die Lehrbelastung ist genauso groß wie bei einem *full professor*, und auch die Veranstaltungstypen unterscheiden sich nicht. Wenn über die Dauerberufung (*tenure*) entschieden wird, ist der Lehrerfolg von immenser Bedeutung. Gingen die Studentenzahlen von Jahr zu Jahr zurück, häufen sich negative Evaluationen oder klagen Doktoranden über konfuse Seminarstrukturen, sinken die Chancen drastisch.

Ebenso wichtig ist die Forschungsaktivität. In den Geisteswissenschaften muss nicht nur das erste Buch publiziert sein (in der Regel eine gravierend überarbeitete Fassung der Dissertation). Ein zweites Projekt sollte *well under way* sein, mehrere Kapitel sollten vorliegen und möglichst ein Verlagsvertrag unterschrieben sein. Auch Aufsätze in *peer reviewed journals* werden erwartet. Im großen und ganzen aber geht es dabei weniger um Quantität als um Qualität. Die Publikationsquote vergleichbarer deutscher »Nachwuchswissenschaftler« ist gemeinhin sehr viel größer – was nicht zuletzt auch damit zusammenhängt, dass es hierzulande viel mehr Konferenzen, Tagungen, Workshops und die ihnen unvermeidlich folgenden Sammelbände gibt.

Anders als in Deutschland zählt für die *tenure*-Entscheidung dagegen etwas, das mit dem Begriff *citizenship* umschrieben wird. Damit ist gemeint, wie sich junge Kollegen in der Universität engagieren, welche Dienstleistungen sie übernehmen, in welchen Kommissionen sie mitarbeiten, welche Betreuungsaufgaben gegenüber Studenten sie wahrnehmen. Auch dieses Engagement für die *family* oder *community* wird sehr ernst genommen und fließt in die abschließende Bewertung mit ein. Personen, die ausschließlich eigenen Interessen frönen, die sich unkollegial verhalten und denen die Angelegenheiten des Department oder der Universität egal sind, möchte man nicht dauerhaft als Kollegen haben.

Man möchte solche Menschen auch nicht als Kollegen gewinnen, und deshalb wird bei der Berufung von *senior colleagues* auf verbrieftes *citizenship* geachtet. Informationen darüber zirkulieren schnell und weiträumig. Steht eine Starprofessorin an ihrem Department im Ruf, arrogant oder nicht verlässlich zu sein, reist ihr dieser Ruf mit hundertprozentiger Sicherheit voran, wenn sie sich auf eine andere Stelle bewirbt. Aber bewirbt sie sich überhaupt? Meiner Erfahrung nach ist es eher so, dass sie gerufen wird – so wie in meinem Fall. Viele *senior positions* werden nicht öffentlich ausgeschrieben. Stattdessen wendet sich der Berufungskommissionsvorsitzende an die maßgeblichen Fachkollegen im Land und bittet sie um Namensnennungen: Wer sind aus ihrer Sicht die stärksten Vertreter des besagten Fachgebiets? Im Durchschnitt werden – in sogenannten *first stage letters* – zehn bis zwölf Experten angeschrieben, die meisten kommen der Bitte nach und schicken Listen mit bis zu zehn Namen. Tauchen bestimmte Namen mehrmals oder immer wieder auf, ist das ein sicheres Indiz dafür, dass sie als *leader* in ihrem Feld gelten. Über sie informieren sich die Mitglieder der Berufungskommission genauer: Sie prüfen die CVs, lesen die Monographien – und beschließen dann, ob sie die entsprechende Person zu einem Besuch auf den Campus einladen.

In der Regel ergehen fünf bis sieben solcher Einladungen. Die Kandidaten kommen im wöchentlichen Abstand. Alle Professoren des Department, nicht nur die Kommissionsmitglieder, sind aufgefordert, zumindest bei den Vorträgen anwesend zu sein und anschließend ihre Meinung abzugeben. Auch die Doktoranden werden um ihr Votum gefragt. Gleichzeitig schickt der Vorsitzende die (ungereihte) Liste der Eingeladenen an die bereits einmal befragten Gewährsleute und bittet um Kommentare und Bewertungen (*second stage letters*). Nachdem der Vorstellungsreigen zu Ende ist, trifft das *search committee* eine Entscheidung, wobei es sowohl die Stellungnahmen der *peers* als auch die Meinungen der Kollegen und Studenten einbezieht. Seine Empfehlungsliste umfasst meist mehrere Namen, nimmt aber ein klares Ranking vor. In einer Sitzung des Department erläutert die Kommissionsvorsitzende diese Platzierung; dabei greift sie auch auf die Antworten der *peers* zurück und zitiert daraus. In der anschließenden ausführlichen Aussprache melden sich zunächst die übrigen Kommissionsmitglieder zu Wort und begründen ihr Votum, bevor schlussendlich geheim darüber abgestimmt wird.

Supervision und Kontrolle

Damit aber ist das Verfahren mitnichten beendet. Denn es gibt eine weitere Instanz, die gefragt werden will: das *Tenure Appointment Committee* (TAC). Es setzt sich aus *full professors* verschiedener Departments zusammen, zudem aus den *Deans* von *College* und *Graduate School*. So interdisziplinär dieses Gremium auch ist, hält es sich doch an Abteilungsgrenzen: Es gibt jeweils ein TAC für die Natur-, Sozial- und Geisteswissenschaften. Jede Berufung eines *full professor* – egal ob extern oder intern – muss vor dieser Kommission vertreten und von ihr abgesegnet werden. Das ist ein aufwendiger und ungeheuer arbeitsintensiver Prozess. Jedes Kommissionsmitglied liest ca. hundert Druckseiten des Kandidaten sowie die Kommentare aus den *second stage letters*. Ein Mitglied wird vom Vorsitzenden gebeten, sämtliche Publikationen (vor allem die Monographien) zu lesen und darüber zu berichten. Wer diesen Auftrag erhält, bleibt allen anderen Mitgliedern bis zum Zeitpunkt der Sitzung verborgen. Es ist in jedem Fall ein fachfremder Kollege, der sich gleichwohl um eine ausgefeilte Lektüre und Begutachtung bemüht. Nach seinem Bericht betreten der Dekan des jeweiligen Department und der Vorsitzende der Berufungskommission den Raum, begründen die im Department getroffene Entscheidung und stellen sich den kritischen Fragen des TAC. Anschließend diskutiert letzteres unter sich weiter und kommt zu einem positiven oder negativen Ergebnis. Befindet sich eine Fachkollegin unter den Kommissionsmitgliedern, darf sie nicht mitstimmen.

Erst das Votum des TAC macht den Ruf faktisch perfekt. Ich habe mehrfach erlebt, wie Entscheidungen des Department in diesem Kreis überstimmt und Kandidaten abgelehnt worden sind. Vor allem dann, wenn das Department selber nicht einstimmig votiert, wird das TAC misstrauisch und prüft besonders sorgfältig nach. Die Kriterien der Prüfung sind dieselben, die auch die Berufungskommission und das Department angelegt haben: An erster Stelle stehen Originalität, innovative Kraft und Produktivität der Forschung, dann folgen anspruchsvolle Lehre und Zugänglichkeit für *undergraduates* sowie die hingebungsvolle Betreuung von Doktoranden, und als drittes zählt *citizenship*.

Das TAC ist im Übrigen auch diejenige Instanz, die – unter anderem Namen, als *Humanities Advisory Committee* (HAC) – Empfehlungen gibt über die Ausrichtung von Professuren. Jedes Department, das eine *senior position* neu besetzen will, muss sich vor dem HAC verantworten. Der Dekan hat ihm Rede und Antwort zu stehen; er wird nach dem strategischen Design des Fachbereichs gefragt, nach seinem relativen Gewicht im nationalen und internationalen Feld. Wie steht es im Vergleich zu anderen Departments (in Harvard, Princeton, Stanford etc.) da? In welche Richtungen entwickeln die sich weiter, und wo sieht man die eigenen Stärken und Schwächen? Wie kann man Stärken stärken und Schwächen ausräumen? Welche Rolle spielt die neu zu besetzende Position dabei? Was erwartet sich das Department davon? Welche Ausstrahlungen auf andere Departments der Universität sind erwartbar? Und, *last but not least*, welche Personen hat man im Auge? Wen will man gewinnen? Wer ist *movable*? Fasst man die gezielte Berufung (*targeted search*) einer besonderen Person ins Auge?

Solche Fragen zwingen das Department zu klaren Aussagen und Abwägungen. Natürlich haben starke und einige Departments eine bessere Verhandlungsposition als solche, die zerstritten oder in Unordnung sind und von denen man allgemein weiß, dass sie im Wettbewerb mit auswärtigen Hochschulen nicht bestehen. Gerade ihnen schaut das

HAC besonders scharf auf die Finger und achtet darauf, dass das Mittelmaß nicht durch mittelmäßige Neuberufungen auf Dauer gestellt wird. Aber auch bestens positionierte Fächer sind gut beraten, sich im Feld zu orientieren, die Konkurrenz zu beobachten und von ihr zu lernen. Die zentralen Referenzgrößen befinden sich selbstredend in den USA – die Liga der *peer institutions* ist überschaubar und meist ost- oder westküstenbasiert. Aber auch europäische Universitäten und Kollegen können, je nach Fach und Schwerpunkt, in den Blick der Berufungskommissionen geraten – *de me fabula narratur.*

Von Amerika lernen heißt siegen lernen?

Was können, was sollen deutsche Universitäten davon lernen? Sind das die *best practices*, die man hierzulande kopieren und übernehmen will? Entsprechen sie den Vorschlägen, die aus der Sicht der Hochschulrektorenkonferenz und des *gender mainstreaming* gemacht wurden?

Was die Gestaltung von Berufungsverfahren betrifft, kommt die amerikanische Praxis dem entgegen, was sowohl Margret Wintermantel als auch Christine Färber anmahnen. Berufungskommissionen werden so zusammengesetzt, dass *junior faculty* und *minorities* (will heißen Frauen) vertreten sind. Auf *diversity* unter den eingeladenen Kandidaten wird penibel geachtet. Das Verfahren erfolgt zügig, man nimmt sich viel Zeit für die einzelnen Bewerber und behandelt sie als (potenzielle) Kollegen, nicht als Bittsteller. Die Sorgfalt, die man walten lässt, gilt für *assistant professors* nicht minder als für *full professors.* Gerade die Tatsache, dass mittlerweile alle *junior positions* mit *tenure track* versehen sind, unterstreicht die Notwendigkeit, bereits auf der Einstiegsebene sehr genau zu sortieren.

Es ist vielleicht müßig, an dieser Stelle noch einmal zu unterstreichen, wie wichtig solche Optionen auf eine Dauerberufung sind – auf dieser und auf der anderen Seite des Atlantischen Ozeans. Yale hatte sich lange geziert; bis 2007 gab es diese Option nur in absoluten Ausnahmefällen. Wenn eine junge Kollegin mit ihrem ersten Buch einen wissenschaftlichen Bestseller landete, ehrenvolle Preise erhielt und von einer anderen Hochschule abgeworben werden sollte – dann und nur dann bewegte sich das eigene Department und beantragte für sie eine Dauerstelle. Das kam einige Male vor, war aber keinesfalls die Regel. Nach vielen Debatten hat die Universität das nun geändert: Die Professoren votierten einstimmig dafür, fortan einen *tenure track* einzuführen, ohne allerdings die Qualitätsanforderungen zu senken. In den Naturwissenschaften hatte sich diese Praxis schon seit längerem gleichsam inoffiziell durchgesetzt; anders hätten die entsprechenden Departments keine exzellenten Nachwuchskräfte mehr rekrutieren können. Nachdem selbst Harvard das Ruder herumgeworfen hatte und mit potenziellen Dauerstellen winkte, blieb auch Yale keine andere Wahl.

Das Beispiel sollte endlich auch in Deutschland Schule machen. Allerdings erfordert es langfristige Planungen, sorgfältige Berufungsverfahren und insgesamt viel mehr Juniorprofessuren. Fakultäten hierzulande zeigen sich häufig unwillig und zaudernd, wenn es um deren Einrichtung und Besetzung geht. Man sieht in Juniorprofessoren eher Wanderarbeiter als vollgültige Kollegen und scheut in der Regel davor zurück, sie in mittel- und längerfristige Strategiedesigns einzubinden. Dass damit viele Chancen zur Innovation und Neuausrichtung verschenkt werden, gelangt nur selten ins Bewusstsein. Gerade jüngere Kollegen arbeiten oft auf neuen, zukunftsträchtigen Feldern, die eine Fakultät von innen verjüngen und attraktiver machen können.

Zugleich aber brauchen Jüngere den Rat und die Erfahrung der Älteren. Wie man sein wissenschaftliches Portfolio zusammenstellt, welche Tagungen man besucht und welche man besser meidet, wo man publiziert und wie viel, darüber können erfahrene Kollegen Auskunft erteilen. Auch in der Lehre vermögen sie wertvolle Ratschläge zu geben, *coteaching* bietet sich von Zeit zu Zeit an. Dass ein solches *mentoring* nicht von oben herab zu geschehen hat, versteht sich eigentlich von selbst, soll aber angesichts der hierarchielastigen deutschen Tradition noch einmal kraftvoll betont werden.

Ob Frauen solche Mentoren in besonderer Weise brauchen, darüber gehen die Meinungen auseinander. In Yale gab es ein spezielles, frauenbasiertes Netzwerk; ältere Professorinnen kümmerten sich um ihre jüngeren Kolleginnen – sofern diese das wollten. Auch in Deutschland wurden in letzter Zeit mehrere Mentorinnenprogramme aufgelegt, und die Nachfrage scheint groß. Zweifellos ist es sinnvoll, junge Frauen besonders dazu zu ermutigen, die Männerdomäne Wissenschaft zu stürmen. Ganz wichtig sind *role models*, Vorbilder, die es bereits ›geschafft‹ haben und andere unterstützen, es ihnen gleichzutun. Hier hat sich in den letzten zwanzig Jahren viel bewegt, wenn auch noch längst nicht genug. Als ich zu studieren begann, gab es höchstens eine Handvoll Professorinnen in meinem Fach, über die ganze Bundesrepublik verteilt. Heute zählen die meisten Geschichtsfakultäten mindestens eine Frau unter ihrer Professorenschaft, viele auch schon deutlich mehr. Für Studentinnen und Doktorandinnen sind sie von kaum zu überschätzender Bedeutung. Und auch in Berufungskommissionen sorgt ihre Präsenz in der Regel dafür, dass weibliche Bewerber eine reelle Chance bekommen.

Das Geschlechterverhältnis an amerikanischen Hochschulen ist zweifellos ausbalancierter als in Deutschland (vor allem mit Blick auf die *junior faculty*). Allerdings ist man auch dort noch weit von einem Gleichgewicht entfernt. *Diversity* ist deshalb das Zauberwort – jedes Department weiß, dass es seine Minderheitenquote erhöhen soll, der politische Druck ist spürbar. Als Minderheiten gelten vor allem Frauen und Farbige. Allerdings dürfe ihre Berufung, so das Mantra, nicht zu Lasten der Qualität gehen. Versuche der Hochschulleitung, durch das Angebot zusätzlicher Stellen die Berufung von Minderheiten zu forcieren, stoßen denn auch nicht selten auf Skepsis und Misstrauen in den Departments. Andererseits machen letztere sich die offizielle Erwartung auch kreativ zunutze und lassen reguläre Berufungen unter dem *diversity ticket* laufen (für das sie Extragelder bekommen), um ihren Stellenpool aufzustocken.

Trotz unleugbarer Fortschritte hinken die deutschen Universitäten den amerikanischen in punkto *diversity* immer noch hinterher – woran nicht zuletzt die andere Struktur des Professorenberufes Schuld trägt. Finge die Hochschullehrerlaufbahn auch hier früher an, nach der Dissertation, blieben viele Frauen ›drin‹, die jetzt während der langen Postdoc- und Habilitationsphase verloren gehen. Allerdings sind auch in den USA die Einstiegsjahre alles andere als ein Zuckerschlecken. Dass »Wissenschaft kaum mit Elternschaft zu vereinbaren« sei, wie Christine Färber schreibt, gilt beileibe nicht nur für Deutschland. Junge *assistant professors* unterliegen einem Leistungsdruck, der deutschen Postdocs fremd ist. Öffentliche Kinderbetreuungseinrichtungen gibt es so gut wie nicht und wenn, dann zu horrenden Preisen. Mutterschutz und finanzierte Elternjahre? Nie gehört.

Wohl gehört habe ich, hier wie dort, anerkennende Bemerkungen männlicher Kollegen über jene Frauen, die es geschafft haben, wissenschaftliche Karriere und Kinder miteinander zu verbinden. Dafür gab es in der Regel einen Berufungsbonus; es stand für Zielstrebigkeit, Durchsetzungskraft und Organisationstalent, Eigenschaften, die man auch im Hochschulalltag gut gebrauchen konnte. Allerdings durften die Auszeiten nicht zu lange dauern und die Publikationsliste nicht allzu schmal ausfallen. Dass Frauen speziell dann, wenn sie sich mit Geschlechterthemen befassen, schlechtere Berufungschancen haben, kann ich aktuell nicht bestätigen. Meines Erachtens hat sich das in den letzten zehn Jahren erheblich geändert. Was zählt, ist die Qualität der Forschung, ihre Innovationskraft und Originalität.

Mein Eindruck ist, dass das in den USA noch stärker gilt als in Deutschland. Gerade weil die Hochschulen dort so heftig und erbarmungslos miteinander konkurrieren – auch und vor allem im Elitesegment –, sind sie besessen vom *cutting edge* – von der Vorstellung, immer das Neueste und Fortschrittsträchtigste zu produzieren. Langweilige Wissenschaft wird zweifellos auch in den USA betrieben, aber eine Professur an einer Eliteuniversität gewinnt man damit nicht. Was Qualität ist, bemisst sich nicht allein an der handwerklichen Seriosität und Finesse. Es bemisst sich vornehmlich an dem Mut zur steilen (und gut begründeten) These, zur bahnbrechenden und unkonventionellen Forschung. Das spiegelt sich im Kult des großen Buches. Wie viele Sammelbände und Tagungsbeiträge jemand veröffentlicht, ist nachrangig. Worum es geht, ist die in einem angesehenen Verlag publizierte Monographie, nicht umfangreicher als 300 Seiten, elegant und ohne Jargon geschrieben. Was man von ihr erwartet, ist *to move the furniture around*, will heißen: eine neue Perspektive, eine originelle Lesart, eine innovative Interpretation. Die meisten deutschen Dissertationen und Habilitationen, die ohne nennenswerte Überarbeitung in Buchform erscheinen, genügen diesem Anspruch nicht. Sie füllen allenfalls Forschungslücken.

Ein wichtiger Indikator für Qualität sind die Preise, die ein Buch gewinnt. Sie verschaffen ihm Ehre und Aufmerksamkeit und erhöhen den Marktwert der Verfasserin. Exzellenz ist auch in den USA ein rares Gut, und darum wird scharf konkurriert. Diese Konkurrenz täte auch den deutschen Hochschulen gut. Allerdings sollte sie sich nicht nur in Ehrentiteln ausdrücken, sondern auch in materiellen Vorteilen: in mehr

Forschungszeit und höheren Gehältern für diejenigen Wissenschaftler, die eine Universität für sich gewinnen und an sich binden möchte. Von reinen Forschungsprofessuren hingegen sollte man die Finger lassen. In Yale muss jeder Professor, egal ob *junior* oder *senior*, pro Semester zwei Veranstaltungen anbieten, eine für *undergraduates* und eine für *graduates*. Nur so lassen sich Forschung und Lehre sinnvoll und gewinnbringend aneinander koppeln. Die Trennung von Lehr- und Forschungsprofessoren, wie sie derzeit in Deutschland diskutiert wird, steuert in die falsche Richtung.

Noch ein Wort zur Qualitätsmessung: Neben den Preisen und der öffentlichen Resonanz eines Buches spielt auch die akademische Herkunft seiner Autorin eine große Rolle. Wer ihr Doktorvater oder ihre Doktormutter war, ist von hoher Bedeutung und wird in Berufungsverfahren offen diskutiert. Über die Reputation der akademischen Lehrer herrscht, das hat mich immer wieder verwundert, in den USA erstaunliches Einvernehmen. Politische Graben- und Richtungskämpfe gibt es sicher auch, aber sie gehen nicht so weit, dass man dem anderen die wissenschaftliche Anerkennung verweigert. Dass sich ›Schulen‹ derart stark gegeneinander abschotten wie in Deutschland, habe ich nicht beobachtet, weder in meinem eigenen Fach noch in anderen Geisteswissenschaften. Deshalb ist auch die *peer*-Befragung im Vor- und Mittelfeld einer Berufung unkompliziert und unproblematisch. Was ich zunächst überaus misstrauisch beäugte, erwies sich als relativ transparentes Verfahren. Da die Netze weit ausgeworfen wurden, erhielt man auch ein breites Spektrum potenzieller Kandidaten. Dass sich darunter auch manche Schüler der Befragten befanden, war durchaus gewollt.

Ob ich jedoch auch die zweite Stufe der Befragungen empfehlen könnte, ist fraglich. Einerseits garantiert sie Außenstehenden einen großen Einfluss und kommt dem entgegen, was Margret Wintermantel als »Sicht von außen« und Mittel gegen schleichende Qualitätsnivellierung preist. Andererseits aber greift sie meines Erachtens zu stark in die Entscheidungsfindung des Department ein. Letztere ist bereits durch die Aufsichts- und Kontrollfunktion des TAC eingeschränkt, und das auf überzeugende und in sich stimmige Weise. Im Übrigen sind die Äußerungen der *second stage letters* in ihrer Aussagekraft überaus verschieden; manche Absender begnügen sich mit einem kurzen Abschnitt zu jedem

Kandidaten, andere schreiben halbe Bücher. Hier zu gewichten fällt schwer.

Was ich dagegen uneingeschränkt empfehlen würde, sind die hochschulinternen Kontrollgremien, in Form von TACs bzw. HACs. Anstatt, wie Margret Wintermantel argumentiert, der Hochschulleitung mehr Macht zu geben und sie als »Herrin des Verfahrens« einzusetzen, plädiere ich dafür, die Supervision eher auf mittlerer Ebene vorzunehmen und damit fachnah zu halten. Zweifellos sollte das Rektorat die Verhandlungen führen und auf einen zügigen Ablauf achten. Inhaltlich jedoch sollte es sich heraushalten und diese Aufgabe an Gremien nach dem oben vorgestellten Modell übertragen. An ihm vermag ich keinen Fehl und Tadel zu erkennen – außer vielleicht dem, dass es seinen Mitgliedern enorm viel Arbeit aufbürdet. Als Gegenleistung aber erhalten sie einen weiten Blick über ihr eigenes Fach hinaus und machen bereichernde Lektüreerlebnisse, die der eigenen Forschung und Lehre zugute kommen.

Auch für strategische Planungen und Akzentsetzungen leisten solche Gremien wichtige Arbeit. Wenn es um die zukünftige Entwicklung eines Department geht oder um die Einrichtung fachübergreifender Studien- und Forschungsprogramme, sind ihre Nachfragen und Expertisen von zentraler Bedeutung. Wenn jede Neuberufung vorab begründet und gerechtfertigt werden muss, zwingt das zur ungeschminkten Positionsbestimmung, zum Selbstvergleich mit anderen Institutionen und erfordert eine Vorstellung davon, wohin die Reise gehen soll. Auch hier ist eine fachnahe, interdisziplinär zusammengesetzte Gruppe von Kollegen einem zentralen ›Berufungsbeauftragten‹ des Rektorats vorzuziehen.

Mein Fazit: Die deutschen Hochschulen können sich von amerikanischen Berufungsverfahren eine große Scheibe abschneiden. Das betrifft sowohl den Ton als auch manche ihrer Strukturen und Formen. Anders als viele andere Elemente des amerikanischen Hochschulwesens lassen sich letztere relativ problemlos importieren. Ihre Kosten sind überschaubar und werden bestens verzinst.

5. Publikationsgepflogenheiten und Diskursstile in den Geisteswissenschaften

Diskursstile in den Geisteswissenschaften

Bernd Stiegler

»Es wird für den Druck geforscht.«
(Luhmann 1990: 606)

Diskurs als Stil und Jargon

Es ist keineswegs selbstverständlich, theoretische Diskurse an den Stil zu koppeln. Nicht wenige würden der wissenschaftlichen Prosa gerade abverlangen wollen, keinen eigenen Stil zu entwickeln, sondern möglichst nüchtern, neutral und sachlich zu sagen, was zu sagen ist. Wissenschaftliche Darstellungen wären dann idealiter eine »écriture à degré zéro«, ein Stil, der darauf zielt, sich unkenntlich zu machen oder sich als Stil auszulöschen. Was vielleicht in dieser Form für die Naturwissenschaften gelten mag – denen es daher auch weniger schwerfällt, das Englische als die neue *lingua franca* zu akzeptieren –, trifft für die allermeisten Bereiche der Geistes- und Gesellschaftswissenschaften nicht zu. Hier ist die Theoriebildung mit Fragen der Sprach- und Begrifflichkeit und auch des Stils eng verbunden.

Der französische Philosoph Gilles Deleuze hat in seinem, zusammen mit dem Psychoanalytiker Félix Guattari verfassten Buch *Was ist Philosophie?* bereits im Titel eine große Frage gestellt und darauf auch eine Antwort gegeben: Philosophie ist nicht nur die Arbeit des Begriffs, sondern hat zur Aufgabe, immer neue Begriffe und Konzepte zu entwickeln, mit denen sich die Wirklichkeit in anderer Weise aufschließt. Begriffe sind im Wortsinn welterschließend.

»Der philosophische Begriff bezieht sich nicht – kompensatorisch – auf das Erleben, sondern besteht – durch seine eigene Schöpfung – in der Schaffung eines Ereignisses, das alles Erleben ebenso überfliegt wie jeglichen Sachverhalt. Jeder Begriff schneidet das Ereignis zurecht, schneidet es nach seiner Art von neuem zurecht. Die Größe der Philosophie bemisst sich an der Natur der Ereignisse, zu denen wir durch ihre Begriffe berufen werden oder die wir dank ihrer in den Begriffen freizusetzen mögen.« (Deleuze/Guattari 2000: 41; vgl. dort auch 21–41)

Begriffe sind nicht nur für die Philosophie wesentlich, sondern Philosophien zeichnen sich zudem durch eine bestimmte Begrifflichkeit aus, die sie von anderen unterscheidet. Begriffe sind welterschließend und zugleich theorieunterscheidend, »they make a difference that makes a difference«, um mit Gregory Bateson zu sprechen. Und das gilt nicht nur für die Philosophie, sondern auch für andere Geistes- oder Gesellschaftswissenschaften, ob sie sich nun aus dem Begriffs- oder Theoriereservoir der Philosophie speisen oder nicht. Der französische Soziologe Luc Boltanski, der zurzeit zusammen mit Bruno Latour, für den im Übrigen Ähnliches gilt, wohl zu den innovativsten wie auch interessantesten Soziologen in Frankreich gehört, berichtete in einem Gespräch, dass eine nahezu poetische, sprachschöpferische Arbeit am Begriff für seine theoretische Arbeit absolut zentral sei und ihn das Auffinden und Prägen eines neuen Begriffs stolzer mache als eine umfassende und überzeugende Analyse umfangreichen Datenmaterials. Auch die als spröde gescholtene Soziologie (man denke an das vielgescholtene »Soziologendeutsch«) versteht sich als Arbeit am Begriff und somit auch als Arbeit am Stil – und so liest sie sich auch, wenn sie das tut, was Theorie eben eigentlich zu tun hat, nämlich begrifflich zu arbeiten. Und wenn man an Theoretiker wie Charles Sanders Peirce, einen der Begründer der Semiotik und des Pragmatismus, an semiotische und semiologische Theoretiker wie Greimas, Barthes oder Eco, oder auch, um Pars pro Toto eine weitere Theoriekette anzuführen, an Edmund Husserl, Martin Heidegger und Jacques Derrida denkt, so wird deutlich: Ihnen gemeinsam ist eine unaufhörliche Arbeit am Begriff, die mithilfe von semantischen Neuprägungen bereits bestehender Worte und der Erzeugung von Neologismen Neues und neu zu denken gibt. Begriffe oder genauer ein bestimmtes Ensemble von Begriffen und ihre Vernetzung sind für die Theoriebildung in den Geistes- und Gesellschaftswissenschaften zentral. Ohne sie können Theorien nicht entstehen und – wiederum im Wortsinn – Anschauungen, Grundüberzeugungen ausbilden.

Begriffe können zu sprachlichen Merkzeichen ganzer Theorien werden. Mitunter fungieren zentrale Begriffe einzelner Theorien als Abbreviaturen, als Kürzel von komplexen theoretischen Zusammenhängen. Gleiches gilt für Theoriemarker, die ein bestimmtes begriffliches *setting* erwartbar machen. Wenn man von »Dekonstruktion«, »Phänomenologie«, »Systemtheorie« oder »Diskursanalyse« spricht, so ist klar, dass damit ein ganzes Programm gemeint ist – auch wenn dieses nicht mehr notwendigerweise dem philosophischen entsprechen muss, das die »Begriffs«-Begründer, um einen Begriff Michel Foucaults (der von »Diskursivitätsbegründern« spricht, vgl. 2001) abwandelnd aufzunehmen, im Sinn hatten. Das gilt auch für die Theoriezuschreibungen: Foucault verwandte etwa eine erhebliche Energie darauf, die Zuschreibung von sich zu weisen, er sei ein Strukturalist. Gleiches gilt für Klassifikationen wie »Postmoderne«, »Poststrukturalismus« oder, um einige historische Beispiele anzuführen, »Kantianer« (man denke etwa an die Frühzeit des Deutschen Idealismus), »Hegelianer«, »Lacanianer«, »Freudomarxist« und »Maoist«, für die sämtlich gilt, dass sie recht heterogene Vertreter subsumieren, von denen zudem nicht wenige bestreiten, überhaupt zu diesen Gruppen zu gehören. Die Zuweisung erfolgt nicht selten aufgrund eines bestimmten, von ihnen gemeinsam verwendeten begrifflichen *settings*. Wenn man von »Sein« oder »Index«, »Noema« oder »Familienähnlichkeit«, »Emergenz« oder »Signifikat«, »Diskurs« oder »différence« spricht, so ist dieser Begriff nicht (mehr) von einer Theorie abzulösen, die Theorie hingegen durchaus von einzelnen ihrer Vertreter.

Diese eigentümliche Verknappung von komplexen Theorien in begriffliche Merkzeichen hat ihren guten Sinn, wenn es darum geht, nicht in einer Endlosschleife Theorien zu reproduzieren und immer wieder aufs Neue in extenso darzustellen (das ist etwa das große Problem nicht weniger Qualifikationsschriften, bei denen es noch zum guten Ton – und zur institutionellen Anforderung – zu gehören scheint, hinlänglich bekannte Theorien ausführlichst zu referieren), sondern den Diskussionszusammenhang des Gesagten durch knappe Theoriemarker zu verdeutlichen und die Argumentation thetisch zuzuspitzen. Sie kann jedoch auch zu einer eigentümlichen Entstellung der Theorien führen, da oftmals der Begriff eine Grauzone des Unbegrifflichen verbirgt, deren Nebel sich längst auch über ihm ausgebreitet hat. Das Studium von Handbüchern und Lexika ist hier besonders aufschlussreich. Nicht selten findet sich dort das Phänomen einer Assoziation von Omnipräsenz und Unbestimmbarkeit, der Gleichzeitigkeit der Allgegenwart und Unauffindbarkeit: Theoretiker (in Handbüchern gilt oft noch – und sei es durch die ausschließliche Existenz eines Namensregisters – der Vorrang des Autors gegenüber den Theorien) und Theorien erscheinen in Gestalt solch begrifflicher Marker zwar in zahllosen angeführten Texten und auch Artikeln, haben sich aber nicht selten fast unmerklich in Scheinriesen verwandelt, da bei genauerem Hinsehen von ihrer Theorie wenig, ja mitunter sogar fast nichts übrig geblieben ist. Die Theorie hat sich in einen Begriff und eine Ahnung von theoretischer Gegenwart verwandelt. Dieses Phänomen lässt sich als komplexitätsreduzierende Theorieverknappung beschreiben: Hinter einem Begriff ist die komplexe Welt der Theorie längst verschwunden, und der Begriff bleibt als theoretische Leitfossilie übrig, die anzeigt, dass sich hier eine tiefere Grabung lohnen würde.

Eine zweite Variante einer Verfallsform des Begriffs folgt einer anderen Logik. Nun verschwindet hinter einer komplexen Ausdifferenzierung von Begriffen der Bezug zur Wirklichkeit und auch zu anderen Theorien. Theorie wird zu einem eigenen begrifflichen Kosmos, der weiterhin begriffliche Entitäten hervorbringt, neue Verknüpfungen herstellt und sich unaufhörlich weiter ausdifferenziert. Eine solche Radikalisierung der Theoriebildung als Diskursstil läuft Gefahr, einen begrifflichen Raum zu konstruieren, der sich allmählich in ein Spiegelkabinett verwandelt und sich in Gestalt einer *mise en abyme* selbstreferenziell erweitert.

Um diesen zweiten Punkt zu resümieren: Philosophie wie Theorie überhaupt sind begriffs- und stilbildend. Die Schattenseite dieser besonderen Kraft der Philosophie ist der Jargon – und das gilt sowohl für einzelne Theoretiker als auch für ihre Rezeption als »Diskursstil«. Theodor W. Adornos Invektive gegen Martin Heidegger in seinem Buch *Jargon der Eigentlichkeit*, die durchaus nicht ohne Ambivalenz ist, zielt auf eine Begriffsbildung einer Theorie, die gewissermaßen leerläuft, oder in den Worten Adornos (1997: 417f.):

> »Die Worte werden zu solchen des Jargons erst durch die Konstellation, die sie verleugnen, durch die Gebärde der Einzigkeit jedes einzelnen davon. [...] Bestandteile der empirischen Sprache werden in ihrer Starrheit manipuliert, als wären sie solche einer wahren und geoffenbarten [...]. Der Jargon, objektiv ein System, benutzt als Organisationsprinzip die Desorganisation, den Zerfall der Sprache in Worte an sich.«

Begriffe bilden eine sprachliche Mauer, die nicht die Welt er-, sondern gerade die Theorie von ihr abschließt, indem sie autoreflexiv wird und in Gestalt von Begriffsverkettungen eine eigene Welt bildet. Mit anderen

Worten: Diskursstile, die Diskursgemeinschaften mit eigenen begriffszentrierten »Ideolekten« bilden und in Gestalt von Begriffsmarkern auch zur Vereinfachung wissenschaftlicher Kommunikation maßgeblich beitragen, laufen Gefahr, zum reinen Stil, zum Jargon zu werden.

Die scharfe Kritik ganzer Theoriegruppen, wie sie sich etwa exemplarisch in Klaus Laermans polemischem Aufsatz »Derridada und Lacancan« (*Die ZEIT* 30. Mai 1986) findet, oder die perfide Bloßstellung der Publikationspraxis bestimmter Zeitschriften, die sich einer bestimmten theoretischen Richtung verschrieben haben, wie sie Allan Sokal unternimmt (vgl. http://www.physics.nyu.edu/faculty/sokal/; letzter Zugriff 27.9.2008), setzen genau hier an und versuchen zu zeigen, dass der Begriffsapparat zu einem reinen Jargon verkommen ist, dem das Korrektiv der Phänomene wie auch jenes der Theorien abhandengekommen ist. Bloßgestellt wird eine Art theoretisches Glasperlenspiel, dem es mehr auf den Wohlklang bestimmter Begriffe als auf ihre theoretische Konsistenz und ihren Wirklichkeitsbezug ankomme, und eine Theorie-Reproduktionsmaschine, die auf Dauer gestellt sei. Problematisch an vielen dieser Argumentationsstrategien ist jedoch, dass die »diskursiven« Auswüchse und die Verselbständigung eines Diskursstils rhetorisch wie suggestiv geschickt auch auf die Referenztheorien (in Foucaults Termini gesprochen, auf die »Diskursivitätsbegründer«) übertragen werden, dass – mit anderen Worten und einem anderen Beispiel – etwa Derridas Philosophie über seine Rezeption in der Literaturwissenschaft kritisiert wird und desavouiert werden soll.

Die Qualitätsstandards der Geisteswissenschaften müssen gleichwohl dieser doppelten Gestalt von notwendiger begrifflicher Arbeit einerseits und dem nicht selten zu konstatierenden Verschwinden der Theorie hinter dem Begriff und der Autoimmunisierung von Theorie andererseits Rechnung tragen und diese auch in den Blick nehmen. Die Geisteswissenschaften haben Sensorien auszubilden, die in der Lage sind, zwischen der Emergenz neuer interessanter Theorien und der bloßen Redundanz bereits hinlänglich bekannter zu unterscheiden. Beides fällt mitunter schwer, zeichnen sich doch neue Theorieansätze dieses Typs dadurch aus, dass sie eben nicht nur einem jener Sprachspiele folgen, die Begriffe im Sinne einer bekannten und vertrauten Sprache verwenden, sondern vielmehr durchaus einen verstörenden Effekt haben – sind doch Theorieansätze, die zu bloßen Simulakren eines bestehenden Diskursstils geworden sind, eben wie Simulakren überhaupt insgesamt nur schwer zu identifizieren. Man denke, um ein filmisches Beispiel zu verwenden, etwa an den Film *Blade Runner* und die Schwierigkeit, einen Mutanten, einen künstlich erzeugten Klon als solchen überhaupt erst einmal zu identifizieren. Dies hat im Übrigen im Film durchaus auch erhebliche Auswirkungen auf die Selbstwahrnehmung des Protagonisten, dessen Erinnerung an seine eigene Familien- und Sozialisationsgeschichte und dessen Wirklichkeitsdeutung mit all ihren filigranen Unterscheidungen, die den Alltag sichtbar strukturieren, zunehmend ins Wanken geraten. Ähnlich verhält es sich mit Diskursstilen, die bereits von Simulakren ihrer selbst durchzogen sind, welche sich in ihren fortwährenden Versuchen, komplexe Theoriebildungen durch die Einebnung von Unterscheidungen zu unterlaufen und sie so in allgemeine weltanschauliche Sentenzen zu verwandeln, an den Kern der Theorie herangerobbt haben und diesen durch ein simplifizierendes Simulakrum zu ersetzen suchen: Theorien sollen in Weltanschauungen, Begriffe in Jargons und Differenzierungen in Ideologien überführt werden.

Um solche Verfallsformen zu identifizieren und gleichzeitig ein hohes Theorieniveau halten zu können, ohne in simulierte Theorien zu verfallen und auch ohne die Wiederkehr des Immergleichen auf Dauer zu stellen, sind institutionalisierte Indikatoren erforderlich, die gewissermaßen Texte auf ihre Theoriedichte und Komplexität hin prüfen und zu entscheiden haben, ob hier innovative Forschung betrieben oder aber Bestehendes wiederholt und aus unmaßgeblich neuer Perspektive beschrieben oder schließlich das Wörterbuch des Jargons punktuell ergänzt wird. Institutionelle Sensorien dieses Typs sind etwa – in ungeordneter wie unvollständiger Folge – *Editorial Boards* von Zeitschriften, Kommissionen von Stiftungen und Forschungsorganisationen, inneruniversitäre Begutachtungen von Qualifikationsschriften, Rezensionen in wissenschaftlichen Zeitschriften und im Feuilleton überregionaler Zeitungen, Verlage mit ihren Programmen und auch mitunter bestimmte Internetforen, die Texte und Theorien diskutieren.

Viele solcher Sensorien scheinen sich heute auf universitätsexterne Felder der Wissenschaft verlagert zu haben. Denn um über den Stil eines einzelnen Theoretikers hinausgehende Diskursstile ausbilden zu können, müssen Theorien überhaupt erst einmal rezipiert und diskutiert werden. Und das ist wiederum die Bedingung der Möglichkeit, als Diskursstil anerkannt, wissenschaftlich nobilitiert und finanziell gefördert werden zu können. Denn um eine Begutachtung der DFG oder anderer Drittmittelgeber überstehen zu können, muss das theoretische Feld bereits vorher bestellt und abgeerntet worden sein; nur wenn bereits recht weitgehende Forschungsergebnisse vorliegen (aus eigener, besser aber aus vielen fremden Federn – und am besten auch aus jenen der Gutachter), ist eine Förderung wahrscheinlich. Nur wenn den Gutachtern das zu bearbeitende Feld bereits bekannt ist, darf es die Forschung im großen Stil finanziert beackern. Graduiertenkollegs und Sonderforschungsbereiche ähneln nicht selten einer bestimmten Form der archäologischen Forschung, die den Abraum älterer Grabungen durchsucht, dort aber nicht selten Aufsehenerregendes zutage fördert.

Es scheint, als sei für die Ausbildung einer solchen Öffentlichkeit und Sichtbarkeit die klassische akademische Form des Lehrer-Schüler-Verhältnisses deutlich weniger wichtig als Publikations- und somit auch Verlagsstrategien. Es gibt nicht wenige Professoren mit sehr zahlreichen Schülern ohne nennenswerten Einfluss auf die Forschung und ohne öffentliche Wahrnehmbarkeit als »Diskursstil« und andere nahezu ohne Schüler mit einem eminenten. (Natürlich gibt es auch andere Formen: keine Schüler und auch kein Einfluss oder – in seltenen Fällen – viele Schüler und großer Einfluss.) Und es gibt (neuerdings) auch Professoren, die auf eigene Forschung nahezu gänzlich verzichten, jedoch mithilfe von geschickten wie intelligenten Wissenschaftsmanagementqualitäten für die Verbreitung bestimmter Forschungsschwerpunkte sorgen, für die sie sich besonders interessieren und für die sie nicht selten selbst einmal standen. Nun gilt es, diesen Forschungsschwerpunkten eine Sichtbarkeit zu verleihen, die über die passagere Existenz von Tagungen, Diskussionen, Vorträgen und Seminaren hinausgeht; es gilt, Publikationsstrategien zu entwickeln, um in Gestalt von Büchern und idealiter Buchreihen eine unübersehbare, sichtbare Präsenz einzunehmen, an der man eben im Wortsinn nicht mehr vorbeikommt. Um Diskursstil zu werden und das eigene Überleben zu sichern, versuchen Theorien und Forschungsverbunde sich eine eindeutig identifizierbare sichtbare Gestalt zu geben.

Diskursstile und Diskursfilter

Wissenschaftliche Verlage und Zeitschriften fungieren als Filter, um im doppelten Wortsinn in programmatischer Weise Diskursstile ab- und auszubilden und für ihre Sichtbarkeit zu sorgen. Dabei gehört es eigentlich auch zu ihrer Aufgabe, als Qualitätsfilter die Spreu vom Weizen zu scheiden und zum Jargon gewordene Theorie nicht zum Teil der Verlagsprogramme oder zum Zeitschriftenbeitrag werden zu lassen. Dies fällt schwer, wenn Durchgesetztes und dabei Auf-Dauer-Gestelltes ökonomisch erfolgreich ist und zahlreiche Leserinnen und Leser findet.

Verlage und Zeitschriften sorgen darüber hinaus auch für eine bestimmte Strukturierung des Wissenschaftsfeldes. Sie sind eine Verlagsprogramm gewordene Materialisierung von Diskursstilen. Wenn man etwa die – im Übrigen im internationalen Vergleich ausgezeichnete – Verlagslandschaft in Deutschland anschaut, so fällt auf, dass sich die allermeisten Verlage zu einer programmatischen Konzentration entschlossen haben. Wenn man etwa, um einige wenige Beispiele in kontingenter Folge und notwendiger Unvollständigkeit auszuwählen, nach postmoderner Philosophie sucht, findet man sie unter anderem im Passagen Verlag, die Dekonstruktion der jüngeren Generation hingegen bei Diaphanes; wenn man wissen will, was gegenwärtig in den Bild- und Kulturwissenschaften diskutiert wird, sucht man bei Fink und mitunter auch bei kleineren Verlagen wie Kadmos oder transcript; wenn man sich für Soziologie interessiert, studiert man den Verlagskatalog des VS-Verlags, für die analytische Philosophie den von mentis, für Photographie den von Schirmer/Mosel und für Film den von Schüren. Andere Verlage konzentrieren sich auf bestimmte Formate wie Einführungen, Lexika oder Handbücher, kritische Editionen oder auch bezuschusste Dissertationen und wissenschaftliche Sammelbände. Ähnliches wäre für Zeitschriften zu konstatieren. Nur wenige Zeitschriften und Verlage – und das macht vielleicht ihre besondere Bedeutung aus – versuchen sich wieterhin an einem interdisziplinären Crossover der Theorien. Zu nennen wären hier etwa (wiederum ohne Anspruch auf Vollständigkeit) Suhrkamp und C. H. Beck sowie S. Fischer und Campus, mit Abstrichen Rowohlt und Hanser und – unter anderen Rahmenbedingungen – die Wissenschaftliche Buchgesellschaft und der Reclam Verlag.

Verlage und Zeitschriften dienen einer Inselbildung im Meer der Publikationen und können so zu einer Orientierung in diesem maßgeblich beitragen. Verlage sind unerlässlich dafür, dass sich Diskursstile ausbilden und ausbreiten und haben zugleich die diffizile Aufgabe, rechtzeitig zu erkennen, wenn sich das von ihnen ausgewählte Feld (theoretisch wie ökonomisch) erschöpft hat. Dann müssen sie ihre Programmpolitik umstellen und neue Schwerpunkte ausbilden. Das gelingt nicht immer: Viele Beispiele von Verlagen (auf konkrete Nennungen sei an dieser Stelle verzichtet) wären anzuführen, die ihre theoretische Relevanz oder aber ihr Kapital eingebüßt haben oder dabei sind, es zu tun.

Dies ist die eine Seite. Die andere folgt einer ähnlichen Logik, muss aber von vornherein mit kürzeren Halbwertszeiten der Theorie kalkulieren: gemeint ist die Universität mit all ihren neuen institutionellen Formen, ohne die Forschung und mit ihr Publikationen nahezu unmöglich geworden zu sein scheinen. Eliteuniversitäten, Exzellenzcluster, Sonderforschungsbereiche und Graduiertenkollegs etc. haben einen ausgeprägten ›Willen zum Buch‹ – und das nicht zu unrecht, ist er doch Ausdruck eines vitalen Überlebenswillens. Bücher dienen in diesem Biotop (man verzeihe mir das darwinistische, hier aber auf eine in der Regel willentlich-wissentliche Strategie übertragene Vokabular, das vielleicht bereits eine Folge des sich ankündigenden Darwin-Jahres ist – auch das ein Phänomen, das mit Diskursstilen zu tun hat) als wissenschafts- wie überlebensstrategische Maßnahme im Rahmen eines »survival of the fittest«, finden sich hier doch ausschließlich aussterbende Arten oder temporäre Existenzen, die allenfalls noch eine kurze Überlebensfrist haben, zugleich aber versuchen, sich fortzupflanzen, um so in anderer Weise und neuer Gestalt ihr Überleben zu sichern. So teilen auch Exzellenzcluster das Schicksal von Graduiertenkollegs, Sonderforschungsbereichen und subventionierten Forschergruppen: Sie verschwinden nach einem relativ kurzen Zeitraum, versuchen aber zugleich in der ihnen gewährten Frist sichtbare Spuren zu hinterlassen, die als möglichst unübersehbare Zeichen ihrer Existenz auch ihren Nachkommen als theoretischer Nahrungsvorrat dienen und im besten Falle einen bestimmten Diskursstil ausbilden, der neue Arten (was hier auch in einem darwinistischen Sinn gemeint ist) theoretischer Auseinandersetzung hervorbringen könnte. Publikationen sind, um einen literarischen Titel aufzunehmen, der ›Nachsommer‹ von Forschungszentren aller Art und erscheinen meist erst dann, wenn der glückliche Sommer der freieren Forschung bereits vorüber ist.

Doch bereits zu Lebzeiten ist das bloße Überleben solcher Zentren davon abhängig, dass sie Forschungsergebnisse möglichst sichtbar vorzeigen und abbilden können. Um überhaupt in weitere Bewilligungsphasen eintreten zu können, haben daher all diese Institutionen ein großes Interesse daran, bereits frühzeitig Tagungen etc. in Bücher zu verwandeln und diesen im Idealfall in Gestalt von eigenen Reihen auch einen Wiedererkennungswert zu verleihen. Mit anderen Worten: Institutionen versuchen, theoretische Diskursstile und typographische Erscheinungsformen auszubilden und sich so eine ökologische Nische im Forschungs- und Förderverbund zu sichern.

Konsequenz dieses fraglos zunehmenden Typs von Publikationsformen ist, dass die klassischen geisteswissenschaftlichen Zeitschriften mittlerweile in der Regel erhebliche Schwierigkeiten haben, Beiträge zu akquirieren und ihr Niveau zu halten. Viele der maßgeblichen Forscher sind bereits einem bestimmten Forschungsverbund verpflichtet (etwa weil sie an dem Antrag mitgeschrieben haben, der der Bewilligung vorausging) und müssen daher vor allem dort auch für das Niveau wie für die Ausbildung eines Stils der Publikationen sorgen – sprich, sie haben ihre kleineren Publikationen (beispielsweise Aufsätze) im Rahmen der Publikationsstrategien dieser Institutionen einzubringen. Sie haben für das Überleben der von ihnen ins Leben gerufenen Institutionen zu sorgen und müssen zugleich Sorge tragen, dass nach dem Verschwinden des ersten Verbunds weitere folgen. Nur so können die Fördermöglichkeiten und mit ihnen auch die der (finanziellen wie infrastrukturellen) Unterstützung von Doktoranden, Forschergruppen oder Tagungen aufrechterhalten werden.

Nicht wenige Zeitschriften reagieren, indem sie ihrerseits einzelne Hefte thematisch fokussieren und damit Buchpublikationen annähern. Es gibt heute kaum eine geisteswissenschaftliche Zeitschrift, die nicht versuchen würde, ein Einzelheft wie einen Sammelband erscheinen zu lassen – ein durchaus relativ neues Phänomen.

Eine andere Reaktionsform ist die Neutralisierung der Aufnahmebedingungen und ihre (vermeintliche) Abkopplung von institutionellen Gegebenheiten: *peer review*-Verfahren etwa sind Versuche, Zeitschriften (theoretisch) dadurch aufzuwerten und somit die Publikation von Aufsätzen attraktiver zu machen, dass die Anonymität der Texte (und somit ihre Abkopplung von Forschungsinstitutionen) zu einem konstitutiven Teil der Aufnahmebedingungen wird. Dass das in dieser Reinform nicht funktioniert (allein die Zitatpraxis macht einen Diskursstil und mit ihm ein institutionelles Umfeld erkennbar), stellt nicht das Verfahren in Abrede, sondern wirft nur ein anderes Licht auf seine Einrichtung und Etablierung. In Deutschland ist das *peer review*-Verfahren in den Geisteswissenschaften bisher noch die Ausnahme, in den Naturwissenschaften jedoch die Regel, in den Gesellschaftswissenschaften gibt es beide Formen. Zugleich nimmt die Dominanz des Englischen mit der Anonymisierung des Verfahrens zu. Dies mag nicht nur Konsequenz der unterschiedlichen institutionellen Forschungsbedingungen sein, sondern auch der deutlich größeren Abhängigkeit der Geisteswissenschaften von einer Arbeit am Begriff und damit von Diskursstilen geschuldet sein. Bestimmte Theoriefelder werden in anderen Sprachen mitunter erst deutlich später rezipiert und virulent, andere spielen nie (wenn man das heute überhaupt sagen kann) eine Rolle. Nicht selten folgt die Landkarte der Rezeption von Theorieschwerpunkten einer anderen Logik als ihre Geschichte innerhalb vertrauterer Umfelder.

Es ist dabei durchaus interessant zu beobachten, dass Huntingtons zu Recht viel gescholtene These eines *clash of civilizations* gleichwohl in den Publikationsgepflogenheiten der unterschiedlichen Disziplinen zu beobachten ist. Während die Naturwissenschaften versuchen, ihre Zeitschriften *in toto* als Printmedien abzuschaffen und in Gestalt von *open access*-Publikationen verfügbar zu machen, gibt es im deutschsprachigen Raum kaum einen geisteswissenschaftlichen Verlag, der dies überhaupt ernsthaft versucht hätte. Gleiches gilt für die Onlineverfügbarkeit von wissenschaftlichen Texten auf der Homepage der Autoren oder in anderem institutionellen Umfeld. Das hat mit Diskursstilen, aber auch mit dem Rezeptionsverhalten und der schlichten wie präzisen Frage zu tun, welche Länge ein Aufsatz in einem bestimmten Fachbereich in der Regel hat. Während in den Naturwissenschaften Verknappung (und auch die sicht- wie lesbare Beteiligung mehrerer Forscher) die Regel ist, gilt das für die Geisteswissenschaften nicht; hier haben Aufsätze mitunter Buchlänge und ein Umfang von unter fünfzehn Seiten ist üblicherweise ausschließlich für Rezensionen reserviert. Ernst zu nehmende Forschungsbeiträge benötigen Raum und dieser, um richtig rezipiert zu werden, das konventionelle wie traditionelle Medium des Buches. »Es wird«, schrieb Niklas Luhmann (1990), »für den Druck geforscht.« Und daran hat sich für die Geisteswissenschaften in den Zeiten der Digitalisierung wenig geändert. Fünf Seiten lesen sich auf dem Bildschirm ohne größere Probleme, fünfundzwanzig oder gar fünfzig hingegen weniger. Eine gute Homepage zeichnet sich dadurch aus, dass man nicht über die Größe eines Bildschirms hinaus scrollen muss, eine schlechte dadurch, dass ganze Datenbanken auf engstem Raum konzentriert werden. Auch mediale Erscheinungsformen haben mit Diskursstilen zu tun, erzeugen eine andere Öffentlichkeit bzw. setzen diese voraus und arbeiten mit unterschiedlichen Produktions- wie Rezeptionsformen von Texten.

Die Logik der Verlage und die der Forschungsinstitutionen scheinen auf den ersten Blick komplementär zu sein. So nimmt es kaum wunder, dass einzelne Reihen bestimmter Forschungsinstitutionen in differenzierter und nicht selten auch typographisch unterschiedener Form eben in den Programmen jener Verlage erscheinen, die sich auf ähnliche Diskursstile konzentriert haben. Gleichwohl funktionieren die jeweiligen Qualitätsfilter in unterschiedlicher Weise. Während die wissenschaftlichen Verlage die publizistische Verbreitung von Theorie mit dem Korrektiv des ökonomischen Ertrags versehen, verhält es sich bei der Wissenschaftsförderung umgekehrt. Hier wird die Höhe des ökonomischen Investitionsvolumens mit dem Korrektiv des wissenschaftlichen Ertrags versehen. Beide begegnen sich jedoch im Medium Buch. So folgt etwa schon die Vorauswahl der bekannten Förderer (DFG, Stiftungen etc.) wie bereits ausgeführt meist der Vorgabe von bereits durchgesetzten Diskursstilen. Sie setzen voraus, dass Diskursstile schon vorab die Gestalt von Publikationen angenommen haben. Die positive Bewertung von Gutachtern im Rahmen der offiziellen Verfahren ist nicht zuletzt davon abhängig, dass der zu erforschende Bereich keine *terra incognita* mehr ist, sondern zumindest in Grundzügen bereits kartographiert wurde. Die seismographische Qualität der Gutachterkommissionen beschränkt sich meist eher auf das Aufspüren von Nachbeben. Ihnen geht es um eine Form der theoretischen wie institutionellen Differenzierung, die an bereits bestehende Diskursstile anknüpft und diese weiter verfestigt, institutionalisiert und so in den wissenschaftlichen Kanon integriert.

Verlage hingegen versuchen bereits frühzeitig, tektonische Verschiebungen der Theoriefelder zu erspüren und mithilfe einer Programmdifferenzierung abzubilden, die aus strategischen Gründen deutlich unschärfer ausfällt, als das in akademischen Forschungsinstitutionen der Fall ist. Diese suchen eine Neuerung im Feld des Bekannten und Anerkannten durchzusetzen und sich so zu profilieren, jene hingegen das Bekannte für Neues offenzuhalten, ohne dabei an Profil zu verlieren. Verlage sollten in der Lage sein, im Moment der Nachbeben neu entstehende Felder »einfangen« zu können oder bereits in ihrem Programm erfasst zu haben. So etwa, um ein überaus allgemeines wie weitreichendes Beispiel anzuführen, die verschiedenen *turns*, die die Geisteswissenschaften im Laufe der letzten Jahrzehnte durchlaufen haben: Der *linguistic*, *pictorial* oder *iconic turn*, der *cultural*, *historical* oder *spatial turn* und die vielen anderen, die hier noch zu nennen wären, ziehen auch eine Neuorganisation der Diskurs- und Publikationsstile nach sich, auf die die Verlage zu reagieren haben, entstehen aber – und das keineswegs als plötzliche Eruption oder theoretische Emergenz – im Umfeld bestimmter Diskursstile und -typen, die bereits ihren verlegerischen Ort gefunden haben. Auf diese *turns* reagieren nun die Verlage höchst unterschiedlich. Einige wenige Verlage hatten einen speziellen *turn* bereits programmatisch betrieben und versuchen nun, die öffentliche Anerkennung publizistisch wie institutionell durchzusetzen und auszunutzen. Andere, die dies nicht getan haben, setzen auf eine programmatische Beharrlichkeit, die annimmt, dass die *turns* nur eine momentane Erschütterung, nicht aber eine nachhaltige Verschiebung der Wissenschaftslandschaft darstellen. Andere hingegen öffnen ihr Programm und versuchen sich an programmatischen Brückenschlägen, müssen dafür aber auch ihr Profil ändern und kostbare Programmplätze opfern, die bei fast allen Verlagen das knappe und umkämpfte Gut schlechthin sind. Weitere hingegen entstehen neu, konzentrieren sich auf die aufkommenden Diskursstile und versuchen, sich sukzessive eine Backlist zu erarbeiten, die sie später für einen bestimmten Diskursstil prädestinieren soll und im Erfolgsfall auch wird.

Es wird deutlich, dass die theoretische wie programmatische Differenzierung der Verlage eine diffizile Aufgabe darstellt: Eine zu weitgehende Differenzierung schränkt den Markt und mit ihm die Zahl der Leserinnen und Leser ein, macht hingegen die Bücher kalkulierbarer, da präziser einzuschätzen ist, wie hoch die Auflage sein darf, und sich zugleich die Kosten beispielsweise für Vorauszahlungen in Grenzen halten. Pointiert gesprochen: ein entomologisches Buch hat ebenso wie eine Übersetzung eines Werks von Jacques Derrida eine relativ präzise anzugebende Anzahl von verlässlichen Lesern, die nicht erst gewonnen werden müssen, allerdings auch einen Bestseller nahezu ausschließen. Eine zu unspezifische Abgrenzung von anderen Verlagen macht hingegen das Programmprofil so unscharf, dass kaum noch konzeptionelle Konturen zu erkennen sind. Sie ermöglicht hingegen, weit mehr Titel, Reihen etc. und mit ihnen auch die finanzielle Förderung und eine Öffentlichkeit herzustellen sowie gegebenenfalls Autoren zu verpflichten, die unter Umständen später weitere Bücher schreiben. Auch hier pointiert gesprochen: das populäre Sachbuch ist die Verlockung aller Wissenschaftsverlage. Es stellt als wissenschaftliches Crossover-Buch, das sich an ein breites Leserpublikum aus Schülern, Eltern, Lehrern und anderen richtet und zugleich eine wissenschaftliche Kritik nicht zu fürchten hat, da es um neue Forschung längst nicht mehr geht, ein ökonomisches Paradies in Aussicht, allerdings nur unter der Vorgabe, einerseits durch die Hölle von nicht selten erheblichen Vorauszahlungen zu gehen und andererseits Grundüberzeugungen über Bord zu werfen, was das wissenschaftliche Niveau anbetrifft. Mitunter ist dann für Publikationen, denen es weniger um den ökonomischen Ertrag als um die akademische Reputation geht, eine solche Gesellschaft unangenehm. Das hat weitere Konsequenzen. Dementsprechend entwickeln Verlage unterschiedliche Strategien, und hier gilt keineswegs: »Bei Gefahr und großer Not bringt der Mittelweg den Tod.«

Ähnliches gilt auch für ausländische Publikationen, sprich für Übersetzungen, die nicht selten maßgeblich dazu beitragen, dass neue Diskursstile entstehen. Auch hier gibt es eine ›natürliche‹ Affinität bestimmter Verlage aufgrund bestimmter gemeinsamer Diskursstile der Programmschwerpunkte – auch wenn diese in dem jeweiligen Land mitunter höchst unterschiedlich rezipiert werden. (Man denke etwa an die Rezeption von Ernst Jünger oder Martin Heidegger in Frankreich, Jacques Derrida in Japan und den USA, von Jürgen Habermas in Frankreich oder China oder von Slavoj Žižek weltweit, die in nicht wenigen Ländern – und das zur gleichen Zeit – eine andere Gestalt annimmt.)

Verlage stehen nicht selten für einzelne Diskursstile und sind dadurch der ›natürliche‹ Ansprechpartner für bestimmte Forschungsverbunde, an präzisen Themenschwerpunkten interessierte Leserinnen und

Leser und einschlägige ausländische Verlage. Verlage dienen so auch als heuristische Instrumentarien, um überhaupt Qualitätseinschätzungen leisten zu können, denn sie sollten, wenn sie Markt-, Meinungs- wie Theorieführer bleiben wollen, alles daransetzen, auch ein bestimmtes theoretisches Niveau zu halten und dabei versuchen, wichtige (und wenn möglich sogar die wichtigsten) Publikationen dieses Bereichs zu veröffentlichen. Und wenn das nicht (mehr) der Fall ist, tritt das letzte Korrektiv auf den Plan und macht den Vertrauensverlust in einen bestimmten Diskursstil und in seine programmatische Verlagszugehörigkeit öffentlich: die Kritik. Doch das ist eine andere Geschichte.

Literatur

Adorno, Theodor W. (1997), »Jargon der Eigentlichkeit«, in: ders., *Gesammelte Schriften*, Bd. 6, Frankfurt/Main, S. 413–526.

Deleuze, Gilles/Guattari, Félix (2000), *Was ist Philosophie?,* Frankfurt/Main.

Foucault, Michel (2001), »Was ist ein Autor?«, in: *Dits et Ecrits. Schriften*, Bd. 1, Frankfurt/Main, S. 1003–1041.

Laermann, Klaus, »Lacancan und Derridada. Frankolatrie: gegen die neueste Mode, den neuesten Nonsens in den Kulturwissenschaften«, in: *Die ZEIT*, 30. Mai 1986, S. 52f.

Luhmann, Niklas (1990), *Die Wissenschaft der Gesellschaft*, Frankfurt/Main.

Publikation, Qualität, Reputation

Zu den Rahmenbedingungen einer Dreiecksbeziehung in den Geisteswissenschaften unter digital-vernetzten Bedingungen

Stefan Gradmann

»Es ist eben kein beiläufiger, sondern ein wesentlicher Unterschied zwischen den prototypischen Naturwissenschaften und den prototypischen Geisteswissenschaften, daß sie sich in ihrem Kommunikationsverhalten an unterschiedlichen Leitgattungen und deren unterschiedlichen Gattungsgesetzen orientieren. Das ergibt sich zwangsläufig aus den Gegebenheiten des wissenschaftlichen Sprachverkehrs.« (Weinrich 1995: 170)

Elektronisches Publizieren und die zwei Wissenschaftskulturen

»Die Wissenschaftler trauen der Online-Publikation nicht.« Mit diesem lapidaren Satz fasste Dieter E. Zimmer (2001) die Vorbehalte zusammen, die zum damaligen Zeitpunkt noch in den allermeisten Wissenschaftsdisziplinen gegenüber dem elektronischen Publizieren bestanden.

Inzwischen sind jedoch zumindest die von Zimmer damals als besonders kritisch eingestuften Einflussgrößen »Echtheit, Aufbewahrung und Dauerhaftigkeit« offensichtlich soweit beherrschbar geworden, dass viele Wissenschaftler die mangelnde Authentizität, Archivierbarkeit und Persistenz der digitalen Publikationsform nicht mehr als grundlegendes Manko empfinden: In weiten Teilen der ›harten‹ Wissenschaften ist das elektronische Publizieren inzwischen dabei, sich als primäre Publikationsform zu etablieren. Die großen kommerziellen Verlagsunternehmen im Bereich STM (*Science, Technology, Medicine*) wie etwa Elsevier oder Springer haben inzwischen den Umstieg aus rein druckbasierten Geschäftsmodellen der Zeitschriftenpublikation in digitale Produktions-

und Verwertungsmodelle so weitgehend vollzogen, dass die weiter parallel zur digitalen Produktions- und Verwertungskette angebotene Druckpublikation demgegenüber mitunter schon den Charakter eines Derivats, eines Sekundärproduktes annimmt.

Parallel zu diesem Prozess hat sich ebenfalls im STM-Bereich in den vergangenen Jahren ausgehend von dem Kampfbegriff *Open Access* eine heftige Debatte um die Frage entwickelt, wie die Bedingungen des Zugangs zu mit öffentlichen Mitteln erarbeiteten Forschungsergebnissen und darauf bezogenen Publikationen gestaltet sein müssen, um eine optimale Verbreitung dieser Publikationen und einen möglichst ungehinderten Zugang zu Forschungsergebnissen (und in Zukunft zunehmend auch Primärdaten aus dem Forschungskontext) zu gewährleisten. Die überreich dokumentierte Debatte um *Open Access*[1] war anfangs stark von publikationsökonomischen Aspekten und der vordergründigen Sorge bestimmt, die Etats wissenschaftlicher Bibliotheken könnten bald nicht mehr ausreichend sein, um angesichts der dramatisch gewachsenen Abonnementspreise und der Monopolstellung einiger Anbieter eine Literatur-Grundversorgung in den STM-Fächern überhaupt noch sicherstellen zu können. Sehr bald jedoch verschob sich der Fokus dieser Diskussion zunehmend hin zu der Frage, wer eigentlich für die technische und inhaltliche Qualität wissenschaftlicher Veröffentlichungen einsteht – diese Rolle nämlich reklamierten die großen Copyright-Verwerter als ihre originäre Leistung und als Rechtfertigung zugleich für Endpreise, die eben neben den gerade unter digitalen Produktionsbedingungen zunehmend marginalen Herstellungskosten vor allem auch die nunmehr als Hauptfaktor eingestuften Verfahrenskosten für die Qualitätssicherung beinhalten sollten.

Eng verbunden schließlich mit den Aspekten der Qualitätssicherung und in der jüngsten Phase der Diskussion um *Open Access* zunehmend beherrschend ist die Frage nach der Beziehung zwischen Publikationswegen und -verfahren auf der einen und Verfahren für die Bemessung wissenschaftlicher Relevanz oder zumindest Wirkung (*impact*) und daraus abgeleiteter Reputation von Forschenden und Institutionen auf der anderen Seite. Das ist nicht weiter verwunderlich, denn die Wahl des

---

1 Ich nenne an dieser Stelle nur stellvertretend die Veröffentlichung der Deutschen UNESCO-Kommission (2006).

Publikationswegs nimmt existenzielle Dimensionen an, wenn – wie inzwischen mancherorts beispielsweise in medizinischen Fakultäten praktiziert – die *impact*-Werte der Zeitschriften auf den Literaturlisten der Kandidaten fast mechanisch auf die Gestaltung von Berufungslisten durchschlagen. Neben die Auseinandersetzung mit den kommerziellen Rechteverwertern wie Elsevier im Zusammenhang mit *Open Access* tritt nun also zunehmend auch die Frage nach der Rolle von Produkten wie *Web of Science* oder *Scopus* und die Suche nach praktikablen und vor allem transparenten, kontrollierbaren Alternativen.

Der Einzug digitaler, netzbasierter Szenarien wissenschaftlichen Arbeitens hat also im Bereich der *hard sciences* drei eng verbundene Entwicklungen mit einer sehr lebhaften Diskussion im Umfeld der Kernbegriffe »Publikation«, »Qualität« und »Reputation« gezeitigt.

Von alledem ist in den Geisteswissenschaften wenig zu bemerken.[2] Elektronisches Publizieren ist hier unverändert eher ein Nischenthema, *Open Access* – zumindest wie im STM-Bereich diskutiert – allein schon wegen des weit geringeren Stellenwertes der Zeitschriftenpublikationen kaum von Interesse, und der Komplex »Qualität/Relevanzevaluation« wird – wenn überhaupt – als Bedrohung wahrgenommen, wie in der folgenden Äußerung von Nida-Rümelin (2008):

> »Im Zuge der Reformen wird ein Forschungs- und Wissenschaftsbegriff paradigmatisch, der den Geisteswissenschaften weitgehend fremd ist. Forschung wird in Gestalt großer, 50 oder 200 Forscher einschließender Cluster gefördert, die Forschungsleistung wird nach Drittmitteleinwerbung und veröffentlichten Papers in amerikanischen Review Journals [sic!] bewertet. Die größere Buchpublikation – für die geisteswissenschaftliche Forschung nach wie vor zentral […] und für ihre breitere Wahrnehmung (und damit für ihre gesellschaftliche und politische Relevanz) unverzichtbar – wird entwertet. Publikationen in der Muttersprache oder in einer anderen Sprache als Englisch zählen nicht mehr. Die stilistische Sorgfalt – charakteristisch für geisteswissenschaftliche Publikationen – schwindet, die »Schrumpfform« des Amerikanischen, wie sie in internationalen englischsprachigen Zeitschriften dominiert, nivelliert die geisteswissenschaftliche Terminologie, klassische Quellen und fremdsprachige Texte

2 Neben den im Folgenden diskutierten Ursachen für diese spezifische Differenz sind hier im Sinne von Zustandsbeschreibungen die Veröffentlichungen DFG (2006) und ACLS (2006) lesenswert. Ich selbst bin diesen Zusammenhängen in Gradmann (2004), Gradmann (2007a) und Gradmann (2007b) nachgegangen.

werden lediglich in ihren englischen Übersetzungen rezipiert etc. Letztlich mündet diese Entwicklung in eine Art Selbstkolonialisierung der reichhaltigen und vielfältigen geisteswissenschaftlichen Landschaften in Europa.«

Neben dem Befremden ob der »veröffentlichten Papers in amerikanischen Review Journals«[3] als Evaluationsfaktor und Förderkriterium treten hier gleich noch zwei weitere Grundmotive zutage, die eine spezifisch andere Grundkonstellation von »Publikation«, »Qualität« und »Reputation« vermuten lassen: die Fremdheit kollaborativer Arbeitsformen (»50 oder 200 Forscher einschließende[r] Cluster«) und das berechtigte Unbehagen an einem angelsächsisch dominierten Wissenschaftsparadigma, das in der Tat nicht-englischsprachige Veröffentlichungen nur mehr als Marginalien ohne wirklichen *impact* zulässt. Der Grundtenor des Zitates jedoch ist kulturkritisch-defensiv und lässt erst einmal auf eine konservierend-abwehrende Haltung der Geisteswissenschaften schließen.

Dieser Befund wird unterstützt durch die Analyse des Unterausschusses für elektronisches Publizieren der DFG, wie etwa in der folgenden Passage: »Innerhalb der Geisteswissenschaften besteht der Vorbehalt, dass Online-Publikationen keine hinreichend seriösen Publikationen sind und deshalb wenig Renommee einbringen.« DFG (2006: 2)

Und doch haben die Geisteswissenschaften durchaus auf ihre Weise auf das Aufkommen digitaler, netzbasierter Arbeitsszenarien reagiert: vor allem im Bereich der Editions- und Quellenwissenschaften belegen Projekte wie die digitale Bibliothek *Perseus, TextGrid* oder *HyperNietzsche*[4] eine durchaus rege Auseinandersetzung mit dem Potenzial digital basierter Arbeitsformen.

Und auch die medientheoretischen Ansätze vor allem von und im Gefolge von Norbert Bolz oder die vornehmlich in den neunziger Jahren des letzten Jahrhunderts grassierende und teilweise fast schon inflationäre Obsession mit *Hypertext* in weiten Bereichen der Textwissenschaft, personalisiert in der Galionsfigur Friedrich A. Kittler, belegen eine teilweise schon sehr früh einsetzende Faszination zumindest von Teilen der Geisteswissenschaften durch digital basierte Arbeitstechniken und digital konstituierte Objekte.

---

3 Gemeint sind vermutlich nicht Rezensionszeitschriften, sondern *peer reviewed journals*.

4 Siehe dazu D'Iorio (2007).

Vielleicht am weitesten ging in diesem Sinne Cramer (2003), der in einem Vortrag auf dem Germanistentag 2001 unter dem Titel »Für eine Textwissenschaft des Digitalen« die folgende, recht radikale These aufstellt:

> Computer und Internet basieren auf Code, d.h. auf Text. Auch alles »Multimediale« des Computers ist textuell gespeichert und prozessiert. [...] Es gibt im Computer nichts als Schrift, woraus folgt, daß Schrift, Text der Schlüssel zum strukturellen Verständnis des Computers und der Digitalisierung analoger Zeichen ist. Der Prozeß der Digitalisierung von Zeichen ist unzweifelhaft der größte Verschriftlichungsprozeß in der Geschichte der Menschheit.

Hier vollzieht sich eine frappante Rollenverkehrung von Diskurs und Instrument: Der Computer, gemeinhin als Hilfsmittel wissenschaftlichen Tuns gesehen, wird hier als Gegenstand (text-)wissenschaftlicher Arbeit apostrophiert, das Corpus der Philologie erweitert sich um ihr vermeintliches digitales ›Instrument‹ ...

Mag auch dieses letzte Beispiel extrem gelagert sein, so illustriert es doch, wie andersartig die Annäherung der Geisteswissenschaften an digital basierte Arbeitsformen verläuft: Sie ist fixiert auf digitale Informationsobjekte, auf ›Dokumente‹, und nicht primär auf deren Veröffentlichungsmodus. Das Verständnis dieser Andersartigkeit wiederum – so die Kernthese dieses Beitrages – ist Voraussetzung für eine adäquate Bestimmung der spezifischen Konstellation von »Publikation«, »Qualität« und »Reputation« in den Geisteswissenschaften. Und insofern ist an dieser Stelle ein genauerer, systematischer Blick erforderlich auf einige der Veränderungen, die durch den Einzug digitaler und netzbasierter Plattformen in das Informationskontinuum von Wissenschaft verursacht wurden und werden.

Diese Veränderungen lassen sich als ein mehrfacher Paradigmenwechsel beschreiben, der drei Konstanten der traditionellen Produktions- und Rezeptionskette betrifft: die linear/zirkulär organisierte Verfahrenskette, die starke funktionale Prägung durch traditionell etablierte Kulturtechniken und zuletzt die Idee eines monolithisch verfassten ›Dokuments‹ selbst. Und dieser dreifache Paradigmenwechsel hat – wie in den folgenden Abschnitten zu zeigen sein wird – spezifische Folgen für die Geisteswissenschaften.

Die digitale Neuformation des wissenschaftlichen Informationskontinuums

Will man die tiefgreifenden Folgen der mit dem Einzug digitaler und netzbasierter Plattformen einhergehenden Veränderungen begreifen, ist es sinnvoll, sich die Grundzüge der wissenschaftlichen Produktions- und Rezeptionskette vor Augen zu führen, wie sie über Jahrhunderte in der buchgeprägten Wissenschaftskultur weitgehend konstant waren. Sie sind in Abbildung 1 schematisiert dargestellt.

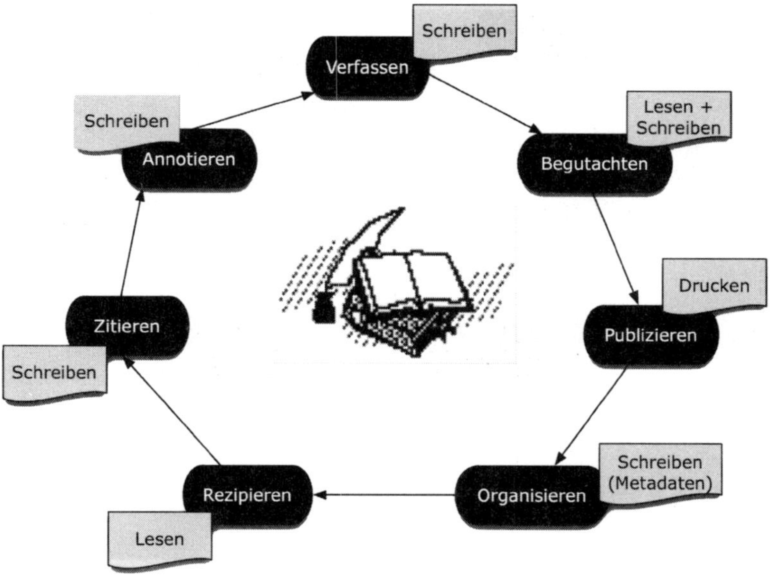

Abbildung 1: Das traditionelle Informationskontinuum

In diesem traditionellen Ablauf waren typische Stationen wie ›Verfassen‹, ›Begutachten‹, ›Publizieren‹, ›Organisieren‹, ›Rezipieren‹, ›Zitieren‹ und ›Annotieren‹ weitgehend mithilfe weniger stabiler Kulturtechniken (und mit den Kernoperationen ›Lesen‹ und ›Schreiben‹) konstituiert, und die linear organisierte Reihenfolge der Stationen war weitgehend starr und wenig Veränderungen unterworfen. Diese traditionelle Ablaufkette war um das Informationsobjekt ›Buch‹ zentriert, das darum in die Mitte des Kreises gesetzt ist.

Nach Einzug digitaler Medien und Arbeitsinstrumente dann blieb diese Funktionskette in einer ersten Phase praktisch unverändert, einzig die Aktivitäten in deren einzelnen Stationen selbst wurden mit digitalen Mitteln nachgebildet, wie in Abbildung 2 angedeutet.

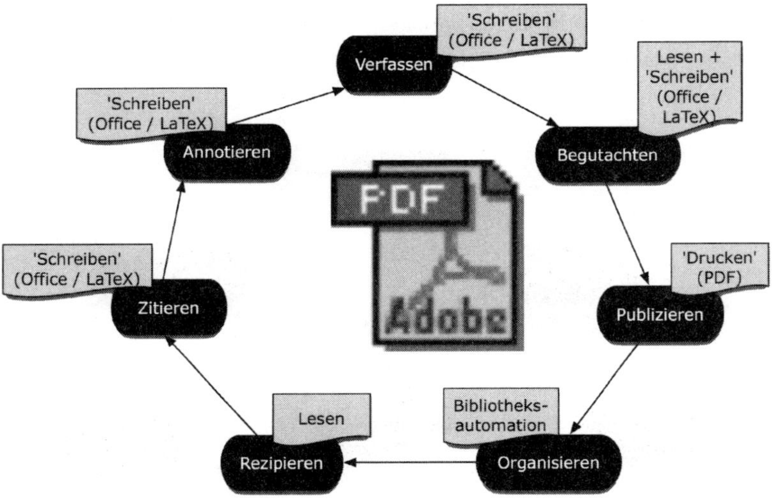

Abbildung 2: Das wissenschaftliche Informationskontinuum im Emulationsmodus

Das solcherart in den Emulationsmodus versetzte Informationskontinuum hat gewisse Ähnlichkeiten mit der Inkunabelkultur in den ersten Jahrzehnten nach Erfindung des Buchdrucks: So, wie diese eine Zeit lang noch die Eigenschaften mittelalterlicher Folianten konservierte, erhielt (und erhält zum Teil immer noch) jene die typischen Eigenheiten der traditionellen Ablaufkette. Auch das für dies Stadium zentrale elektronische Informationsobjekt emuliert in druckähnlichen Formaten wie PDF noch weitgehend die Eigenschaften des Informationsträgers ›Buch‹. Die Charakteristika des digital basierten Mediums werden in diesem Stadium noch nicht wirksam, die elektronischen Mittel werden noch ausschließlich zur Nachbildung traditioneller Funktionen verwendet: insofern bietet sich neben dem Terminus ›Emulation‹ die Beschreibung als ein *elektrifiziertes* Informationskontinuum an.

Die erste wirklich qualitative Veränderung vollzieht sich dann im Übergang zu einer dritten Phase, deren Charakteristika und mit diesen verbundene offene Fragen in der untenstehenden Abbildung 3 angedeutet sind. Der Übergang zu dieser dritten Phase, in der einzelne Schritte innerhalb des immer noch weitgehend intakten linearen Funktionsparadigmas nunmehr mit genuin digitalen Mitteln modelliert und damit substanziell verändert werden, ist derzeit in vollem Gange und je nach Wissenschaftsdisziplin unterschiedlich weit fortgeschritten. Einige ausgewählte Charakteristika dieser dritten Phase sind mitsamt den sich daran knüpfenden Fragen in Abbildung 3 skizziert.

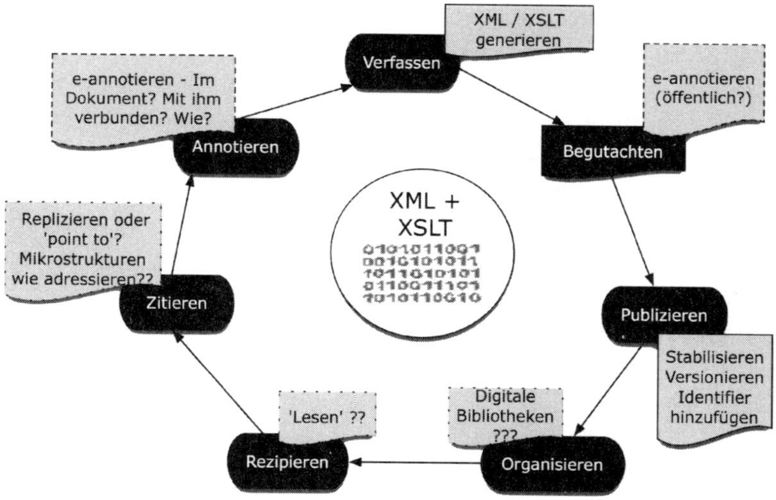

Abbildung 3: Digital konstituierte Schrittfolge im traditionellen Funktionsparadigma

Das Verfassen wissenschaftlicher Dokumente beispielsweise wandelt sich dabei zunehmend zum Generieren von Inhalten in einer XML-Syntax mitsamt zugehöriger Präsentation in XSLT oder vergleichbaren Prozessierungstechniken. Der Begutachtungsprozess wandelt sich zu einem mehr oder minder öffentlichen Verfahren der digitalen Annotation. ›Publizieren‹ wird dann gleichbedeutend mit dem Stabilisieren eines

Dokumentinhalts, seiner Versionierung, sowie dem Hinzufügen eines Identifikators. ›Zitieren‹ beinhaltet dann das Identifizieren des referenzierten Informationsobjektes und das Verweisen auf Mikrostrukturen innerhalb dieses Objektes – wobei offen ist, inwieweit die Teilreplikation des zitierten Kontexts (wie traditionell üblich) unter diesen Bedingungen noch erforderlich/sinnvoll ist, beziehungsweise inwieweit es sich nunmehr ausschließlich um eine Referenzierung handelt. Unklar bleibt bei alledem, wieweit der Begriff ›Lesen‹ noch für die Beschreibung der Rezeptionsprozesse sinnvoll ist. Und gänzlich unklar ist, wie lange die Bibliotheksmetapher noch für die Beschreibung der gewandelten Organisationsformen für digitale Informationsobjekte angemessen bleibt.

Bei alledem schwindet rapide die funktionsprägende Kraft der traditionellen Kulturtechniken an den einzelnen Stationen der Kette. Dies ist der erste Paradigmenwechsel, und er hat weitreichende Folgen an verschiedenen Stellen des wissenschaftlichen Informationskontinuums: Die Tatsache etwa, dass das ›Verfassen‹ eines digitalen Dokuments zunehmend nicht mehr sinnvoll vom (analogen) Schreibvorgang her gedacht werden kann und dass dabei eine zunehmend konsequente Trennung der inhaltlichen von den formal-gestalterischen Elementen stattfindet, hat weitreichende Rückwirkungen auf das Konzept der *Autorschaft* selbst. Ein weiteres Beispiel ist der Publikationsvorgang, der nun nicht mehr über die Drucklegung definierbar ist, sondern völlig neu konstituiert und kollektiv verankert werden muss (dementsprechend ausgeprägt ist derzeit in manchen Fällen die Unsicherheit bezüglich der Frage, wann denn ein digitales Dokument als ›veröffentlicht‹ anzusehen sei!).

Doch trotz dieses ersten Paradigmenwechsels bleiben auch in dieser Ausprägung noch wesentliche Charakteristika des traditionellen Informationskontinuums erhalten: es bleibt linear-zyklisch konstituiert und kreist um ein monolithisches Informationsobjekt, das ›Dokument‹.

Diese beiden letzten Charakteristika nun dürften in einer schon am Horizont erkennbaren Phase tangiert werden, deren wesentliche Eigenschaften in Abbildung 4 angedeutet sind.

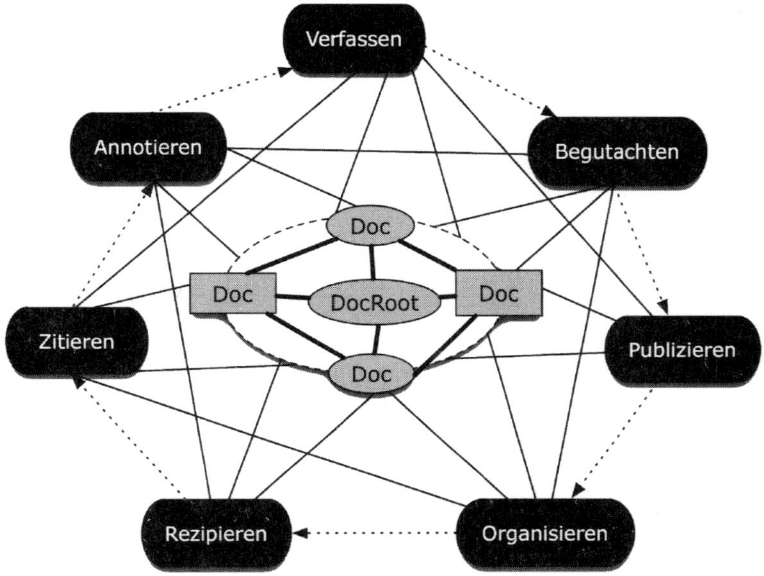

Abbildung 4: Ein de-konstruiertes Informationskontinuum

In dieser zukünftigen Phase vollziehen sich zwei weitere grundlegende Paradigmenwechsel. Zum einen können die Stationen des früheren linear-sequentiellen Kreislaufs in beinahe beliebige, netzförmige Beziehungen zueinander gesetzt werden, wie sich dies bereits heute beispielsweise in den Verfahren des *public reviewing* andeutet, in denen der Begutachtungsprozess zu einer mehr oder minder öffentlichen Annotationsform im Anschluss an die eigentliche Veröffentlichung wird. Ein anderes Beispiel sind Rezeptionsprozesse bezogen auf sogenannte *preprint*-Versionen von erst später im kanonischen Sinne veröffentlichten Dokumenten. Die Funktion der ›bibliothekarischen‹ Organisation von Informationen schließlich muss auch heute schon neben den Publikationen selbst das Verwalten von Annotationen mit im Auge haben. Die Rekombinierbarkeit der zuvor in linearen *workflows* geordneten Teilschritte wird jedoch noch systematischere Ausmaße annehmen.

Folgenreicher noch ist ein zweiter Prozess, in dem das zentrale Informationsobjekt ›Dokument‹ seinen monolithischen Charakter verliert und selbst zu einem vernetzt konstituierten Objekt-Cluster mit zunehmend unscharfen Rändern wird. Van de Sompel/Lagoze (2007) haben diese Tendenz bezogen auf die an sich wenig komplexe Publikationsform des Zeitschriftenaufsatzes folgendermaßen beschrieben:

»One major challenge to the existing system is the change in the nature of the unit of scholarly communication. In the established scholarly communication system, the dominant communication units are journals and their contained articles. This established system generally fails to deal with other types of research results in the sciences and humanities, including datasets, simulations, software, dynamic knowledge representations, annotations, and aggregates thereof, all of which should be considered units of scholarly communication.«

Und Crane (2006) akzentuiert diese Diagnose mit Blick auf die heute schon denkbaren Informationsarchitekturen auf Basis massenhaft digitalisierter Monographien:

»Most digital libraries still mimic their print predecessors, treating individual objects – commonly chunks of PDF, RTF/Word, or HTML with no standard internal structure – as its constituent units. As digital libraries mature and become better able to extract information (e.g., personal and place names), each word and automatically identifiable chunk of words becomes a discrete object. In a sample 300 volume, 55 million word collection of nineteenth-century American English, automatic named entity identification has added 12,000,000 tags. While this collection focuses on name rich historical materials and includes several reference works, this system already discovers thousands of references to named entities in most book length documents. We thus move from single catalogue entries with a few hundred words to thousands of tagged objects – an increase of at least one order of magnitude with named entities and of at least two orders of magnitude when we consider each individual word as an object.«

Und doch beschreibt Crane einen noch vergleichsweise leicht fassbaren Zustand, in dem die Dokumentgrenzen durch die ursprüngliche Medienbindung der digitalisierten Monographie noch garantiert und leicht rekonstituierbar sind. Ganz anders verhält es sich im Falle komplexer, genuin digitaler Dokumente ohne entitätskonstitutive Medienbindung und ohne kulturell prädeterminierte Merkmale der Internstruktur (wie beispielsweise eine ›Seitenzählung‹): Hier wird die Frage nach der Konstitution der digitalen Dokumententität, nach ihren Grenzen und ihrer Internstruktur zu einem vitalen Problem. Und dieser dritte Paradigmenwechsel, die De-Konstruktion des Dokumentbegriffes unter digitalvernetzten Bedingungen, trifft die Geisteswissenschaften gleichermaßen

›ins Herz‹, und dies gerade auch hinsichtlich der Kernbegriffe Publikation, Qualität und Reputation, verändert er doch grundlegend die Produktions- und Veröffentlichungsbedingungen und dabei insbesondere die Bedingungen der Rezeption und der Weiterverwendung geisteswissenschaftlicher Dokumente, indem er die grundlegenden Bedeutungsmodi von Dokumenten als komplexen Zeichen selbst tangiert.

Insofern ist als letzte Voraussetzung für Aussagen zu künftigen Verhältnissen im Dreieck von Publikation, Qualität und Reputation in den Geisteswissenschaften ein Blick auf die spezifische Beziehung zwischen (vornehmlich hermeneutisch basierten) Geisteswissenschaften und den konstitutiven Repräsentationsmodi von Dokumenten als komplexen Zeichen erforderlich.

Dokument und Bedeutung ...

Bei näherer Betrachtung wird nämlich deutlich, dass in der Fachdiskussion um elektronisches Publizieren Aspekte der Dokumentmodellierung und des Dokumentinhalts (und damit auch der Bedeutung) bislang fast ausschließlich nach Maßgabe eines Informationsmodells diskutiert wurden, wie es in den empirisch geprägten Wissenschaften vorherrscht. In diesem Modell ist wissenschaftliche Forschung als Kernaktivität vom Publikationsprozess völlig getrennt und diesem vorgängig. Erst nachdem Forschung ›Resultate‹ erbracht hat, werden diese diskursiv verpackt und in der Regel als Zeitschriftenaufsätze veröffentlicht. In diesem robusten und wenig komplexen ›Containermodell‹ wissenschaftlichen Publizierens ist der oben beschriebene ›Emulationsmodus‹ des elektronischen Publizierens völlig ausreichend, und dementsprechend konzentriert sich eben auch die gesamte Diskussion um *Open Access* auf die Frage, wie der Zugang zu diesen elektrifizierten Veröffentlichungen zu gestalten sei. Ohnehin handelt es sich aus Sicht der *›hard scientists‹* um eine vergleichsweise ephemere Problematik, die man, weil sie sich weit ab von der eigentlichen Forschung befindet, notfalls auch ohne Schaden den Bibliothekaren überlassen kann.

Wissenschaftliches Publizieren in den hermeneutisch geprägten Geistes- und Sozialwissenschaften hingegen vollzieht sich in einem gänzlich anderen Informationsmodell: Forschung und diskursive ›Verpackung‹ sind hier untrennbar ineinander verwoben, zumal in den allermeisten geisteswissenschaftlichen Disziplinen (und vor allem in den Philologien) ›Diskurs‹ und ›Text‹ wiederum Gegenstand wissenschaftlichen Arbeitens sind: Typischerweise operieren diese Disziplinen allesamt über Text- oder Diskurskorpora mit dem Ziel entweder der Re-Aggregation dieser Corpora (etwa in Quelleneditionen oder kritischen Textausgaben) oder der korpusbasierten Modellierung und Interpretation. In all diesen Szenarien sind ›Texte‹ in einem erweiterten Sinn Gegenstand und Ergebnis wissenschaftlicher Arbeit zugleich.

Es dürfte damit deutlich geworden sein, dass die beiden Informationsmodelle sich letztlich vor allem hinsichtlich der Form-Inhaltsrelation unterscheiden. Im Grunde unterliegt damit den unterschiedlichen Publikationskulturen der beiden Wissenschaftskulturen eine weit fundamentalere semiologische Differenz. Der dominante, meist von der Informatik geprägte Diskurs in den naturwissenschaftlichen Communities verwendet dabei Begriffe wie »Dokument«, »Zeichen« oder »Name« vergleichsweise naiv und ohne Berücksichtigung ihrer inhärenten semiologischen Komplexität. Dies resultiert letztlich in einer Art nominalistischer Regression (wenn auch auf hohem technischen Niveau!), mündet in ein Zeiger-Objekt-Modell, in dem ›Wörter‹ auf real existierende ›Dinge‹ verweisen.[5] Dieses Modell kennt ausschließlich denotative Beziehungen, wie diese Grafik andeutet:

Im Gegensatz zu diesem sehr einfachen Konzept der Relation zwischen Wörtern und Dingen ist für das Verständnis des für die Geisteswissenschaften maßgeblichen Bedeutungsmodus eine Rückbesinnung auf das Modell des Sprachzeichens hilfreich, wie es ursprünglich von de Saussure entworfen wurde:

5 Die perfekte Inkarnation dieser Denkfigur sind im Übrigen die ›Ontologien‹ des *semantic web*!

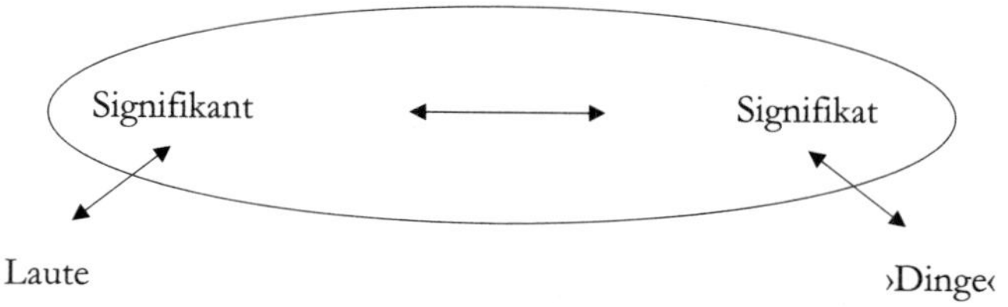

Und wie es dann, nach Verfeinerungen durch Hjelmslev, Eco und andere, in ein generalisiertes Sprachmodell mündet, das in dieser Form auch als Grundlage für ein erweitertes Text- und Dokumentmodell dienen kann:

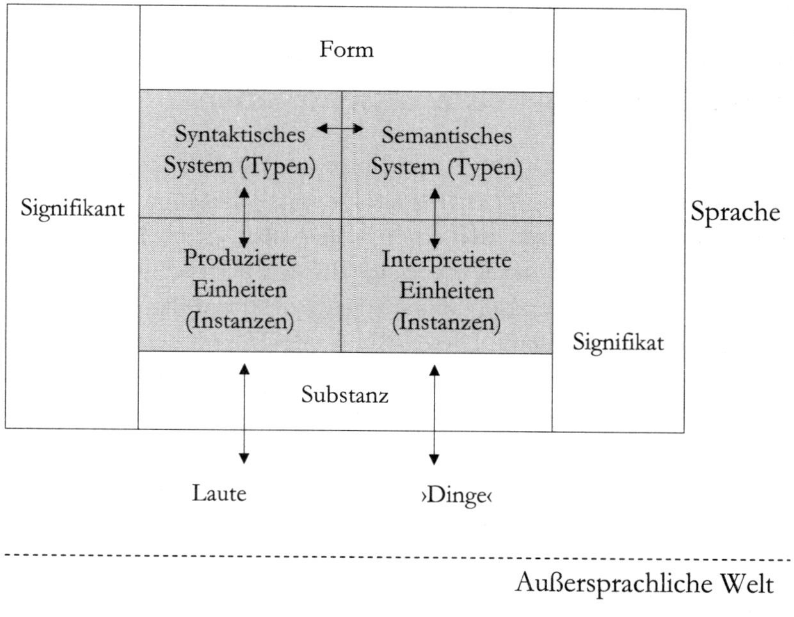

Signifikanten und bezeichnete Konzepte (Signifikate) sind in diesem Gedankenmodell ebenso wenig voneinander zu trennen wie Form und Substanz der Zeichenkomponenten; zudem müssen produzierte und interpretierte Einzelinstanzen immer in ihrem sprachlich-systemischen

Kontext gesehen werden. Und weder Laute noch reale ›Dinge‹ sind in diesem Ansatz Teile des sprachlichen Repräsentationsraums.[6]

Eine solche Erweiterung des Informationsmodells ist von einem gestandenen Informatiker gesprächsweise einmal als »Öffnen der semiotischen Büchse der Pandora« bezeichnet worden – und doch ist exakt eine solche Erweiterung erforderlich, will man verstehen, wie sich Geisteswissenschaften und Dokumente zueinander verhalten, und wie letztere als komplexe Zeichen und diese wiederum als Teil eines Systems solcher komplexer Zeichen (vulgo ›Literatur‹) begriffen werden können.

Bausteine einer Agenda für eine (Neu-)Bestimmung des Spannungsdreiecks Publikation – Qualität – Reputation in den Geisteswissenschaften

Der Begriff des Dokuments als komplexes Zeichensystem also steht im Mittelpunkt des Nachdenkens über das Dreieck Publikation – Qualität – Reputation, und zugleich war schon weiter oben deutlich geworden, dass dieser Begriff sich im Kontext der Erosion des traditionellen Produktions- und Rezeptionskontinuums unter vernetzt-digitalen Bedingungen aufzulösen beginnt. Diesen Auflösungsprozess präziser zu analysieren und beschreibbar zu machen, war Anliegen der Forschergruppe RTP-DOC des Centre National de la Recherche Scientifique, die nach mehrjähriger Vorarbeit in den Jahren 2003 bis 2005 zuerst im Netz und im Jahr 2006 dann als gedrucktes Buch unter dem Pseudonym Roger T. Pédauque für das Verständnis gerade auch der absehbaren Veränderungen des Dokumentkonzeptes grundlegende Arbeiten veröffentlicht hat, auf die an dieser Stelle nur pauschal hingewiesen werden kann.

Aber auch aus den bislang schon entwickelten Elementen lassen sich Bausteine herleiten für das Projekt einer mittelfristigen (Neu-)Bestimmung des Spannungsdreiecks Publikation – Qualität – Reputation in

---

6 In dieser stark vereinfachenden Darstellung bleiben wesentliche Konzepte – wie etwa *Syntagma* und *Paradigma* – ausgeblendet. Die wahrscheinlich immer noch besten Einführungen in den Komplex mitsamt erster Vertiefung bieten die Veröffentlichungen von Eco (1968, 1976).

den Geisteswissenschaften.[7] Erforderlich ist ein solches Projekt aus mehreren Gründen: Erstens: Die traditionellen Konzepte für die Publikation komplexer Dokumentformate befinden sich (wie oben gezeigt) in Auflösung – von ihrem Funktionieren aber hängen weite Teile der Geisteswissenschaften vital ab. Zweitens: Verlässliche Indikatoren und gegebenenfalls auch Metriken für die Bestimmung von Qualität fehlen noch ganz weitgehend. Drittens: Dementsprechend bleibt auch intransparent und kaum kontrollierbar, nach Maßgabe welcher Kriterien die Bemessung persönlicher und institutioneller Reputation erfolgen soll.

Die vorgenannten Faktoren stellen zusammengenommen angesichts der ungebrochenen politischen Bestrebungen, auch für die Geisteswissenschaften funktionierende Verfahren der Evaluation und Mittelvergabe aufzubauen, ein erhebliches Risiko in dem Sinne dar, dass mangels anderer Methoden und Kriterien schlicht die in den ›harten‹ Wissenschaften gängigen Verfahren auf die Geisteswissenschaften übertragen werden könnten. Eine solche Übertragung fremder Methodologien – dies dürfte aus diesem Beitrag deutlich geworden sein – wäre angesichts der eigenen diskursiven Kultur und der spezifischen Bedeutungsmodi in den Geisteswissenschaften grotesk unangemessen. Diese spezifischer herauszuarbeiten als in Weinrichs einleitend zitierter Rede von den »Gegebenheiten des wissenschaftlichen Sprachverkehrs« ist sicher ein Baustein einer Projektagenda.

Dabei ist – wie ebenfalls angedeutet – der Dokumentbegriff von besonderer Bedeutung. Es ist sicher nicht ausreichend, monographienartige Publikationsformate digital zu implementieren und solcherart die Geisteswissenschaften systematisch in den Emulationsmodus zu versetzen. Die in diesem Zusammenhang regelmäßig erwähnten *eBooks* sind ein reines Übergangsphänomen und bieten nicht einmal den Ansatz einer zukunftsorientierten Lösung! Ebenso wenig ist eine verordnete Migration in Zeitschriften-Publikationsformate angemessen. Zu leisten ist vielmehr ein Neudenken der Bedeutungsbeziehung zwischen digitaler Publikationsform und wissenschaftlichem Inhalt, das in den Kategorien des hier angesprochenen Paradigmenwechsels zumindest beginnen kann. Resultat müssen dann innovative digitale Publikationsformate sein, die

---

7 Empfehlungen für Kurzfristmaßnahmen sind enthalten in DFG (2006) und ACLS (2006).

unter vernetzt-verteilten Produktionsbedingungen die semiologische Komplexität rekonstituierbar machen, für die in der Gutenberg-Galaxis die Forschungsmonographie stand.

Zugleich muss deutlich werden, dass elektronisches Publizieren und *Open Access* gerade im Kontext der *›digital humanities‹* nur als Teil einer Gesamtstrategie für *eScholarship* sinnvoll sind und damit zum Beispiel nur als Kombination von offenem Zugang zur wissenschaftlichen Publikation und zugleich zu deren Quellengrundlage zweckmäßig sind: Eine besondere Einheit von *Open Access* und *Open Source* also ist eine Lebensbedingung für genuin digital verfasste Geisteswissenschaften.[8]

Schließlich müssen die Geisteswissenschaften Mittel und Wege finden, überprüfbare (und womöglich auch messbare) Aussagen sowohl über die technische als auch über die inhaltliche Qualität und Relevanz von Forschungspublikationen zu generieren, bevor ihnen auch hier Fremdverfahren aufoktroyiert werden, die dann zudem mit ziemlicher Sicherheit die für die Geisteswissenschaften vitale sprachliche Diversität nicht berücksichtigen, sondern rein angelsächsisch dominiert sein werden. Bausteine für dies letztgenannte Teilziel wird das von der Europäischen Kommission geförderte Projekt EERQI erarbeiten.

Literatur

American Council of Learned Societies (ACLS) (2006), »Our Cultural Commonwealth. The final report of the ACLS Commission on Cyberinfrastructure for the Humanities and Social Sciences«, http://www.acls.org/cyberinfrastructure/OurCulturalCommonwealth.pdf.; letzter Zugriff 27.9.2008.

Cramer, Florian (2003), »Für eine Textwissenschaft des Digitalen«, in: Kugler, Hartmut (Hg.), *www.germanistik2001.de. Vorträge des Erlanger Germanistentags 2001*, Bielefeld.

Crane, Gregory (2006), »What Do you Do with a Million Books?«, in: *D-Lib Magazine* 12, http://www.dlib.org/dlib/march06/crane/03crane.html; letzter Zugriff 27.9.2008.

Deutsche Forschungsgemeinschaft (DFG), Unterausschuss für elektronisches Publizieren (2006), »Elektronisches Publizieren im wissenschaftlichen All-

8 Zu diesem Aspekt siehe speziell Gradmann/Meister (2008) und Stöber (2004) sowie allgemein ACLS (2006).

tag. Überlegungen zur Integration elektronischer Publikationsformen in die Geisteswissenschaften«, http://www.dfg.de/forschungsfoerderung/wissenschaftliche_infrastruktur/lis/download/elektr_publizieren.pdf; letzter Zugriff 27.9.2008.

Deutsche UNESCO-Kommission (2006), *Open Access. Chancen und Herausforderungen*, Bonn.

D'Iorio, Paolo (2007), »Nietzsche on New Paths: The HyperNietzsche Project and Open Scholarship on the Web«, in: Maria Fornari/Sergio Franzese (Hg.), *Friedrich Nietzsche. Edizioni e interpretazioni*, Pisa.

EERQI: http://www.eerqi.eu; letzter Zugriff 27.9.2008.

Gradmann, Stefan (2004), »Vom Verfertigen der Gedanken im digitalen Diskurs. Versuch einer wechselseitigen Bestimmung hermeneutischer und empirizistischer Positionen«, in: *Historical Research* 20 (1), S. 56–63.

Gradmann, Stefan (2007a), »Verbreitung vs. Verwertung. Anmerkungen zu Open Access, zum Warencharakter wissenschaftlicher Informationen und zur Zukunft des elektronischen Publizierens«, in: Frank Havemann/Heinrich Parthey/Walther Umstätter (Hg.), *Integrität wissenschaftlicher Publikationen in der Digitalen Bibliothek. Wissenschaftsforschung Jahrbuch 2007*, Berlin, S. 93–106

Gradmann, Stefan (2007b), »Open Access – einmal anders! Zu den spezifischen Funktionsbedingungen wissenschaftlichen Publizierens in den Geisteswissenschaften«, in: *Zeitschrift für Bibliothekswesen und Bibliographie* 54 (4–5), S. 170–173.

Gradmann, Stefan/Meister, Jan Christoph (2008), »Digital document and interpretation: re-thinking ›text‹ and scholarship in electronic settings«, in: *Poiesis & Praxis* 5, S. 139–153.

Nida-Rümelin, Julian (2008), »Die hochschulpolitische Lage und die Zukunft der Geisteswissenschaften in Deutschland«, in: *Aus Politik und Zeitgeschehen 48*, Sonderheft *Hochschulpolitik*.

Pédauque, Roger T. (2006), *Le document à la lumière du numérique*, Toulouse.

Pédauque, Roger T. (2007), *La redocumentarisation du monde*, Toulouse.

Perseus: http://www.perseus.tufts.edu/; letzter Zugriff 27.9.2008.

RTP-DOC: http://rtp-doc.enssib.fr; letzter Zugriff 27.9.2008.

Stöber, Thomas (2004), »Das Internet als Medium geistes- und kulturwissenschaftlicher Publikation«, in: *PhiN*-Beiheft 2, S. 283–296.

TextGrid: http://www.textgrid.de.

Van de Sompel, Herbert/Lagoze, Carl (2007), »Interoperability for the Discovery, Use, and Re-Use of Units of Scholarly Communication«, in: *CTWatch Quarterly* 3, no. 3, http://www.ctwatch.org/quarterly/print.php?p=84; letzter Zugriff 27.9.2008.

Weinrich, Harald (1995), »Linguistik, Wissenschaftssprache, Sprachkultur und die Einheit der Wissenschaft«, in: Heinz Leonhard Kretzenbacher/Harald Weinrich (Hg.), *Linguistik der Wissenschaftssprache*, Berlin, S. 155–174.

Zimmer, Dieter E. (2001), »Analoge und digitale Informationsmedien«, in: *Wissenschaftspublikation im digitalen Zeitalter. Verlage, Buchhandlungen und Bibliotheken in der Informationsgesellschaft*, Wiesbaden, S. 129–136.

6. Nach welchen Kriterien vergeben wir Geld?

Lohnt der Aufwand? Zum Thema Drittmittel von Stiftungen

Frank Suder

Drittmittel geben dem einzelnen Wissenschaftler Leistungsanreize, können qualitäts- und wettbewerbsfördernde Impulse in die Hochschulen hineintragen und langfristig auch zu deren Profilbildung beitragen. Dies wird in den vergangenen Jahren immer deutlicher wahrgenommen, und die erfolgreiche Einwerbung von Drittmitteln gilt zunehmend als eines der wichtigsten Kriterien bei der Bewertung wissenschaftlicher Leistung – nicht zuletzt aber wohl auch, weil es sich hierbei um ein leicht zu quantifizierendes und vordergründig einfach zu vergleichendes Kriterium handelt. Die hochschulinterne Mittelzuweisung orientiert sich inzwischen zumindest in Teilen an der Drittmittelsumme eines Wissenschaftlers, wobei in jüngster Zeit zu beobachten ist, dass für diese Zuweisung von vielen Hochschulen nur noch jene Drittmittel berücksichtigt werden, die von Drittmittelgebern auf der Basis einer geordneten Fachbegutachtung vergeben worden sind.

Lediglich rund fünf Prozent des Drittmittelaufkommens der Hochschulen stammen von Stiftungen und Fördergesellschaften, das heißt, in quantitativer Hinsicht können Stiftungen in keiner Weise mit der staatlichen Finanzierung wissenschaftlicher Einrichtungen konkurrieren. Dennoch werden sie sehr deutlich als Förderer und auch als Partner der Hochschulen gesehen, denn entscheidend für eine erfolgreiche Wissenschaftsförderung ist nicht nur die Bereitstellung möglichst großer Summen, sondern insbesondere auch die Art und Weise der Mittelallokation. Im Gegensatz zu staatlichen Institutionen sind Stiftungen unabhängig von Legislaturperioden und Jahreshaushalten und können ihre Mittel unbürokratisch und flexibel einsetzen; sie haben die Fähigkeit zur Soforthilfe.

Keine wissenschaftsfördernde Stiftung gleicht in Programm und Instrumentarium einer anderen, und jede Stiftung muss ihre Tätigkeit innerhalb der durch die jeweilige Satzung gezogenen Grenzen ausrichten und sich darüber klar werden, welchen speziellen Beitrag sie zur Stärkung von Wissenschaft und Forschung leisten kann und will, ohne dabei lediglich Lückenbüßer staatlicher Finanzprobleme zu sein.

Stiftungen können mit ihren begrenzten Mitteln Akzente setzen, neue Formen wissenschaftlicher Ausbildung und Kooperation mit entwickeln helfen und Anschubförderungen für Initiativen geben, deren Umsetzung aus politischen Überlegungen heraus sonst vielleicht unterbliebe. Stiftungen können hier Partner der Hochschulen sein, indem sie Ideen aufgreifen, die oft schon innerhalb der Hochschulen existieren, aber aus vielfältigen Gründen nicht umgesetzt werden können. Stiftungsmittel verschaffen dabei den Hochschulen Gestaltungsspielräume, die sich aus fest verplanten Etatmitteln oft nicht gewinnen lassen. Diese Grundhaltung impliziert aber auch, dass Stiftungen nur äußerst ungern Langzeitvorhaben unterstützen, die einen langen Atem erfordern und Mittel auf lange Sicht binden würden, so dass ein Großteil der Flexibilität im Stiftungshandeln verloren ginge. Vielmehr sollen durch befristete Finanzierungen Anstöße für Veränderungen gegeben werden.

Handlungsleitende Ziele für eine Stiftung können thematischer oder struktureller Natur sein. Glaubt eine Stiftung, besonders wichtige und aktuell unterfinanzierte Forschungsthemen und -felder identifiziert zu haben, kann sie versuchen, über entsprechend ausgeschriebene Förderprogramme oder beispielsweise die Finanzierung von Stiftungsprofessuren zu diesen Themen Abhilfe zu schaffen. Strukturelle Veränderungen können Stiftungen durch die Entwicklung neuer Förderinstrumente bewirken, die nach einer Anlaufphase dann in das öffentliche Förderungssystem übernommen werden. So wurden beispielsweise in den 1980er Jahren die ersten Graduiertenkollegs in Deutschland durch die VolkswagenStiftung, die Robert-Bosch-Stiftung und die Fritz Thyssen Stiftung finanziert.

Mit zunehmender Bedeutung der Drittmitteleinwerbung steigen auch die Anforderungen an die Drittmittelgeber hinsichtlich der Bewältigung einer immer größeren Zahl von Anträgen und deren sachgerechter Bewertung. Hierbei tritt ein nur begrenzt lösbarer Zielkonflikt auf: Auf der einen Seite erwarten Antragsteller eine umfassende, faire und möglichst objektive Bewertung ihrer Projektvorschläge. Auf der anderen Seite sollen die Förderentscheidungen möglichst schnell und unbürokratisch getroffen werden. Die Begutachtung, insbesondere die substanzielle und auf akademische Leerformeln verzichtende Begutachtung eines Projektvorschlags durch vielfach nachgefragte Experten eines Faches kostet jedoch vor allem Zeit, die wichtigste Ressource eines erfolgreichen Wissenschaftlers, und Förderer müssen sich auch fragen, ob sie durch eine zu hohe Begutachtungsintensität nicht auch zum ›Heißlaufen‹ des Systems beitragen. Hier gilt es, einen dem jeweiligen Fördervolumen angemessenen, pragmatischen Weg zu finden und in ihrer ›Evaluierungstiefe‹ abgestufte Verfahren zu entwickeln. Wenn bei größeren Fördersummen ein besonders hohes Maß der Qualitätssicherung von Förderentscheidungen gefordert ist, sollten solche Verfahren zwingend mehrstufig angelegt werden. Als Beispiel für ein solch mehrstufiges Verfahren soll im Folgenden das Begutachtungsverfahren für größere Projektanträge der Fritz Thyssen Stiftung umrissen werden, das in dieser oder ähnlicher Form bei den vorrangig wissenschaftsfördernden Stiftungen durchlaufen wird.

Projektanträge werden in einer ersten Durchsicht auf ihre grundsätzlichen Erfolgschancen geprüft und innerhalb weniger Tage zurückgegeben, wenn schon im Vorfeld unzweifelhaft erkennbar ist, dass ein Antrag sich aufgrund seiner finanziellen Überdimensionierung oder der in Bezug auf das aktuelle Förderprogramm randständigen Thematik selbst bei positiver fachgutachterlicher Bewertung nicht durchsetzen können wird. Hierdurch soll den Antragstellern ein längeres Warten auf die Entscheidung und dem Gutachtersystem eine unnötige Arbeitslast erspart werden.

Die verbleibenden Projektanträge werden im zweiten Schritt in einem schriftlichen Verfahren durch externe Gutachter bewertet; wobei die Fritz Thyssen Stiftung nicht auf einen geschlossenen Gutachterkreis zurückgreift, sondern versucht, die für die jeweilige Thematik besten Fachwissenschaftler zu identifizieren. Der ideale Gutachter sollte dabei zuallererst fachkompetent sein, aber auch eine angemessene Distanz und Unbefangenheit zu den Antragstellern haben. Pro Antrag werden in der Regel mindestens zwei und in manchen Fällen bis zu fünf oder sechs schriftliche Gutachten eingeholt. Die Fritz Thyssen Stiftung sichert dabei in diesem Verfahren die Anonymität der Gutachter, da nur so Bereitschaft zur Gutachtertätigkeit und ausreichende Kritikfähigkeit der Gutachter gewährleistet sind.

Auf Basis der eingegangenen Gutachten berät dann im dritten Schritt der wissenschaftliche Beirat der Stiftung in gemeinsamer Sitzung mit dem Kuratorium über die eingereichten Projektanträge. Erfahrungsgemäß kommen in rund zwei Drittel der Fälle die externen, voneinander unabhängigen Gutachter zu einer gleich lautenden Einschätzung und Empfehlung. Beim verbleibenden Drittel ist die Gutachtenlage uneindeutig oder sogar extrem widersprüchlich. Diese Zahlen sprechen auf den ersten Blick nicht für ein sehr zuverlässiges Verfahren, jedenfalls nicht nach naturwissenschaftlichen Maßstäben. Tatsächlich sind sie in Anbetracht der Komplexität der Begutachtungsaufgabe überraschend gut und spiegeln funktionierende Forschungsstandards auch in den Geisteswissenschaften. Hinzu kommt, dass widersprüchliche Gutachtereinschätzungen im Bereich der ergebnisoffenen Grundlagenforschung geradezu zu erwarten sind und insbesondere bei den so oft geforderten innovativen Projektvorschlägen gehäuft auftreten sollten.

Im gesamten Begutachtungsprozess wendet die Fritz Thyssen Stiftung keine quantitativen Verfahren an, auch nicht im Förderbereich Medizin. Es werden keine sogenannten *impact*-Faktoren der Publikationen eines Antragstellers aufaddiert, da dieses Verfahren bekanntermaßen nicht unproblematisch ist und nicht zwingend Forschungsqualität, sondern streng genommen erst einmal nur den Grad der Aufmerksamkeit für eine Publikation abbildet. Um nicht falsch verstanden zu werden: Die Verwendung quantitativer Leistungsindikatoren ist – eine kritische Handhabung vorausgesetzt – auf einer höheren Aggregationsebene durchaus wichtig und kann eine objektive Ausgangsbasis für Förderentscheidungen bieten. Gemeint ist die Bewertung ganzer Institute, kompletter Hochschulen oder der Vergleich nationaler Forschungssysteme. Im Vordergrund der Förderentscheidungen der Fritz Thyssen Stiftung steht jedoch der Einzelforscher, der unter Umständen auch mit nur wenigen Publikationen wichtige Beiträge für sein Fach geleistet haben kann.

Generell ist es wichtig, eine gesunde Resistenz gegenüber modischen Anforderungen zu erhalten. So können beispielsweise die Vernetzung und internationale Arbeitsweise von Wissenschaftlern oder ein inter- oder gar transdiziplinärer Arbeitsansatz für eine konkrete Fragestellung richtig und wichtig sein, diese Aspekte dürfen aber nicht zum Selbstzweck mutieren und aus strategischen Überlegungen heraus in einen Antrag hinein formuliert werden.

Die Fritz Thyssen Stiftung wendet bei der Evaluierung der ihr vorgelegten Anträge keine speziellen Auswahlkriterien für geisteswissenschaftliche Forschung an, und es ist fragwürdig, ob solche im Kern überhaupt existieren. Sämtliche Projektvorschläge sowohl in den Geistes- und Sozialwissenschaften wie auch im Förderbereich Medizin werden vielmehr an den allgemein anerkannten Kriterien von Wissenschaftlichkeit gemessen: Von den Antragstellern wird die Kenntnis der facheigenen Methoden und deren Anwendung, der Überblick zum aktuellen Forschungsstand und dessen Einbindung in das eigene Vorhaben sowie eine plausible Argumentation erwartet. Die Originalität und das Innovationspotenzial einer Projektidee sind weitere Kriterien.

Große Unterschiede zwischen den Natur- und Geisteswissenschaften gibt es hinsichtlich der Organisation der Wissensgewinnung. Den zum Teil riesigen ›Wissensfabriken‹ der Naturwissenschaften steht in den geisteswissenschaftlichen Disziplinen häufig immer noch der Einzelforscher gegenüber. Die Fritz Thyssen Stiftung und die VolkswagenStiftung haben daher 2005 in Zusammenarbeit mit der ZEIT-Stiftung Ebelin und Gerd Bucerius und dem Stifterverband für die deutsche Wissenschaft die explizit auf die spezifischen Bedürfnisse und Möglichkeiten der geisteswissenschaftlichen Forschung zugeschnittene Initiative »Pro Geisteswissenschaften« auf den Weg gebracht. Die Initiative will sowohl hoch qualifizierten wissenschaftlichen Nachwuchs in den Geisteswissenschaften halten als auch jenen ein attraktives Angebot machen, die durch hervorragende Arbeiten bereits Renommee und einen festen Platz in der Wissenschaft gewonnen haben.

Mit den »Dilthey-Fellowships« – benannt nach dem deutschen Philosophen Wilhelm Dilthey (1833–1911) – schließen die beteiligten Stiftungen eine wesentliche Lücke in der Förderung des geisteswissenschaftlichen Nachwuchses in Deutschland. Das Angebot wagt sich bewusst an die Fachgrenzen der Geisteswissenschaften heran und reicht zum anderen wesentlich über bisher übliche Projekt- und Stipendienfristen hinaus. Die Stipendien werden zunächst für fünf Jahre vergeben. Nach einer positiven Evaluation ist eine Verlängerung um drei – plus gegebenenfalls weitere zwei – Jahre möglich. In diesem Programm sollen exzellente junge Forscherinnen und Forscher nach ihrer Promotion

Themen bearbeiten können, die den Geisteswissenschaften neue Gebiete erschließen und die aufgrund ihrer Komplexität oder ihres höheren Risikos von vornherein längere Planungs- und Zeithorizonte benötigen. Junge, über herkömmliche Grenzen hinaus denkende Wissenschaftler erhalten so die Chance, sich zu führenden Vertretern ihres Wissensgebietes zu entwickeln. Dementsprechend wird für dieses Programm ein besonders hoher Evaluierungsaufwand betrieben. Nach der ersten Phase der schriftlichen Begutachtung wird eine Auswahl von Bewerbern zur persönlichen Vorstellung ihres Vorhabens eingeladen, was für den Gutachterkreis einen mehrtätigen Aufwand bedeutet, jedoch eine hohe Auswahlqualität sicherstellt.

Geisteswissenschaftlern fehlt oft die Zeit, aus der eigenen Arbeit heraus ›das große Werk‹ zu verfassen. Gerade in diesen Fächern ist die Monographie aber noch immer diejenige Publikationsform, die sehr häufig die wissenschaftliche Entwicklung am nachhaltigsten voranbringt. An dieser Stelle greift die Förderkomponente *opus magnum*, der zweite Baustein von »Pro Geisteswissenschaften«. Forscherinnen und Forscher, die sich durch herausragende Arbeiten ausgewiesen haben, können sich für einen Zeitraum von sechs Monaten bis zu zwei Jahren von ihren sonstigen Aufgaben freistellen lassen, um sich auf die Abfassung eines größeren, möglichst originellen wissenschaftlichen Werks zu konzentrieren. Von den beteiligten Stiftungen werden dabei die Kosten für die Lehrvertretung getragen. Darüber hinaus unterstützen sie die Entstehung der Publikation.

In den meisten Förderprogrammen möchten Stiftungen in der Regel möglichst innovative Forschungsvorhaben unterstützen. Dies impliziert aber auch das Risiko des Scheiterns, denn Forschung, und allzumal Grundlagenforschung, ist per Definition die Produktion von Neuem, methodisch kontrolliert zwar, aber eben nur begrenzt plan- und voraussagbar. In der Praxis schwanken Förderer daher häufig zwischen der Finanzierung innovativer, aber eben risikobehafteter Vorhaben und eher konservativ angelegter und häufig auch schon weit fortgeschrittener Projekte, die jedoch mit hoher Wahrscheinlichkeit einen Ertrag erwarten lassen. Hier lauert die Gefahr, dem eigenen Anspruch nicht gerecht zu werden und überwiegend Mainstream-Forschung zu unterstützen. In der Praxis lässt sich bei den meisten Förderern eine Art ›Mischkalkulation‹ beobachten.

Neben wissenschaftlichen Kriterien im engeren Sinne gibt es für Stiftungen auch wissenschaftspolitische Erwägungen, die in Einzelfällen zu einer Unterstützung von Vorhaben führen kann, welche in fachgutachterlicher Perspektive zwar solide, aber nicht unbedingt zur Spitzengruppe gehörend erscheinen. Durch Projekte beispielsweise, an welchen Wissenschaftler verschiedener Nationen gemeinsam arbeiten, können Wissenschaftsbeziehungen gestärkt und gemeinsame Forschungsstandards erarbeitet werden. Ein wissenschaftspolitischer Aspekt ganz anderer Art ist die sogenannte ›Schlussstein-Förderung‹. Hier sind Stiftungen oft ein letzter Rettungsanker für langjährige, mit öffentlichen Mitteln geförderte Forschungsvorhaben, die aus unterschiedlichen Gründen nicht mehr zu Ende finanziert werden können und ohne den ›Schlussstein‹ als Ruine zurückbleiben würden.

Keine Rolle spielt bei den Entscheidungen der Fritz Thyssen Stiftung die kurzfristige, ökonomische Verwertbarkeit von Wissen, da die Stiftung der Förderung der Grundlagenforschung verpflichtet ist und einen Forschungsbedarf nur aus wissenschaftsimmanenten Überlegungen ableitet.

Jede Stiftung muss von Zeit zu Zeit die Eignung ihrer Förderinstrumente und Evaluierungsverfahren hinterfragen und bereit sein, auf veränderte Bedürfnisse der Wissenschaftler zu reagieren. Ein von den Hochschulen schon seit längerer Zeit geäußerter Wunsch ist die Berücksichtigung der indirekten Kosten von Forschungsprojekten durch die Drittmittelgeber. Diesem Wunsch hat die DFG vor kurzem mit der Einführung einer (vorerst) 20-prozentigen Programmpauschale entsprochen, über welche die allgemeinen Verwaltungsausgaben, Wartungskosten für Geräte etc. eines Projekts abgedeckt werden können. Die wissenschaftsfördernden Stiftungen in Deutschland stellen bisher keine Mittel zur Deckung der indirekten Projektkosten bereit, beobachten jedoch die weitere Entwicklung und werden ihre Haltung in diesem Punkt überprüfen müssen, wenn sich abzeichnet, dass ihnen aufgrund der derzeitigen finanziellen Rahmenbedingungen weniger erstklassige Forschungsprojekte als bisher vorgelegt werden. Die Übernahme der Programmpauschale durch die Stiftungen hätte allerdings ein weiteres Absinken der Erfolgsquote für Anträge zur Folge, da nicht zu erwarten ist, dass das Fördermittelvolumen in der notwendigen Höhe mitwachsen wird.

Schon in den vergangenen Jahren ist die Bewilligungsquote für Projektanträge bei der Fritz Thyssen Stiftung auf rund 15 Prozent (nach Antragssummen) beziehungsweise 25 Prozent (nach Antragszahlen) gefallen, was ganz überwiegend auf die zunehmend ungünstigere Relation von Antragszahlen und verfügbarem Mittelvolumen zurückzuführen ist. Auch vor dem Hintergrund dieser niedrigen Erfolgsquoten müssen im Hinblick auf den hohen Zeit- und Arbeitsaufwand, den Wissenschaftler für eine Antragstellung betreiben, die angewendeten Begutachtungsverfahren in Abständen kritisch überprüft und wenn nötig nachgebessert werden. Ein Rest an Unsicherheit, Risiko und auch Fehlentscheidungen in der Wissenschaftsförderung wird bleiben.

Begutachtung als Urteilsbildung im sozialen Kontext

Manfred Nießen

»Nach welchen Kriterien vergeben wir Geld?« So lautete die den »Vertretern der Forschungsförderung« ursprünglich aufgegebene Frage – eine Aufforderung zur Selbstreflexion also. Sie muss sich auf mehr beziehen als auf die eine Frage nach dem Gegenstand des Begutachtung genannten Bewertungsprozesses im System der Forschungsförderung. »Was heißt bewerten?«, die Frage also nach dem »Wie« des Bewertungsprozesses gehört ebenso dazu wie die Frage »wer ist ›wir‹?«, wenn es um die Betrachtung der Begutachtungsverfahren der DFG geht. Wenn nicht hier, wo sonst sollte der Charakter der DFG als Selbstorganisation der Wissenschaft zum Tragen kommen? Wie der Bewertungsprozess gestaltet ist und wer bewertet, sind nicht einfache Funktionen des »Was«, des Gegenstands der Bewertung. Vielmehr stehen alle drei in einem Verhältnis wechselseitiger Bedingung. Die Begutachtung in einem System der wissenschaftlichen Selbstorganisation insistiert in besonderer Weise nicht nur auf Spezifika ihres Gegenstandes, sondern auch des Prozesses und der Akteure.

Antrag und Person

Was ist nun ihr Gegenstand? Die DFG begutachtet Anträge unter dem Aspekt ihrer Förderungswürdigkeit. Die Förderungswürdigkeit wird nach benennbaren Kriterien bewertet.

»Antrag« ist eine weit gefasste und höchst heterogene Kategorie, deren Spannbreite durch folgende nicht-erschöpfende Aufzählung verdeutlicht wird: Publikationsbeihilfen, Stipendien, individuelle Forschungsprojekte, Forschergruppen, Schwerpunktprogramme, Sonderforschungsbereiche, Forschungszentren. Eine andere Typologie, die zum Beispiel im Rahmen des »Member Organisation Forum on Peer Review« der ESF diskutiert wird, unterscheidet zwischen »interdisciplinary and breakthrough research«, »networking and collaborative activity« und »investments in research infrastructure«. Die Anforderungen an solch unterschiedliche Antragstypen und demzufolge die Kriterien ihrer Bewertung können nicht einheitlich sein.

Deshalb empfiehlt sich, die Betrachtung auf den fast allen Antragstypen gemeinsamen Kern einzuengen: den Antrag auf ein thematisch definiertes und zeitlich eingegrenztes Forschungsvorhaben, also den Projektantrag. Individuelle Projektanträge definieren das Normalverfahren der DFG. Sie sind aber auch Bestandteil von Forschergruppen, Sonderforschungsbereichen und Schwerpunktprogrammen und als Entwurf der geplanten zukünftigen Aktivitäten indirekt selbst von Stipendiumsanträgen.

Projektanträge sind Versprechen auf die Zukunft. Sie beschreiben Absichten und Ziele, zu deren Realisierung finanzielle Mittel erforderlich sind und eingeworben werden – Mittel, die für andere Vorhaben dann nicht mehr zur Verfügung stehen. Es liegt deshalb in der Natur der Sache, dass – um in Analogie zur Kreditvergabe zu sprechen – nicht nur das Versprechen auf die Zukunft, also der Inhalt, sondern auch die ›Bonität‹ der Person eine Rolle spielen – die Tragfähigkeit der Vorarbeiten, die Qualität bisheriger Publikationen, gegebenenfalls auch das institutionelle Arbeitsumfeld. Oder anders: Die Bewertung und Entscheidung von Anträgen muss immer beides einbeziehen – bisher Geleistetes (im Wesentlichen über Publikationen) und zukünftig Erwartetes (im Wesentlichen über den Antragstext).

Die Gewichtung der beiden Dimensionen variiert je nach Antragstyp: von einer nachdrücklichen Betonung des *merit*-Aspekts bei Heisenbergstipendien bis zur starken Gewichtung der eigenen Idee und der zukünftigen Entfaltungsmöglichkeiten bei jüngeren Erstantragsteller(inne)n. Und bei Projektanträgen gilt nicht überraschend: je komplexer, voraussetzungsreicher, zeitlich und finanziell umfangreicher ein Vorhaben ist, desto wichtiger wird die Fundierung der Absichten durch bisherige Leistungen. Und nur bei Förderformen ohne Antragsverfahren – also Preisen, zum Beispiel dem Leibniz-Preis – wird auf die explizite ›förmliche‹ Verhandlung einer der beiden Dimensionen verzichtet. Bezeichnenderweise entfällt hier die Formulierung und Prüfung von Absichten für die Zukunft, die Entscheidung erfolgt also ausschließlich auf der Basis des Œuvres (natürlich in der Annahme reicher zukünftiger Erträge). Das umgekehrte Vorgehen steht an keiner Stelle zur Diskussion, nämlich auf die Prüfung der bisherigen Leistungen zu verzichten und die Förderung gänzlich auf die im Antrag entfalteten Ziele und Absichten für die Zukunft zu stützen.

Diese notwendigerweise doppelte Perspektive auf die geplante Sache und auf die verantwortliche Person unterscheidet die Begutachtung von Projektanträgen zum Beispiel von der Begutachtung von Publikationen – seien es Anträge auf Publikationsförderung an die DFG oder die Begutachtung im Rahmen von Zeitschriften oder sonstigen Publikationsorganen. Hier kann der Text und sein potenzieller Beitrag zum wissenschaftlichen Gespräch für sich und auch ohne Wissen um den Autor bewertet werden, während ohne das Wissen um den Autor eines Antrags ein notwendiger Teil der Bewertungskriterien nicht zum Zuge kommen kann. Vorschläge zur Angleichung der DFG-Begutachtungsverfahren an die vielfach vertrauten Verfahren der Zeitschriften finden (nicht nur!) in dieser Differenz ihre Grenze.

Einheitliche Begutachtungskriterien und ihre Auslegung

Die Kriterien für die Beurteilung von Anträgen an die DFG, insbesondere der wissenschaftlichen Ziele und Pläne für die Zukunft, sind in den »Hinweisen für die Begutachtung« formuliert, die vieltausendfach jedes Jahr an Gutachter in allen Fachgebieten verschickt und von diesen zur Gliederung ihrer Gutachten herangezogen werden (sie sind im Internet zugänglich).

Genannt werden dort mit Bezug auf die Qualität des Vorhabens: dessen »Originalität«, der »erwartete Erkenntnisgewinn (auch im Verhältnis zu den Kosten)« sowie »die wissenschaftliche Bedeutung (eventuell auch für andere Disziplinen)«. Bewusst als letzter Punkt wird »die besondere Bedeutung aus anderen Gründen« genannt (wissenschaftspolitisch, gesellschaftspolitisch, wirtschaftlich-technisch). Mit Bezug auf die Ziele und das Arbeitsprogramm des Vorhabens wird zu einer Bewertung unter folgenden Gesichtspunkten aufgefordert: klare Arbeitshypothesen, sinnvolle Eingrenzung der Thematik, Angemessenheit der Methodik sowie die Durchführbarkeit. Die unkontroverse Nutzung dieser Hinweise für die Begutachtung in allen Fachgebieten kann nur so verstanden werden, dass sie auch in den Geisteswissenschaften auf dieser Abstraktionsebene als sinnvoller Orientierungsrahmen und als Gliederungshilfe für die Formulierung von Gutachten betrachtet werden.

Spannend wird es jedoch, wenn man diese Abstraktionsebene und die durch sie ermöglichte Einheitlichkeit verlässt und nach der Anwendung und Auslegung der Kriterien in den unterschiedlichen Wissenschaftsgebieten und im jeweiligen Einzelfall fragt. Worin Originalität sich im Einzelfall ausdrückt, wie der erwartete Erkenntnisgewinn und im Verhältnis wozu zu bestimmen und woran die wissenschaftliche Bedeutung festzumachen sind, ist in den Geisteswissenschaften in weit höherem Maße Auslegungs- und Verhandlungssache als in den Naturwissenschaften. Die inhärenten Eigenschaften ›szientifischer‹ und ›interpretativer‹ Wissenschaftskulturen schlagen sich – nicht überraschend – auch in den Formen der Begutachtung nieder. Die grundsätzliche Offenheit von Fragestellungen, die Neuinterpretierbarkeit von Befunden und ihre Überholbarkeit durch neue Befunde stehen für alle Wissenschaftsbereiche nicht in Frage. Aber die Begutachtung von Forschungsvorhaben nach den allgemeinen Kriterien ist in den Geisteswissenschaften in hohem Maße eine Angelegenheit der Auslegung und ›Verhandlung‹.

Auch wenn der beliebte Vergleich zwischen Geistes- und Naturwissenschaften höchst problematisch ist, kann eine kontrastierende Betrachtung auf Beispielebene doch den Blick schärfen: Sobald zum Beispiel in der Physik ein bestimmter Effekt (etwa der Quanten-Hall-Effekt) entdeckt und zuverlässig nachgewiesen ist, ist eine neue Grundlage geschaffen, die weder hintergehbar noch diskutierbar ist. Oder wenn in der Molekularbiologie eine bestimmte Zelllinie mit definierten Mechanismen etabliert ist, bemisst sich ihr wissenschaftlicher Wert danach, wie weitreichende Erklärungsmöglichkeiten damit eröffnet werden, welche neuen Fragen zugänglich werden oder sich erst stellen. Die wissenschaftliche

Ausgangsleistung selbst ist nicht interpretationsoffen. Dokumentierbarkeit und Replizierbarkeit sind die Stichworte.

Die Kategorie des Zweifels an Befunden ist die Fälschung, nicht die Interpretation und Auslegung. Nobelpreise werden in den Naturwissenschaften für ›Entdeckungen‹ verliehen, die häufig Jahrzehnte zurückliegen und sich als neue feste Basis der Forschung erwiesen haben. Preise in den Geisteswissenschaften honorieren *turns*, die die Herausforderung einer neuen Perspektive bieten, aber doch nicht bisherige ersetzen.[1]

Gängige Metaphern und Begriffe in der Anlegung der Begutachtungskriterien in den Naturwissenschaften sind »die Front der Forschung«, »als Erster, etwas gezeigt zu haben«, »im Wettlauf vorne sein«. Schulenstreite, sollte es sie geben, sind prinzipiell entscheidbar. Schulenstreite in den Geisteswissenschaften gelten als prinzipiell nicht entscheidbar, sondern sind im Gegenteil Anlass dazu, gutachterliche Urteile zu relativieren.

Die »Front der Forschung« ist nicht als militärische Metapher zu verstehen, sondern im Sinne von *frontiers of research*, der neue Raum, den es zu kartieren gilt. Zwar ist noch völlig offen, wie er aussehen mag. Aber für den Naturwissenschaftler als Antragsteller und Gutachter steht seine Kartierbarkeit prinzipiell nicht in Frage, wenn man denn den Zugang zu ihm findet. Geisteswissenschaftliche Debatten hingegen drehen sich nicht um den zum gegebenen Zeitpunkt ›einen‹ neuen Raum und seine ›Kartierbarkeit‹, sondern eher um konkurrierende oder sich ergänzende Richtungen der Verortung. Wenn man deshalb die Metapher eher im sportlichen Sinne des Wettbewerbs nimmt, so gibt es in den Geisteswissenschaften kein Wettrennen mit einem klar bestimmten Ziel, an dem alle mit vergleichbaren Bedingungen teilnehmen. Vielmehr ist die Zielbestimmung selbst schon Teil der Aufgabe. Es sollte deshalb nicht überraschen, dass man auch bei Anlegen vergleichbarer Effizienzmaße gelegentlich durchaus unterschiedliche Richtungsvektoren hat.

---

1 Der Kuhn'sche Paradigma-Begriff kann in den Geisteswissenschaften höchstens metaphorisch verwendet werden. »Unvereinbarkeit konkurrierender Paradigmen« und »Revolution« als Ablösungsmodus sind für ihn konstitutiv. Weder sind *turns* im strengen Sinne miteinander unvereinbar noch – was anderes wäre eine Revolution? – erledigen sie ein für allemal die bisherige Sicht und setzen eine neue verbindlich durch.

Es wäre ein grobes Missverständnis und würde die hier herangezogene Differenz ignorieren, wenn man die geschilderten Unterschiede in den Erscheinungsweisen der Begutachtung wertend gegeneinander stellen und sie als mehr oder weniger zielführend beurteilen würde. Sofern es sich bei geisteswissenschaftlichen Texten – also auch Anträgen – immer um ein »temporäres Stillstellen eines fortdauernden Gespräches« handelt, sofern eine »interpretative Wissenschaftskultur« ihren Diskurscharakter in Anspruch nimmt, darf nicht verwundern, dass auch eine Begutachtung, die auf der Höhe ihres Gegenstandes ist, diskursiven Charakter hat. Dies entbindet nicht davon, verpflichtet vielmehr dazu, gutachterliche Aussagen auf die Bewertungskriterien zu beziehen, sie explizit zu begründen und somit den Diskurs über den Antrag in seinem Verhältnis zu den Kriterien zu ermöglichen.

Ulrich Herbert hat in seinem Vortrag anlässlich des Berliner Symposiums »Geisteswissenschaften und Qualitätsstandards« festgestellt, dass es durchaus weitgehend akzeptierte Qualitätsstandards in den Geisteswissenschaften gebe, also auch für Anträge; allerdings seien sie überwiegend informell formuliert und zudem fachrichtungsintern. Die Aufgabe liegt somit in der Explikation und damit in der Zugänglichkeit der Argumentation auch über Fachrichtungsgrenzen hinweg. Ulrich Herbert nannte in seinem Berliner Vortrag als eines der Kriterien, die »natürlich [...] überall« in den Geisteswissenschaften gelten, »die Ästhetik der Sprache, in welcher der Text verfasst ist«.

Dies führt unmittelbar zu einer Beobachtung, die Norbert Groeben anlässlich des ersten Maria Laach-Symposiums der Förderinitiative Geisteswissenschaften der DFG vorgetragen hat, und zwar wiederum in kontrastierender Betrachtung von szientifischer und interpretativer Wissenschaftskultur. Für den naturwissenschaftlichen Autor eines Antrags bleibe dieser ein technischer Text. Mit der Ablehnung des Antrags sei zwar möglicherweise auch eine persönliche Kränkung verbunden, da die eigene wissenschaftliche Reputation gefährdet sei. Prinzipiell jedoch könne jede Ablehnung in ihrem symbolischen Gehalt »repariert« werden, weil der Antragstext selbst dem Verfasser äußerlich bleibe. Wie für alle Textsorten gelte dies auch für Antragstexte in den Geisteswissenschaften nicht. Text und Person seien – jedenfalls im Erleben der Autoren – nicht zu trennen. Anträge seien vielmehr eine »Entäußerung« ihrer Verfasser. Sie seien als argumentativer Gesamtzusammenhang zu verstehen, sozusagen als persönliche Stellungnahme im temporär stillgestellten Gespräch. Die Kategorie der sprachlichen Eleganz als ein selbstverständlicher Bewertungsmaßstab unterstreicht die Groeben'sche Beobachtung, die auf die Feststellung hinausläuft, es sei nicht verwunderlich, dass Ablehnungen geisteswissenschaftlicher Anträge in einem sehr viel stärkeren Maße als persönliche Kränkung aufgenommen würden als zum Beispiel in den Naturwissenschaften. Hierin drücke sich jedenfalls kein Unterschied an eingeübter »Sportlichkeit« aus.

Die Begutachtung von Anträgen in den Geisteswissenschaften als Teil der interpretativen Wissenschaftskultur, so ließe sich zusammenfassen, führt auch bei Anwendung identischer Bewertungskriterien zu spezifisch akzentuierten Erscheinungsformen der Begutachtung und erzeugt unterschiedliche Rezeptionsbedingungen der Begutachtungsergebnisse.

Begutachtung als Urteilsbildung im sozialen Kontext

Ungeachtet der Kontrastierung von szientifischer und interpretativer Wissenschaftskultur gilt für die Begutachtung durch *peer review* in allen Wissenschaftsbereichen, dass sie zu Entscheidungen führen muss und diese Entscheidungen urteilsbasiert sind. Zum Zeitpunkt der Entscheidung gibt es kein eindeutig zu bestimmendes »Richtig« oder »Falsch«. Der Anspruch nach Erweiterung des Erkenntnisraums, erst recht derjenige nach Originalität der zu beurteilenden Arbeiten und Pläne steht dem systematisch entgegen. *Peer review* ist das organisierte, also geordnete Argumentieren über Kriterien mit Bezug auf Anträge durch Personen, die demselben Argumentationsraum angehören wie die Antragsteller. Die Qualität der Argumentation, die in eine Förderentscheidung mündet, bemisst sich zum Zeitpunkt der Entscheidung danach, wie nachvollziehbar sie für alle daran Teilnehmenden ist – also auch für die Antragsteller. Expliziter Bezug auf die Begutachtungskriterien, Herleitung und Begründung von Teil- und Gesamturteilen sind die Voraussetzung dafür. Ebenso die Transparenz des Gesamtprozesses.

Das Begutachtungs- und Entscheidungsverfahren der DFG kann man verstehen als die prozedurale Abbildung eines Verständnisses von

Begutachtung als »Urteilsbildung im sozialen Kontext«. Das Verfahren ist dreistufig und in dieser Dreistufigkeit als System von *checks and balances* angelegt: Auf einer ersten Stufe werden zu jedem Antrag unabhängig voneinander urteilende Gutachter gehört. Wenn man die Auswahlgesichtspunkte für Gutachter in einem Gesamtkriterium zusammenfassen will, so könnte man sagen: Gutachter müssen gegenüber einem Antrag ›fair‹ sein – in dreierlei Hinsicht: Gutachter müssen in Thematik und Methode des Antrags kenntnisreich sein – sichtbar nachgewiesen durch eigene einschlägige wissenschaftliche Arbeit; Gutachter dürfen nicht Freund sein und sie dürfen nicht Feind sein. In der zweiten Stufe berät dann ein Fachkollegium über den Antrag auf der Basis der Gutachten (und eines Resümees der Gutachten durch die Geschäftsstelle). Die Fachkollegien sind durch die *scientific community* gewählte Gremien der DFG. Sie haben die Verantwortung für die Qualität des Begutachtungsverfahrens. Dies heißt insbesondere, dass sie Gutachten zurückweisen und weitere Gutachten anfordern können, falls ein Gutachten nicht den Anforderungen an Argumentationsqualität und Argumentationsintegrität genügt. Die Fachkollegien formulieren den Vorschlag für die Förderentscheidung. Die Entscheidung selbst trifft auf einer dritten Stufe der Hauptausschuss der DFG, der seinerseits die Möglichkeit hat, Einsicht in alle Unterlagen zu nehmen. Die Entscheidung über den jeweiligen Antrag wird allen am Verfahren beteiligten Gutachtern mitgeteilt. Die Antragsteller erhalten eine vollständige Information über alle in den Gutachten angeführten Argumente und Hinweise – wo immer möglich durch eine Übermittlung der anonymisierten Gutachten im Originaltext.

Wenn man dies als prozedurale Abbildung eines Verständnisses von Begutachtung und *peer review*-basierter Entscheidung als Urteilsbildung im sozialen Kontext versteht, als eine geordnete Form von Argumentation, so heißt das auch, dass die Argumentation nicht mit der Entscheidung endet. Die Übermittlung der Gutachten und der Stellungnahme des Fachkollegiums an die Antragsteller orientiert sich an der Idee eines wissenschaftlichen Gespräches, in dem die Argumente aus der Begutachtung bedacht werden, in die eigenen Überlegungen einfließen und gegebenenfalls zu einem weiterentwickelten Antrag führen können. Dies geschieht in der Tat in vielen Fällen. Der neue Antrag eröffnet dann die nächste Runde der Argumentation.

Ein solches Verständnis von Begutachtung und Entscheidung über Projektanträge als mehrstufig geordnete Form der Argumentation erlaubt in besonderer Weise, die Implikationen einer interpretativen Wissenschaftskultur für den Begutachtungsprozess abzubilden, welche ja die Notwendigkeit zur argumentationsbasierten Entscheidung nicht aufheben. Es ist dagegen erstaunlich, wie rasch und wie weitgehend die Grundsätze von Perspektivität, Diskurscharakter, Argumentationsgebundenheit und prinzipieller Unabgeschlossenheit aufgegeben werden, wenn das – pragmatisch notwendige – konkrete Abschließen eines Argumentationsprozesses durch eine Entscheidung nicht im eigenen Sinne erfolgt. Von Protestnoten bis zu prominenten Feuilletonbeiträgen reichen die Beispiele von Argumentationsmustern, die von dem festen Standpunkt ausgehen, dass eine bestimmte Entscheidung falsch war und sie nur durch Böswilligkeit oder Ignoranz der Gutachter und der Entscheidungsgremien zustande kommen konnte. Weder wird in solchen Fällen das Prinzip des *audiatur et altera pars* respektiert noch erfolgt eine Rekonstruktion des Argumentations- und Entscheidungsgangs. In aller Regel würde sich in einer solchen Rekonstruktion erweisen, dass unterschiedliche Perspektiven zum Tragen kamen, gegeneinander abgewogen wurden und angesichts des pragmatischen Zwangs zum Abschluss einer im Prinzip unabschließbaren Debatte eine bestimmte Entscheidung getroffen wurde, von der die Beteiligten keineswegs überzeugt waren, dass sie die einzig richtige, sondern die von den möglichen Entscheidungen nächstliegende beziehungsweise angemessene sei.[2]

Psychologisch erklärt Norbert Groebens Kennzeichnung geisteswissenschaftlicher Antragstexte als »Selbstentäußerung« solche Reaktionen, die darauf beharren, dass es ein und nur ein »richtiges« Begutachtungsergebnis geben könne. Sie fallen jedoch hinter das eigene Anspruchsniveau zurück. Und sie schaden potenziell den Geisteswissenschaften im Gespräch mit den anderen Wissenschaften. Denn die Geisteswissenschaften müssen mit Bezug auf die Konzeption der Begutachtung als

2 Selbstverständlich gibt es auch unangemessene Gutachten – solche, die nicht auf der Höhe der Sache argumentieren, oder auch solche, die mehr oder weniger erkennbar interessegeleitet sind, übrigens nicht immer nur gegen den Antrag. Wie sollte es anders sein in einer Wissenschaft mit ›Diskurscharakter‹? Der Prozess mehrstufiger *checks and balances* ist der Versuch, damit umzugehen.

geordneter Argumentation in Anspruch nehmen, und nehmen zu Recht in Anspruch, dass für diese Argumentation alles Gesagte gilt: Sie ist perspektivenreich, nicht immer einsinnig, gelegentlich strittig und nicht automatisch zu einem eindeutigen Urteil führend. Wenn auf dieser Grundlage – im Gespräch und manchmal im Wettbewerb mit anderen Wissenschaftsgebieten – positive Entscheidungen zu bauen sind, dann muss dies auch für negative gelten. Die öffentliche Inanspruchnahme einer »Richtig-/Falsch-Logik« bei unliebsamen Entscheidungen gefährdet die eigene Glaubwürdigkeit.

Begutachtung im internationalen Kontext

Die »Ästhetik der Sprache« als Beurteilungskriterium geisteswissenschaftlicher Antragstexte durchzuhalten, ist (um Ulrich Herberts Diktum noch einmal aufzunehmen) alles andere als »natürlich« in einem Kontext, der durch Internationalisierung der Wissenschaft, den (sprach-)grenzüberschreitenden Austausch und die internationale Vernetzung gekennzeichnet ist – all dies angetrieben nicht zuletzt durch die zunehmend konkreter werdende Idee eines Europäischen Forschungsraums. Eine Entwicklung zum Englischen als quasi *Lingua franca* ist nicht zu übersehen.

Wirkungen und Implikationen dieser Entwicklung waren in den zurückliegenden Jahren Gegenstand intensiver Diskussion. Gemeinsamer Ausgangspunkt aller Analysen ist die Tatsache, dass Wissenschaft als solche international ist und vom internationalen Austausch und der Zusammenarbeit lebt – über Sprachgrenzen hinweg. Gerade die Geisteswissenschaften können hier auf die längste Tradition verweisen. Die Notwendigkeit der prinzipiellen Kommunikationsfähigkeit in Englisch ist deshalb unstrittig.

Doch stellen sich aus der Perspektive der Geisteswissenschaften grundlegende Fragen. Sprache ist hier nicht nur Kommunikationsmedium, sondern sie ist Teil des Forschungsprozesses, in diesen ›eingewoben‹. Theorien, Denktraditionen und Debatten sind sprachlich geprägt und gebunden, und die Forschung selbst erfolgt im Medium der Sprache. Die Situation für die Geisteswissenschaften ist deshalb gekennzeichnet durch eine Spannung zwischen der Notwendigkeit zur internationalen Wissenschaftskommunikation einerseits und der je spezifischen sprachlichen Bindung und Einbettung andererseits. Dabei ist neben der allgemeinen Tendenz zum Englischen als Lingua franca der Wissenschaftskommunikation die Tatsache zu beachten, dass in bestimmten geisteswissenschaftlichen Forschungsgebieten Deutsch, Französisch oder Italienisch als Arbeitssprache und Medium der wissenschaftlichen Kommunikation etabliert und zum Teil auch dominant sind.

Auf diesem Hintergrund orientiert sich die DFG an einem pragmatischen Prinzip: Antragstellung und Begutachtung können und sollen in den Sprachen stattfinden, die in dem jeweiligen Wissenschaftsgebiet akzeptiert sind. Die DFG verfolgt nicht die Idee der Etablierung einer Lingua franca. Jedoch ist die Anwendung des pragmatischen Prinzips immer vor dem Hintergrund zweier grundsätzlicher Verpflichtungen der DFG zu sehen: Zum einen ist sie als nationale Institution der deutschen Forschungsförderung dem Deutschen als Wissenschaftssprache verpflichtet. Zum anderen ist die DFG verpflichtet, die Einbindung, die Sichtbarkeit und die Wirkung der deutschen Forschung auf internationaler Ebene zu fördern.

Was heißt dies nun für die konkrete ›Sprachpolitik‹ in der Begutachtung und Förderung der Geisteswissenschaften? In der Regel werden Anträge in deutscher Sprache vorgelegt, und die Begutachtung erfolgt in Deutsch. Wo immer sinnvoll, kommt das pragmatische Prinzip der ›situationsangemessenen Mehrsprachigkeit‹ zur Anwendung, wie in folgenden Beispielen:

Die DFG hat zusammen mit ihren Partnerorganisationen den ›Europäischen Forschungsraum‹ für die Geisteswissenschaften realisiert – jedenfalls mit Frankreich und Großbritannien. Hierbei gilt konsequent das Prinzip der Mehrsprachigkeit: Gemeinsam mit der Agence Nationale de la Recherche eröffnet die DFG einmal pro Jahr die Möglichkeit zur Antragstellung von integrierten deutsch-französischen Projekten. Die Anträge werden jeweils in deutscher und französischer Version eingereicht. Die Begutachtung erfolgt bilingual. Gemeinsam mit dem Arts and Humanities Research Council ermöglicht die DFG ebenfalls einmal im Jahr die Antragstellung für integrierte deutsch-britische Projekte. Auch hier werden die Anträge jeweils in zwei Versionen erbeten, Deutsch und Englisch. In der Begutachtung können beide Sprachen verwendet werden. In dem trilateralen Programm »DFG-Villa Vigoni-Maison des Sciences de l'Homme-Forschungskonferenzen in den Geistes- und Sozialwissenschaften« können die Anträge in Deutsch, Französisch oder Italienisch eingereicht werden, jeweils mit Zusammenfassungen in den beiden anderen Sprachen. Die Begutachtung ebenso wie die Forschungsaktivitäten selbst erfolgen in diesen drei Sprachen.

In besonderen Fällen, zum Beispiel im Rahmen der Exzellenzinitiative, kann die Notwendigkeit entstehen, Anträge auf Englisch zu verhandeln. Dies ist dann der Fall, wenn nur so die angemessene Beratung und Beurteilung der Anträge durch die international Besten ihres Faches gewährleistet werden kann. Auch in diesen Fällen können die Anträge selbst in Deutsch und Englisch vorgelegt werden. Die Verhandlungsführung in Englisch trägt in solchen Fällen der Notwendigkeit Rechnung, in besonders exponierten Auswahl- und Konkurrenzsituationen ein faires Verfahren auf höchstem internationalen Niveau zu ermöglichen.

Internationale Begutachtung ist keineswegs auf die genannten Programme beschränkt. Die Beteiligung von Gutachtern aus anderen Ländern ist in den Geisteswissenschaften mittlerweile Normalität. Natürlich stehen dabei die europäischen Nachbarländer im Vordergrund. Ein wichtiger Gesichtspunkt bei der Auswahl der Gutachter ist, dass sie Deutsch lesen und verstehen. Sofern es sich um Gutachtersitzungen handelt, finden diese deshalb in aller Regel in deutscher Sprache statt, während die Gutachter aus dem Ausland ihrerseits Englisch sprechen können.

Welche Beobachtungen machen wir? Viel durchschlagender als die nationale Herkunft scheint die Form der Begutachtung für Differenzierungseffekte zu sein. In der schriftlichen Begutachtung einzelner Anträge vom heimischen Schreibtisch aus deuten sich unterschiedliche Kulturen der Begutachtung an – zum Beispiel im Grad an Explizitheit von kritischen Urteilen, im Grad an Differenzierung, in der Gewichtung von Status und Reputation etc. Aber ungeachtet jeder Differenzierung nach solchen Stilmerkmalen sind schriftliche Gutachten aus dem Ausland tendenziell auch weniger hilfreich, weil sie dazu tendieren, kollegialfreundlich zu sein. Schließlich sind die Gutachter – anders als Gutachter aus Deutschland – nicht potenzielle Mitkonkurrenten um die Fördermittel, die nur einmal zu vergeben sind.

Ganz anders ist dies in Gutachtersitzungen. Hier zeigt sich schnell, dass über Grenzen nationaler Wissenschaftskulturen hinweg die grundlegenden Qualitätskriterien geteilt werden und in vergleichbarer Weise zur Anwendung kommen. Die gemeinsame Diskussion schafft den Referenzrahmen, sich ungeachtet aller stilbezogenen Usancen über Qualität und ihre Indikatoren zu verständigen. Die häufig gegebene Situation, innerhalb einer Gutachtersitzung unter den zu verhandelnden Fällen eine Auswahl treffen zu müssen, wäre in aller Regel gar nicht erst nötig, um der Indifferenz zu begegnen, die bei schriftlichen Gutachten aus der Ferne häufig anzutreffen ist. Der Argumentationszwang im kollegialen Gespräch ist der entscheidende Faktor.

In diesen gutachterlichen Beratungen wird sehr schnell und dann sehr klar unterschieden zwischen innerwissenschaftlichen Qualitätskriterien und externen Kriterien, die spezifisch für nationale Fördersysteme oder für Förderorganisationen sind und in diesen unterschiedlich prominente Rollen spielen. So ist die Kategorie des *user impact* bei den britischen Research Councils seit Jahren eingeführt. Ähnliches gilt für die meisten skandinavischen Länder. Antragsteller müssen sich im Antrag dazu äußern, für die Begutachtung ist es eines der vorgegebenen Kriterien. Britische Partnerorganisationen sehen Repräsentanten von »users and beneficiaries« sogar regelmäßig als Gutachter vor. Nicht verwunderlich schlagen bei schriftlichen Einzelgutachten aus dem Ausland auch diese ›systemspezifischen‹ Kategorien durch. Sie treten hingegen völlig zurück in der gemeinsamen Diskussion von Gutachtergruppen, in denen sich bestätigt, dass es tatsächlich ›überall‹ weitgehend akzeptierte Qualitätsstandards gibt. Typischerweise beginnen Gutachtersitzungen mit einer expliziten Verständigung über diese Standards, in der auch die je nach Hintergrund unterschiedliche Hierarchisierung von Kriterien thematisiert wird. Der Gewinn der Teilnahme von Gutachtern aus dem Ausland liegt also nicht im Einbringen neuer Kriterien, sondern in der Erweiterung des Vergleichshorizontes und damit in aller Regel in einer Schärfung der Maßstäbe.

Es wäre natürlich bei weitem zu billig, die beobachtete Differenz zwischen der schriftlichen Begutachtung vom heimatlichen Schreibtisch aus und der Einbindung ausländischer Gutachter in Gutachtergruppen auch nur überwiegend auf die Tatsache zurückzuführen, dass kollegialfreundliche Urteile ›kostenlos‹ abgegeben werden können, wenn man nicht potenzieller Mitkonkurrent um denselben Fördertopf ist. Viel näherliegend und systematisch stimmiger ist die Annahme, dass es sich um den Effekt des Charakters der Begutachtung als Urteilsbildung im sozialen Kontext handelt. In anderen Wissenschaftskulturen und Systemen der Forschungsförderung beheimatete Gutachter sind eben – anders als Gutachter am deutschen heimischen Schreibtisch – auch nicht virtuell in den Kontext hiesiger Standard-Aushandlung eingebunden.

Insofern führt die Beobachtung der international geöffneten Begutachtungsverfahren der DFG auf die Hauptaussage zurück: Begutachtung als Grundlage der Forschungsförderung, erst recht in einer Organisation der wissenschaftlichen Selbstverwaltung wie der DFG, kann – jedenfalls für die Geisteswissenschaften – nur angemessen verstanden werden als Argumentationsprozess, der durch Entscheidungen temporär, häufig auch auf Dauer unterbrochen wird, der dem Grundsatz nach aber unabschließbar ist. Es ist im Interesse der Geisteswissenschaften, sich der Konsequenzen eines solchen Verständnisses sehr bewusst zu sein: Explikation der Kriterien und ihrer Auslegungsperspektiven; transparente Gestaltung der Begutachtungsprozesse und Verzicht auf die simplifizierende Richtig/Falsch-Dichotomisierung bei Ergebnissen, die als »falsch« eingeschätzt werden – was keinesfalls zu verwechseln ist mit dem Verzicht auf kontroverse Argumentation. Die Kategorie in einer solchen Argumentation wäre nicht »richtig oder falsch«, sondern »angemessen« im Sinne von »Angemessenheitsregeln«, wie sie zum Beispiel in der Organisationssoziologie diskutiert werden.

Angemessen messen? Die Qualität von Forschungsprojekten in den Geisteswissenschaften[1]

Ulrike Felt

Qualität als zentraler Kontrollpunkt

Will man die Entwicklung von Wissenschaft und Forschung über die letzten Jahrzehnte verstehen, so bieten sich Instrumente der Forschungsförderung, aber auch Qualitätssicherungsverfahren als ideale Orte für eine Analyse an. Beides sind zentrale Schlüsselstellen, die die Vorstellungen darüber, was zu einem bestimmten Zeitpunkt als ausgezeichnete, relevante oder schlicht gute Forschung gilt, maßgeblich mitgestalten – wobei sie gleichzeitig von den Forschern ständig auf die Probe gestellt, hinterfragt und herausgefordert werden. Forschungsförderungseinrichtungen befinden sich meistens in einer interessanten Hybridposition: sie sind national und international zugleich, fokussiert und gleichzeitig offen. Sie sind im Verhältnis zu den für den Wissenschaftsbetrieb insgesamt notwendigen Mitteln ein relativ kleines Segment, und doch sind sie zentral. Sie sind integraler Teil des Wissenschaftssystems, da die Entscheidungsträger zumeist Wissenschaftler sind, und doch sind sie in gewissem Sinne ›ein Außen‹, ein Ort der Politik, und haben in ihrem Blick auf die Forschung zumindest scheinbare Distanz.

Nun könnte man fragen: »Was ist das Problem mit der Qualität von Forschungsanträgen?« Seit fast 50 Jahren wird freudig über die Kriterien wissenschaftlicher Auswahl diskutiert, werden Verfahren verfeinert, Förderkategorien erweitert, um immer mehr Möglichkeitsräume für Forschung zu öffnen, und der Kreis der förderungswürdigen Adressaten verbreitert. (Ein Beispiel wäre etwa die wachsende Aufmerksamkeit, die

---

1 Mein Dank gilt meinem Kollegen Maximilian Fochler für die Lektüre des Textes und seine Kommentare.

auf den wissenschaftlichen Nachwuchs gerichtet ist.) Dabei kann man ein stetes Schwanken zwischen *bottom-up-* und *top-down*-Herangehensweisen beobachten, aber auch zwischen einer möglichst breiten Verteilung der Mittel und einer Schwerpunktsetzung – beides in der Hoffnung, durch die jeweilige Auswahl möglichst ein Mehr an Innovationen hervorzubringen.

Was bedeutet nun all dies für die Geisteswissenschaften? Diesem Punkt gilt hier die zentrale Aufmerksamkeit, mit einem Fokus auf Imaginationen von Qualität, Qualitätsstandards und deren Praxis in der geisteswissenschaftlichen Forschungsförderung (wobei ich doch auch die Sozialwissenschaften zumindest zum Teil in diese Überlegungen mit einbeziehen möchte). Zwei Positionspapiere von Vertretern von Fördereinrichtungen – Manfred Nießen und Frank Suder – bilden hierbei die Ausgangs- und zentralen Anknüpfungspunkte meiner Reflexion. Selbst das deutsche Förderungssystem als Gutachter partiell kennend, nicht jedoch als Antragsteller, möchte ich in meiner Analyse weniger auf Details eingehen, sondern vielmehr einige der großen Argumentationslinien aufnehmen, sie kritisch reflektieren und die eine oder andere Richtung des Nachdenkens über mögliche Veränderungen in Sachen Geisteswissenschaften vorschlagen.

Wenngleich Wissenschaftspolitik sehr gerne und bisweilen bewusst mit großen Kategorien arbeitet – »die Forschung«, »die Forscher«, »der Nachwuchs« –, so macht eine erste Begegnung mit der Realität der Forschung schlagartig deutlich, dass wir es mit sehr unterschiedlichen sozialen und erkenntnistheoretischen Geschichten der einzelnen Forschungsfelder zu tun haben. Dies wird gerade bei der Frage nach Qualität und ihrer Erfassbarkeit zu einer wirklichen Herausforderung, wie beide Beiträge hervorgehoben haben. Ich möchte dieser Beobachtung aber noch eine andere Unterscheidung hinzufügen, die mir wesentlich scheint, nämlich die zwischen Wissenschaft und Forschung. Der französische Wissenschaftsforscher Bruno Latour (1998) bringt dies sehr anschaulich auf den Punkt:

»Science is certainty; research is uncertainty. Science is supposed to be cold, straight, and detached; research is warm, involving, and risky. Science puts an end to the vagaries of human disputes; research creates controversies. Science produces objectivity by escaping as much as possible from the shackles of ideology, passions and emotions; research feeds on all of those to render objects of inquiry familiar.«

Für unsere Reflexion bedeutet dies, zu verstehen, wo Bilder von Wissenschaft bemüht werden, wenn es eigentlich um Forschung geht, und wie dadurch theoretische Grenzen gezogen sind, wo in der Praxis kaum so deutliche Unterschiede sichtbar sind. Vor diesem Hintergrund gilt es die Frage nach bedeutenden Differenzen innerhalb der und zwischen den großen Bereichen der Natur-, Sozial- und Geisteswissenschaften zu stellen. Wie sollen wir mit unterschiedlichen Wissen(schaft)skulturen – also mit Differenzen zwischen Formen des Wissens und zwischen den sozialen Strukturen, in denen sie geschaffen werden – umgehen, und wie sollten sie in Beurteilungsprozessen Berücksichtigung finden? Allerdings stellt sich auch die Frage, wie tief dieses Differenzdenken über die Unterschiede zwischen wissenschaftlichen Feldern schon breiter gesellschaftlich verankert ist und dort stetig repetiert und eingeübt wird, so dass bereits Studierende, wenn sie die Universität betreten, den Unterschied schon denken, bevor sie ihm begegnet sind. Auch institutionelle Akteure handeln vor dem Hintergrund von Imaginationen über diese Felder, das von ihnen produzierte Wissen, seine Bedeutung innerhalb der Wissenschaft und über sie hinaus.

Meine Überlegungen stellen also insbesondere auf die ›kleinen Unterschiede‹ ab, und damit auf die Frage nach der Ähnlichkeit bzw. Spezifität von Sozial- und Geisteswissenschaften und Naturwissenschaften. Dabei sei vorweg festgehalten, dass selbstredend keineswegs von der Homogenität der unter solchen Etiketten zusammengeführten Forschungsfelder ausgegangen wird. Die Vielfalt ist definitiv oft schon innerhalb einer Gruppe so groß, dass die Unterschiede zu manchen Nachbarfeldern im Vergleich gering erscheinen.

Über den Umgang mit den ›kleinen‹ Unterschieden

In den letzten Jahren kann man in unterschiedlichen nationalen Zusammenhängen, aber auch im europäischen Kontext ein Bemühen um eine ›Gleichbehandlung‹, quasi um eine *political correctness* in Sachen wissenschaftlicher Disziplinen beobachten. Als Beispiele könnten hier die Hervorhebung des ›auch Bedeutendseins‹ der Sozial- und Geisteswissenschaften im wissenschaftspolitischen Diskurs, spezifisch zugeschnittene Programmlinien und Maßnahmenkataloge, die gewissermaßen ein besonders ausgewiesenes Territorium anbieten sollen, und vieles mehr angeführt werden. Aber dennoch liegt – wie immer – der Teufel im Detail. Sehen wir diese Unterschiede zwischen den wissenschaftlichen Feldern als essenziell und unbedingt erhaltenswert, sehen wir sie als Unterschiede, die es graduell auszugleichen gilt oder sind sie Teil einer Abweichungserzählung, und zwar zu Normen und Werten, die dominant von den Naturwissenschaften hervorgebracht wurden? Dabei werden wir kaum einen wissenschaftspolitischen Akteur antreffen, der explizit auf die Naturwissenschaften als Norm für die Geisteswissenschaften verweist. Dennoch, bei näherer Betrachtung und einer entsprechenden historischen Kontextualisierung vor allem in der zweiten Hälfte des 20. Jahrhunderts, wird offensichtlich, dass viele der Grundwerte, auf denen das heutige Wissenschaftssystem (und vor allem Forschungsförderung) basiert, auf naturwissenschaftliche Erfahrungen oder Arbeitsweisen zurückzuführen sind. Damit möchte ich in keinster Weise andeuten, dass dies *per se* ein Problem ist, sondern vielmehr aufzeigen, dass durch solche impliziten Werte und Blickweisen oft mehr Reibungsflächen und Innovationshindernisse entstehen, als wir denken.

Dass Naturwissenschaften als impliziter Bezugsrahmen im Alltag der Forscher eine Rolle spielen, könnte ich auf Basis eines laufenden Projektes über das Verhältnis von Institutionen und Wissen in der Soziologie und einem Bereich der Lebenswissenschaften[2] argumentieren. Quer zu Interviews, Beobachtungen und Fokusgruppen liegend wurde hier eine nicht ganz unerwartete Asymmetrie sichtbar: Während die Lebenswissenschaftler vor allem Institute im gleichen Feld oder bestenfalls in unmittelbaren Nachbarfeldern als relevant für die eigene Wahrnehmung und Positionierung nannten und in ihren Beobachtungen und Reflexionen das Territorium der Naturwissenschaften so gut wie nie verließen, fanden wir in der Soziologie immer wieder Referenz auf das naturwis-

2 »KNOWING – Knowledge, Institutions and Gender: An East-West Perspective«, finanziert von der Europäischen Kommission; http://knowing.soc.cas.cz; letzter Zugriff 27.9.2008.

senschaftliche Ideal, an dem gemessen wird bzw. an dem man sich messen muss (Felt et al. 2008). Dies bedeutet, dass für letztere in der Konstruktion ihrer Selbstwahrnehmung immer auch diese Differenz – implizit oder explizit – mitspielt. Dies trägt dann zu einer auf Verteidigung ausgerichteten Haltung bei.

Diese Vorstellung der Unterschiedlichkeit finden wir aber nicht nur innerhalb der Geisteswissenschaften. Vielmehr ist sie zu einer kulturell sehr breit verankerten Erzählung geworden, die meist mit Begriffen wie Krise oder Bedrohung der Geisteswissenschaften einhergeht. Es ist daher zentral, zu verstehen, wie tief diese Vorstellung des Unterschiedes schon eingeschrieben, wie implizit und daher auch kaum einfach hinterfragbar sie geworden ist.

Meine Reflexion des Qualitätsbegriffs in den Geisteswissenschaften, unter besonderer Berücksichtigung der Anmerkungen der beiden Vertreter von Fördereinrichtungen, möchte ich aus zwei Perspektiven vornehmen. In einem ersten Schritt – den ich mit *Contexts matter* überschrieben habe – richte ich den Fokus auf das weitere Umfeld der Qualitätsbeurteilung. Damit möchte ich die Idee von »Begutachtung als Urteilsbildung im sozialen Kontext« aufgreifen. Konkret werde ich dabei das »Audit Culture/Society«-Phänomen (Strathern 2000a; Power 1997) ansprechen, um aufzuzeigen, wie nachhaltig die Veränderung unseres Denkens und unseres Blickes ist. In diesem Zusammenhang kommt es auch zu einer Veränderung der »institutionellen Körpersprache« wissenschaftlicher Institutionen, insbesondere im Bereich der Qualitätssicherung. Als weiteren Kontext gilt es, die enger und vielfältiger werdenden Verknüpfungen zwischen Zeit und Erkenntnisproduktion zu thematisieren und deren Bedeutung für die Bewertung von Qualität in den Geisteswissenschaften herauszuarbeiten. In einem zweiten Schritt werde ich die Reflexion über unterschiedliche Wissen(schaft)skulturen, aber auch über unterschiedliche »wissenschaftliche Landkarten« (»cultural maps of science«, wie dies Thomas Gieryn (1999) treffend nennt), vor deren Hintergrund Projekte beurteilt werden, sowie deren Kartographen ins Zentrum stellen.

Contexts matter

Jegliche Qualitätsbeurteilung ist immer das Produkt eines komplexen Aushandlungsprozesses, in dem verschiedene Rahmenbedingungen eine wichtige Rolle spielen. Da ein bedeutender ›Klimawandel‹ für die kontemporäre Forschung stattfindet und durch diesen Wandel ganz bestimmte – bisweilen auch in den Naturwissenschaften nicht unumstrittene – neue Routinen im Wissenschaftssystem Platz gegriffen haben, ist es wesentlich, nicht nur die individuelle Praxis als Forschungsförderungseinrichtung in den Fokus der Reflexion zu nehmen. Vor diesem Hintergrund schreiben Forscher ihre Anträge, machen ihre Forschung, beurteilen sie und werden beurteilt. Daher muss das breitere Spektrum an Auseinandersetzungen mit Qualität, mit denen Forscher heute konfrontiert sind, mit einbezogen werden, ebenso wie die Position der Forschungsförderer in diesem Spektrum.

Über Audit-Kulturen und institutionelle Körpersprache

»Qualität« ist zu einem Zauberwort im wissenschaftspolitischen Diskurs geworden. Zum Teil kann man in dieser Debatte das Gefühl haben, dass Qualität ein Ziel für sich darstellt. Sie ist aber auch zum Spielgeld im Wettbewerb zwischen und innerhalb von Institutionen geworden, sie bestimmt individuelle Karrieren und kollektive Möglichkeiten, eröffnet oder verschließt Erkenntniswege, und vieles mehr. Gerade der Wettbewerbsdiskurs, die Metapher des Wettlaufes, der schon längst nichts mehr mit naiven sportlichen Vorstellungen zu tun hat, wenn man ihn auf einer globalen Ebene betrachtet, hat nun aber dazu geführt, dass Qualität zu einer vergleichbaren/messbaren Größe werden muss.

Eine Disziplin, die keine klaren Mittel und Wege zur Messung ihrer Forschungsergebnisse vorweisen kann, befindet sich somit heute in einer problematischen Situation. Messbarkeit verspricht dabei Objektivität – und damit ›unvoreingenommene‹ Überprüfbarkeit, als ob sich das System aus einer völlig unabhängigen Logik heraus entwickeln könnte. Um Forschung und die dabei erbrachten Leistungen nun messen zu können, müssen wir also Einheiten definieren, mit denen sie sichtbar und nachvollziehbar, belegbar gemacht werden können. *Leistungsindika-*

toren versprechen uns dabei all jene unsichtbaren Elemente ins Licht zu bringen und dadurch – quasi als Nebenprodukt – auch noch einen anderen Wert herzustellen: Transparenz (Strathern 2000b). Damit wird Leistung zu einem Objekt gemacht, wobei es zentral ist zu verstehen, was wir genau sichtbar machen und was unsichtbar bleiben soll, was gemessen werden kann/soll und was nicht. Implizite Elemente von Qualität bleiben dabei unberücksichtigt; sie werden zwar nicht verleugnet, erhalten aber in einer Welt, die auf Messbarkeit setzt, eindeutig einen niedrigeren Stellenwert zugewiesen. Damit beginnt die stete Jagd nach neuen Möglichkeiten, Elemente, die noch keiner Messung zugänglich sind, messbar zu machen. Es geht also um Techniken, die es uns ermöglichen, das Implizite in Sichtbares zu übersetzen, das dann Grundlage für wissenschaftspolitische Entscheidungen sein soll. Hinter all dem steht immer auch das Versprechen, dass ein ständiger Prozess der Verbesserung beginnt, wenn es uns gelingt, Qualität als komplexes Phänomen in messbare Entitäten zu überführen und diese konstant kritisch beobachtbar zu machen. Unklar bleibt dabei, was die von uns gewählten Indikatoren dann eigentlich genau abbilden.

Hier könnte man einwenden, dass doch beide Beiträge hervorheben, wie sehr es in den Händen der Gutachter liege, persönliche, an den Kriterien orientierte Einschätzungen vorzunehmen, dass es doch um Dialog und Verhandlung gehe und dass man hier doch nicht einfach indikatorgesteuert vorgehen würde. Zweifelsohne ist dieser Einspruch bis zu einem gewissen Grad gerechtfertigt, und dennoch hat sich durch diese Vorgehensweise der Blick verändert und sind diese Veränderungen nicht spurlos an jenen vorübergegangen, die meist beides sind: Forscher und Begutachter.

An dieser Stelle scheint es interessant, unser Augenmerk auf den von Brian Wynne (1992) als »institutionelle Körpersprache« bezeichneten institutionellen Gestus zu richten. Wenngleich er dieses Konzept aus einem völlig anderen Kontext heraus entwickelt, versucht er damit aufzuzeigen, dass unser Verhältnis zu Institutionen und dem von ihnen angebotenen Wissen bzw. den von ihnen gesetzten Handlungen stark mit deren Auftreten korreliert. Veränderungen, die durch neue Managementstrukturen an Universitäten hervorgebracht wurden und die Ergebnis und Ausdruck der neuen »Audit-Kultur« sind, verändern die Beziehungen zwischen Institutionen und Forschern. Damit ist es wohl nicht ganz realistisch anzunehmen, dass Antragsteller die Prozedur der Begutachtung als einen offenen diskursiven Prozess erleben. Wenn sie sich in einen solchen Prozess der Einwerbung von Forschungsmitteln begeben, ordnen sie dies in die Summe unterschiedlichster institutioneller Erfahrungen ein.

Die Praxis der »Audit-Kultur« in den wissenschaftlichen Institutionen hat sich nun vielfach an den Naturwissenschaften orientiert und daraus ein Prozedere, zu messende Entitäten, einen Zeitrahmen und Ähnliches entwickelt. Vielfach gab es dann Versuche, eine ›Sonderlösung‹ für die Geistes- und Sozialwissenschaften anzubieten. Auch wenn dies selbstredend notwendig ist, so steckt in diesem zeitlichen Ablauf aber auch in den diskursiven Rahmungen die Vorstellung, dass Geisteswissenschaften abweichen, anders sind. Im Bereich der Forschung werden »universelle Größen« gemessen, wie eingeworbene Drittmittel, Publikationsoutput und vieles mehr, ohne die Differenz der Bedeutung und der Produktionsrealitäten in unterschiedlichen Forschungsfeldern auch nur im Ansatz angemessen zu würdigen. Damit müssen wir auch in den Geisteswissenschaften in den Modus der Selbstbeobachtung umschalten, stetig dokumentieren, was wir getan haben, und versuchen, die qualitative Quantität darzustellen. Und dies gilt auch für das Schreiben von Projekten.

Zeit als mächtiger Akteur

Contexts matter bedeutet aber auch, dass wir den Blick auf die neuen Bedeutungen und Funktionen von Zeit unter den eben beschriebenen Veränderungen lenken müssen. Interessanterweise bleiben die unterschiedlichen Zeitregimes, nach denen Forschungsfelder leben, in den Überlegungen zu Forschungsförderung und Qualität weitgehend unterreflektiert, wenngleich sie implizit in beiden Beiträgen angesprochen werden. Dabei geht es meines Erachtens um sehr unterschiedliche und doch miteinander verwobene Perspektiven.

Zum einen rückt der Trend des projektorientierten Arbeitens auch in den Geisteswissenschaften ins Zentrum. Während dies einerseits als Bewusstmachungsstrategie, wo man gerne hinarbeiten möchte, durchaus begrüßt werden und einen positiven Beitrag zur Fokussierung leisten kann, so ist es gleichzeitig eine Parzellierungsarbeit, die dazu führt, dass immer mehr Kleingärten entstehen und Erkenntnisproduktion bisweilen in Größenordnungen stattfindet, die schon homöopathischen Dosen gleichkommen. Zeiteinheit und Denkeinheit werden einander stetig gegenübergestellt, auch wenn wir schmunzelnd, quasi uns selbst überzeugend festhalten, dass Zeitpläne vor allem »für die Fördergeber« geschrieben werden und mit der ›Realität‹ im Forschungsalltag keineswegs korrespondieren. Dennoch werden sie gerade über Projektstrukturen eingeübt und greifen oft unbemerkt auf das Denken über. Auch wenn die meisten nationalen Fördergeber das *»work- and thought-packaging«* der Europäischen Rahmenprogramme nicht übernommen haben, so konnten in den letzten Jahren durchaus diskursive Spuren in zu begutachtenden Projekten ausgemacht werden. Dabei stellt sich die Frage, welche Forschungsprobleme in welchen Zeiträumen überhaupt in Angriff genommen werden können. Das trifft – so könnte man argumentieren – natürlich alle Forschungsfelder, und dennoch würde ich sagen, dass es qualitativ/interpretierend arbeitende Erkenntnisgebiete in den Sozial- und Geisteswissenschaften in einer völlig neuen Weise formt und dazu bringt, eine wesentlich weiterreichende Komplexitätsreduktion vorzunehmen. Räume der Flexibilisierung zu schaffen – und dies hebt vor allem Suder in seinem Beitrag hervor –, wird damit zu einer besonderen Herausforderung für Förderer.

Durch die gleichzeitig stattfindende Veränderung in den Karrieremustern für Jungwissenschaftler wird aber die Bedeutung der Beziehung von Zeithorizonten und Förderstrukturen zentral. Wie viele Projekte kann man in einem Zeitraum lukrieren, für wie lange ist Arbeit dadurch sichergestellt, wie sieht die Ein- und Anbindung an institutionelle Rahmen aus? Diese Fragen haben für Geisteswissenschaftler eine manifest andere Bedeutung als für Naturwissenschaftler und zwar nicht nur aus erkenntnistheoretischen Gründen, sondern vor allem aufgrund der Tatsache, dass es neben der institutionalisierten Forschung ein breites selbstorganisiertes, vor allem von Nachwuchsforschern bevölkertes Forschungsfeld gibt, das wir in dieser Form in den Naturwissenschaften kaum kennen.

Schließlich spielt Zeit auch noch auf einer ganz anderen Ebene eine bedeutende Rolle, nämlich dann, wenn es um »Versprechen an die Zukunft« geht. Nowotny, Scott und Gibbons (2001) haben in ihrer Analyse der Veränderungen des kontemporären Wissenschaftssystems die zentrale Bedeutung von Zukunftsvorstellungen hervorgehoben, die als Entscheidungskriterien zwischen verschiedenen Optionen in der Gegenwart fungieren. Manfred Nießen unterstreicht dies sehr deutlich gleich in seiner Einleitung, indem er Projektanträge in erster Linie als Absichten und Ziele beschreibt. Erkenntnis soll durch eine bestimmte Herangehensweise, durch Forschung und Reflexion erarbeitet werden. Dabei geht es wie bei jedem Versprechen zum einen um die Erfahrung, die wir mit den Versprechenden gemacht haben, also um die wissenschaftliche Vergangenheit des Antragstellers, aber zum anderen auch um die Glaubhaftigkeit und Attraktivität des Versprechens, wobei in einer oft nicht ganz explizit machbaren Weise eine Verhandlung der beiden Komponenten stattfindet. Natürlich stellt sich auch die Frage, welche Versprechen uns als Gesellschaft, in diesem Falle vertreten durch Förderinstitutionen, attraktiver erscheinen als andere und dazu führen, in eine bestimmte Richtung finanzielle Mittel zu investieren und sie aus anderen Bereichen abzuziehen. Während einige Bereiche der Naturwissenschaften auf besondere Qualitäten in der Produktion von Zukunftsversprechen hinweisen können, kann man durchaus sagen, dass die Geisteswissenschaften sich hier noch nicht wirklich positionieren. Es wird vielfach wenig Energie dahingehend verwendet, die eigene Forschung in all ihrer Spezifität in einen breiteren Kontext zu stellen.

Wissen(schaft)skulturen, Wissenschaftslandkarten und Kartographen

Wo können wir nun konkrete Referenzen auf das ›Anderssein‹ der Geisteswissenschaften in den beiden Erzählungen von Fördererseite wiederfinden? Ohne auf die unterschiedlichen Details der Ausführungen im Einzelnen eingehen zu wollen, scheinen mir zwei Begriffe besonders geeignet, um eine Diskussion der Bedeutung von Qualität zu eröffnen: Wissen(schaft)skulturen und Kartierbarkeit des Wissensraumes.

Wissen(schaft)skulturen

Beginnen wir mit dem Begriff der Wissen(schaft)skulturen. Die Wissenschaftssoziologin Karin Knorr-Cetina, die den Begriff der Wissenskulturen aus einer empirisch-vergleichenden Perspektive nuancenreich aufgearbeitet hat, verweist uns darauf, dass es dabei immer um »Praktiken, Mechanismen und Prinzipien« geht, die »gebunden durch Verwandtschaft, Notwendigkeit und historische Koinzidenz, in einem Wissensgebiet bestimmen, *wie wir wissen, was wir wissen*« (Knorr-Cetina 2002: 11). Durch die Verwendung des Begriffes Kultur rückt sie die soziale, historische und lokale Bedingtheit von wissenschaftlichem Wissen ins Zentrum und macht uns klar, dass es im Grunde nicht möglich ist, den Ist-Zustand zu begreifen, ohne ihn in einer Entwicklung verwurzelt zu sehen. Erst dadurch wird uns ein differenzierter Blick auf Unterschiedlichkeiten innerhalb der Naturwissenschaften, aber auch zwischen Naturwissenschaften und etwa den Geisteswissenschaften ermöglicht, der jenseits von einfach angenommenen Dichotomien und Hierarchien liegt.

Das Kulturargument tritt nun in den Texten von Suder und Nießen in wenigstens zwei Formen zutage. Zum einen verweist Nießen darauf, dass zwar vonseiten des Forschungsförderers einheitliche Begutachtungskriterien – Originalität, erwarteter Erkenntnisgewinn, wissenschaftliche Bedeutung – vorgegeben werden, diese in der praktischen Anwendung dann aber »in den Geisteswissenschaften in weit höherem Maße Auslegungs- und Verhandlungssache als in den Naturwissenschaften« seien. Dies führt er dann auf die »inhärenten Eigenschaften ›szientifischer‹ und ›interpretativer‹ Wissenschaftskulturen« zurück, was eben auch in Begutachtung von Projekten zum Tragen kommt. Die daran anschließenden Überlegungen greifen meines Erachtens auf ein weit verbreitetes gesellschaftliches Klischee zurück – das er selbst als »höchst problematisch« beschreibt, aber trotzdem verwendet –, dass Forscher in den Naturwissenschaften auf ein Set an quasi nicht-mehr zu hinterfragenden Fakten/Theorien zurückgreifen können und dadurch stabile gemeinsame Ausgangspunkte geschaffen würden. Thomas Kuhn (1962) hätte dies wohl mit »Normalwissenschaft« etikettiert, in der von einem stabilen Set von Theorien, Methoden ausgehend dem Wissenschaftler die Aufgabe des Rätsellösens in diesem Rahmen zukommt. Dieser Idylle an Eindeutigkeit könnte man aber entgegenhalten, dass sich ja gerade innovative Forschung diesen Vorstellungen widersetzt. In dem eingangs erwähnten Projekt erklärte uns eine international renommierte und in Sachen Forschungsprojekten höchst erfolgreiche Biowissenschaftlerin sehr explizit, dass sie die typische Forschungsförderung im Grunde zwar als wesentlich, dann aber gleichzeitig als kontraproduktiv erlebe. Deshalb beschreibt sie sie auch als *»systemkonservative(s) Modell(e)«* (638 f.). Nicht nur würden kontemporäre Förderstrukturen längerfristiges Arbeiten eher hindern, sondern sie würden auch weitaus weniger Innovationspotenzial besitzen als gemeinhin angenommen. Es finde eine vorauseilende Anpassung an Erwartungshaltungen vonseiten der Förderer bzw. von Kollegen statt, von denen man ausgehen kann, dass sie die Arbeit begutachten werden. Nichtsdestotrotz werde diese Form der Forschungsförderung zur dominanten, sie würde wenig bis gar nicht hinterfragt, da sie oft die einzige Möglichkeit für die Beschaffung von Ressourcen darstellt – was aus der Logik einer Audit-Kultur heraus auch gar nicht weiter verwundert.

Ohne jetzt diese im Rahmen eines eher kurzen Artikels gemachte Unterscheidung prinzipiell in Frage stellen zu können – was ich aber grundsätzlich durchaus tun würde, da sie mit Idealtypen arbeitet, die den realen Forschungszusammenhängen keineswegs gerecht werden –, möchte ich doch dazu anregen, zu reflektieren, was für eine eher interpretative Wissenschaftskultur – wie es von den Geisteswissenschaften gesagt wird – das ›Leben‹ in einem durchorganisierten, pragmatischen und in seiner Grundausrichtung implizit immer an Kriterien wie Sichtbarmachung orientierten Mittelvergabesystem bedeutet. Selbst vielfach als Gutachter tätig, kann ich daher die von Herrn Nießen vorgelegte Imagination, dass es hier um ein »Gespräch« zwischen Begutachter und Projektwerber ginge, kaum nachvollziehen. Vielmehr handelt es sich – das wurde mir als Gutachterin immer wieder in diversen (und hier kann ich nicht auf Erfahrungen mit der DFG zurückgreifen) Förderkontexten und als Forschungsgeldwerber durch das Lesen von Gutachten vermittelt – um eine präzise und knappe Beurteilung, die zu klaren Endaussagen kommen soll. Vielfach wird auch aufgefordert, die Beurteilung auf einer Skala zu quantifizieren. Diskurs ist also zwar möglich, aber offensichtlich nicht wirklich erwünscht, und es ist auch dem Schreiber unklar, welche Wirkung er zeitigen würde. So haben manche Fördergeber etwa

Rubriken wie »weitere Hinweise zur Verbesserung des Projektes« (ich habe bewusst den Wortlaut verändert). Diese Anmerkungen – obwohl sie ausschließlich der qualitativen Verbesserung dienen sollten – können im Zweifelsfall das Zünglein an der Waage für eine Ablehnung werden. Folgerung: also bitte nicht allzu viel Diskurs, wenn es darum geht, dem Forschungsgeldwerber nicht schaden zu wollen. Ich erlaube mir also Zweifel anzumelden, dass die Formen der Begutachtung tatsächlich ihre Korrespondenz in den Wissenskulturen finden, vielleicht aber in den Wissenschaftskulturen, also in der institutionellen Rahmung von Forschung.

Nun kann man sich der eng damit verbundenen Frage zuwenden, wie man den Antrag verstehen sollte: als technischen Text – wie dies den Beschreibungen von Nießen folgend in den Naturwissenschaften der Fall ist –, oder eröffnen wir die Frage, welche Rolle Sprache als Technik des Antragstellens spielt. Dies ist dann verknüpft mit der Feststellung, dass Person und Text in den Geisteswissenschaften in viel engerem Maße als verwoben verstanden werden und dass »Ablehnung geisteswissenschaftlicher Anträge in einem sehr viel stärkeren Maße als persönliche Kränkung aufgenommen werden als zum Beispiel in den Naturwissenschaften«. Meines Erachtens ist dies eine Frage, die weit über das Problem der »persönlichen Kränkung« hinausgeht. Tatsächlich liegt wohl einer der grundlegenden Unterschiede zwischen den Wissenskulturen in ihrer Beziehung zu Sprache und Text, die ihre Manifestationen auch auf anderen Ebenen wiederfindet, nämlich in den Formen der Kooperation, die in diesen Bereichen notwendig und üblich sind, in den Zeithorizonten, in denen gedacht und gearbeitet wird, und Ähnliches.

Damit stellt sich aber auch die Frage, was der Antrag als Genre des Schreibens selbst bedeutet. Hier scheint mir eine interessante Inkohärenz vorzuliegen. Der Bruch entsteht zwischen Antragstext, dessen Schreiber und Begutachter einerseits, denen man jeweils Diskursivität und Interpretation zuschreibt und andererseits den Strukturen, in denen dies abläuft, die eigentlich auf Fakten, messbaren Entitäten und raschen Abwicklungen aufbauen. Da es mir – bei der gegebenen Robustheit der institutionellen Strukturen und eingeübten Handlungs-, Denk- und Werteschemata – kaum möglich scheint, die grundlegenden Denkmuster zu hinterfragen, so stellt sich doch für mich die Frage, ob man nicht explizit machen sollte, dass es eben nicht um Gespräch und Auseinandersetzung geht, sondern um strategische Positionierung, um Fähigkeit zur Durchsetzung, und dass damit der Antrag ein eigenes Genre werden sollte, das vielmehr als Technik denn als Text im geisteswissenschaftlichen Sinn gesehen wird. Dies würde wohl einiges an Diskussion und Auseinandersetzung abverlangen, wohl aber auch eine neue Pragmatik mit sich bringen, was die Projekteinwerbung betrifft. Damit wird die Illusion ausgelöscht, dass Beurteilung von Forschungsprojekten – so, wie sie institutionell inszeniert sind – ein Ort der kollegialen, diskursiven Auseinandersetzung sei, der offen ist.

Wissen(schaft)slandkarten und Kartographen

Mit der Frage nach der »Kartierbarkeit« macht Manfred Nießen die Frage nach der Existenz einer Wissenslandkarte auf, auf die sich Forscher und Begutachter gemeinsam beziehen können. Dabei stellt er die Behauptung in den Raum, dass diese Karte in den Naturwissenschaften relativ stabil existieren würde, während sie in den Geisteswissenschaften jeweils erst – quasi für den Anlassfall – hergestellt werden muss.

Die Landkarte ist im Grunde eine ausgezeichnete Metapher, denn sie erlaubt uns die Frage nach der Bedeutung der Karte und der Rolle der ›Kartographen‹ zu stellen. So beschreibt etwa Benedict Anderson (2005) in seinem Buch *Die Erfindung der Nation* das Kartieren als eine jener Technologien, mit denen Herrschaftsverhältnisse begründet werden. Die Kolonialmächte, über die er schreibt, waren in der Lage, durch die Etablierung bestimmter Karten Grenzen zu ziehen, Unterscheidungen vorzunehmen, festzulegen, wo sich Zentren und Peripherien befinden, kurz: das Land nach ihren Vorstellungen zu strukturieren. Der Wissenschaftsforscher Thomas Gieryn (1999) hat die Metapher der Landkarte für die Reflexion über Wissenschaft nutzbar gemacht. Er geht dabei von der zentralen Hypothese aus, dass Wissenschaft nicht abstrakt definiert werden kann, sondern im Grunde erst durch immer wieder stattfindende, kontextspezifische und mehr oder weniger stabile Grenzziehungen »entsteht«. Dabei gilt es einerseits, Wissenschaft von Nicht-Wissenschaft abzugrenzen, aber auch unterschiedliche Bereiche innerhalb der Wissenschaft voneinander zu trennen. Im Alltag des Forschens spielen diese Grenzen explizit kaum eine Rolle, sie bleiben unsichtbar und werden durch Sozialisation implizit weitergegeben. Erst in dem Moment, in dem die Identität des Forschers in Frage gestellt wird, sieht er sich überhaupt bemüht, diese Grenze zu ziehen.

Die Rolle der wissenschaftlichen Landkarten wird im Folgenden auf zwei Ebenen angesprochen: nämlich in Form der Landkarte, die als Ausgangspunkt bzw. Beurteilungspunkt für einen Antrag genommen wird, und bei der Frage nach dem Spannungsverhältnis zwischen Nationalität und Internationalität.

Forscher begeben sich auf die Spur der Natur, dringen weiter in sie vor, erobern das neue Gebiet, enthüllen Dinge – dies sind Metaphern mit Wiedererkennungswert. Die Metapher des unentdeckten Landes und des Weges ins Ungewisse sind somit Teil der Abenteuer- und Heldengeschichten, die vor allem durch Medien produziert und multipliziert werden, wobei – und dies ist der zentrale Punkt – das vor allem für die Naturwissenschaften zum Einsatz kommt. Es wirkt, als sei klar, wie das bereits bekannte Gebiet genau aussieht, aber auch wo »die Front der Forschung« liegt, also wo das unwegsame, wenig erschlossene Gebiet beginnt. Dieser Blickwinkel scheint im Forschungsförderungsbereich gut verankert. Naturwissenschaften, so hebt Nießen hervor, erwecken den Eindruck, als stellten sie die Kartierung des Gebietes, von dem sie ausgehen, kaum in Frage. Es gilt in der Arbeit nur, diese Karte zu ergänzen, zurechtzurücken und zu erweitern. Selbst wenn es bisweilen in Frage gestellt wird, stellt sich die Kartographie in den Naturwissenschaften als ein relativ stabiles, kollektives Projekt dar, auch wenn das offensichtlich bedeuten muss, dass nicht alle Forscher in gleicher Weise am Zeichnen dieser Karte beteiligt sind. Was dabei vergessen wird, ist die Tatsache, dass diese Stabilisierung auch ein Strategem darstellt, da ein gut bebautes Terrain wohl kaum einfach ›umgewidmet‹ werden kann.

Geisteswissenschaftler schaffen sich gewissermaßen erst den Raum, das Objekt ihrer Reflexion, und machen uns damit darauf aufmerksam, dass das als gegeben Erachtete immer wieder neu konstituiert werden muss. Sie können sich strategisch nicht auf eine Natur ›da draußen‹ beziehen, die einfach da ist und uns Rätsel stellt. Es gibt also das Feste wesentlich weniger, es fehlt der vorgegebene Bezugsrahmen. Auch ist das Ziel nicht *eine* Karte, nicht *die* große Theorie, sondern verschiedene

Karten, die uns dann auch unterschiedliche Blicke ermöglichen und uns Erklärungsmöglichkeiten für die wahrgenommene Komplexität liefern. Dies ist kein Plädoyer für beliebig viele Karten, sondern zum einen für eine intensive Auseinandersetzung mit und über diese Landkarten und zum anderen für ein Misstrauen, wenn die Karten allzu schön und glatt wirken. Das Problem liegt nun für die Geisteswissenschaften darin, dass Begutachtungsverfahren keine interaktiven Verfahren sind, in denen es einen Verhandlungsraum gibt. Dem ›Kartographen‹ – in diesem Fall dem Gutachter – steht es frei, die andere Karte anzuerkennen, sie eventuell zurechtzurücken oder in Details umzuschreiben oder auch nicht. Es liegt an ihm festzulegen, wo Zentrum und Peripherie sind und in welchem Bereich das Projekt nun anzusiedeln sei. Dabei muss er oft seine eigene Kartographie nicht offenlegen und macht damit auch die Beurteilung wenig angreifbar.

Die Internationalität bzw. Lokalität dieser Landkarten ist eine wietere Ebene, die einen zentralen Unterschied zwischen den Natur- und den Geisteswissenschaften ausmacht. Während Erstere im Grunde immer an Weltkarten zeichnen und Lokalität im besten Fall als Rahmenfaktoren skizzieren, sieht dies für die Geisteswissenschaften anders aus. Sie sehen es als prinzipiell problematisch bis unmöglich an, sich an die Erarbeitung einer Weltkarte zu machen. Es geht ja um Situiertheit, um Sprache und die mit ihr aufs engste verwobene Kultur. Diese ist nicht einfach Werkzeug oder Technik, sondern prägende Kraft: Sie eröffnet Denk- und Vermittlungshorizonte. Durch diese unterschiedlichen Denkweisen und Objekte des Denkens ist innerhalb der Geisteswissenschaften kulturelle Pluralität zentral. Dies muss aber keineswegs Rückzug aus der Auseinandersetzung bedeuten, sondern nur, dass es Differenzen gibt, die es in sorgfältiger Weise und wohl bedacht aufrechtzuerhalten gilt. Diese können dann auch im Austausch zu wertvollen Ergänzungen und Kontrasten führen und damit Dinge sichtbar machen, die sonst nicht zugänglich wären. Internationalität sollte aber dann in diesem Kontext nicht zwangsweise gemeinsamer Bezugspunkt, geteilte Normen und Publikationen in englischer Sprache bedeuten, sondern vielmehr notwendige Reibefläche, um den eigenen Blick zu schärfen.

Abschließende Überlegungen

Was machen wir nun mit dem Qualitätsbegriff in den Geisteswissenschaften? Wie gehen wir mit ihm in Zusammenhang mit Forschungsförderung um? Aus der Reflexion heraus bieten sich mehrere Ansatzpunkte an:

Zum Ersten ist es essenziell zu verstehen, dass aufgrund der Veränderungen im gesamten Forschungssystem, aber auch im Verhältnis von Wissenschaft und Gesellschaft, die Frage der Qualitätskriterien in den Geisteswissenschaften nicht auf die Forschungsförderung beschränkt bleibt. Vielmehr bedeutet in einer Audit-Kultur der Erhalt oder die Ablehnung eines Projektes nicht einfach »die temporäre Unterbrechung der Kommunikation«, sondern vielmehr hat dies massive Auswirkungen unterschiedlichster Art auf den wissenschaftlichen Lebensalltag zur Folge und wird daher auch entsprechend eingeschätzt. Der Fokus auf messbaren Output hat in diesem Bereich die Sensibilitäten maßgeblich verändert.

Wenn wir die Tatsache ernst nehmen, dass es sich um unterschiedliche Wissen(schaft)skulturen handelt, dann brauchen wir auch entsprechend spezifische Bewertungskulturen. Hier ist es interessant anzumerken, dass es jahrzehntelange Überlegungen und Forschungen zu Arbeits- und Innovationskulturen in den Naturwissenschaften gegeben hat, über die Produktionszusammenhänge in den Geisteswissenschaften gibt es dagegen im Vergleich ein recht fragmentiertes und nur punktuelles Verständnis.

Bewertungskulturen sind ebenso wie Wissenschaftskulturen langsam wachsend. Genauso wie letztere sind sie aber auch von innen heraus entstehende Kulturen, die sich entwickeln sollten. In den Naturwissenschaften hat die Verständigung darüber wesentlich früher begonnen, was zum Teil auch mit den massiven Mitteln zu tun hat, die in die Forschung involviert sind. Für die Geisteswissenschaften ist es höchste Zeit, in den unterschiedlichen Bereichen über die eigene Qualität nachzudenken, bestimmte Indikatoren zu suchen, mit ihnen zu experimentieren und die Fähigkeiten zur Reflexion auf sich selbst anzuwenden. Denn, wie zahlreiche Autoren feststellten: so, wie sich das System derzeit entwickelt, wird es langfristig kaum möglich sein, sich einer stärker standardisierten Bewertung völlig zu entziehen. Dieser Prozess mag vielleicht nicht zu den gewünschten Idealen führen, ist aber als Prozess für das Selbstverständnis der Geisteswissenschaften essenziell: zu verstehen, was man bereit ist zu verteidigen, wo der Unterschied wesentlich ist und wo es möglich ist, sich auf Gemeinsames zu einigen.

Zentral wird sein, über die Landkarten und über kollektive Formen der Kartographie nachzudenken. Denn auch wenn man der Idee der kulturellen Diversität anhängt, so scheint es wichtig, sich zumindest über Formen und Mechanismen des Zeichnens gemeinsamer Karten zu verständigen, in Verhandlung über diese zu treten und sie vor allem auch sichtbar und damit diskutierbar zu machen. Es ist allerdings grundlegend, zu begreifen, dass – bei allen objektiven Indikatoren, die man auch heranziehen mag – Landkarten und die (wissenschaftliche) Welt, die sie zu repräsentieren vorgeben, immer konstruiert sind. Das Experiment als Form der Verfeinerung und Erweiterung der Landkarte scheint in den Naturwissenschaften eine risikobehaftete und doch anerkannte Methode zu sein. Was wäre das Äquivalent in den Geisteswissenschaften und wie würden wir ihm eine nach außen und innen wiedererkennbare und diskutierbare Form geben?

Schließlich sehe ich gerade in Zusammenhang mit der Qualitätssicherung in den Geisteswissenschaften einen wesentlichen Schritt darin, dem Antrag als Text ein eigenes Genre zuzuweisen. Tatsächlich ist es gerade in solchen Bereichen oft so, dass der Forschungsantrag nicht als technischer Text, sondern die Sprachgewalt als Technik des Antragschreibens verstanden wird. Vielleicht wäre es zu einer Zeit, in der enorme Mengen an Energie in das Schreiben und Begutachten von Anträgen gesteckt werden, angebracht, hier neue Wege zu beschreiten.

Literatur

Anderson, Benedict (2005), *Die Erfindung der Nation. Zur Karriere eines folgenreichen Konzepts*, Frankfurt/Main.

Felt, Ulrike/Sigl, Lisa/Wöhrer, Veronika (2008), »Über das Leben in und mit der akademischen Forschung: Eine vergleichende Analyse der Soziologie und der Lebenswissenschaften«. Interner Projektzwischenbericht (KNOWING).

Gieryn, Thomas (1999), *Cultural Boundaries of Science. Credibility on the Line*, Chicago/London.

Knorr-Cetina, Karin (2002), *Wissenskulturen. Ein Vergleich naturwissenschaftlicher Wissensformen*, Frankfurt/Main.

Kuhn, Thomas S. (1962), *Die Struktur wissenschaftlicher Revolution*, Frankfurt/Main.

Latour, Bruno (1998), »From the World of Science to that of Research?«, *Science* 280 (5361), 10. April 1998, S. 208–209.

Nowotny, H./Scott, P./Gibbons, M. (2001), *Re-Thinking Science: Knowledge and the Public in an Age of Uncertainty*, Cambridge.

Power, Michael (1997), *The Audit Society. Rituals of Verification*, Oxford.

Strathern, Marilyn (2000a), *Audit Cultures: Anthropological Studies in Accountability, Ethics and the Academy*, London.

Strathern, M. (2000b), »The Tyranny of Transparency«, *British Educational Research Journal* 26 (3), S. 309–321.

Wynne, Brian (1992), »Misunderstood misunderstandings: social identities and public uptake of science«, *Public Understanding of Science* 1, S. 281–304.

Autorinnen und Autoren

Georg Braungart
Seit 2003 Professor für Deutsche Philologie/Neuere deutsche Literatur, Universität Tübingen. Studium der Germanistik, Geschichte und Philosophie in Freiburg, Göttingen und Tübingen, Promotion 1986. 1994–2003 Lehrstuhlinhaber in Regensburg. Forschungsschwerpunkte: Barock, Aufklärung und Klassische Moderne; Rhetorik und Ästhetik; Multimedia in den Geisteswissenschaften; Literaturgeschichte und Geschichte der Naturwissenschaften, insbesondere Literatur und Geologie.

Claire Donovan
Seit 2003 Forschung im Rahmen des Research Evaluation and Policy Project (REPP), Australian National University, Canberra. Studium der Philosophie sowie »Social and Political Thought« in Southampton und an der University of Sussex, Promotion 2002. 2006 Vorsitzende einer australischen Regierungskommission zur Bestimmung der besten Evaluationsmethode von sozialen, ökonomischen, ökologischen und kulturellen Auswirkungen akademischer Forschung. 2008 Berufung in das Expertengremium Coordination and Support Actions (CSA) des Europäischen Wissenschaftsrats.

Christine Färber
Seit 2006 Professorin an der Hochschule für Angewandte Wissenschaften, Hamburg. Studium der Politikwissenschaft, Philosophie und Amerikanistik in Tübingen, an der Brown University, USA, und in Mainz, Promotion 1990. Seit 1999 Leiterin des Unternehmens Competence Consulting. 1991–1999 Frauenbeauftragte der Freien Universität Berlin; Bundes- und Landessprecherin der Hochschulfrauenbeauftragten. Seit 1999 Leiterin des Projekts »Geschlechtergerechte Gestaltung von Berufungsverfahren«.

Ulrike Felt
Seit 1999 Professorin für Wissenschaftsforschung, Universität Wien; Institutsleiterin. Studium der Physik, Mathematik und Astronomie in Wien, Promotion 1983. 1983–1988 Mitglied eines interdisziplinären Teams für sozialwissenschaftliche Forschung am Europäischen Kernforschungszentrum CERN, Genf.

Seit 1988 am Institut für Wissenschaftstheorie und Wissenschaftsforschung, Universität Wien. Internationale Gastprofessuren. Forschungsschwerpunkte: Wissenschaft und Öffentlichkeit; Wissen(schaft)spolitik und ihre institutionellen Dimensionen; ELSA Forschung zu Lebens- und Nanowissen.

Erika Fischer-Lichte
Seit 1996 Professorin für Theaterwissenschaft, Freie Universität Berlin. Studium der Theaterwissenschaft, Slawistik, Germanistik, Philosophie u.a. an der Freien Universität Berlin und der Universität Hamburg, Promotion 1972. Professuren für Neuere deutsche Literaturwissenschaft, für Allgemeine und Vergleichende Literaturwissenschaft und für Theaterwissenschaft in Frankfurt/Main, Bayreuth und Mainz, dort 1990–1996 Leitung des Instituts für Theaterwissenschaft. Internationale Gastprofessuren. Forschungsschwerpunkte: Ästhetik, Theorie und Geschichte des Theaters; Ästhetik des Gegenwartstheaters; Transkulturelle Theaterästhetik.

Ute Frevert
Seit 2008 Direktorin des Max Planck Instituts für Bildungsforschung, Berlin. Studium der Geschichte und der Sozialwissenschaften in Münster, Bielefeld und London, Promotion 1982. 1991–2003 Professorin an der Freien Universität Berlin, Konstanz und Bielefeld, danach Professorin für Moderne Europäische und Deutsche Geschichte an der Yale University, USA. Fellow am Wissenschaftskolleg zu Berlin und am Center for Advanced Study in Stanford, USA. 1998 Leibniz-Preis der DFG. Forschungsschwerpunkte: Sozial- und Kulturgeschichte der Moderne; Geschlechtergeschichte; Neue Politikgeschichte; Geschichte der Gefühle.

Stefan Gradmann
Seit 2008 Professor für Wissensmanagement am Institut für Informations- und Bibliothekswissenschaft der Humboldt-Universität zu Berlin. Studium der Philosophie und Literaturwissenschaft in Paris und Freiburg, Promotion 1986. Direktor des Norddeutschen (1992–1996) sowie des Gemeinsamen Bibliotheksverbundes (1996–1997). 1997–2000 Arbeit für den Bibliothekssoftware-Hersteller Pica. Ab 2000 Leiter der Informations-Management-Gruppe des Regionalen Rechenzentrums Hamburg. Er leitete dort auch das Projekt German Academic Publishers.

Ulrich Herbert
Seit 1995 Professor für Neuere und Neueste Geschichte, Universität Freiburg. Studium der Geschichte, Germanistik und Volkskunde in Freiburg, Promotion 1985. 1980–1991 lehrte er an den Universitäten Essen, Hagen und Tel Aviv. 1992–1995 Direktor der Forschungsstelle für Zeitgeschichte in Hamburg. 1999 Leibniz-Preis der DFG. 2001–2007 Mitglied des Wissenschaftsrats, dort u.a.

Vorsitzender der Arbeitsgruppe Geisteswissenschaften. Seit 2007 Direktor der School of History des Freiburg Institute for Advanced Studies. Forschungsschwerpunkte: Deutsche und europäische Geschichte des 20. Jahrhunderts; Holocaustforschung; Historische Migrationsforschung.

Stefan Hornbostel
Seit 2005 Leiter des Instituts für Forschungsinformation und Qualitätssicherung (iFQ) und Professor für Sozialwissenschaften, Humboldt-Universität zu Berlin. Studium der Sozialwissenschaften in Göttingen, Promotion 1995. 1996–2003 wissenschaftlicher Assistent am Institut für Soziologie der Universität Jena, 1998–2000 Referent am Centrum für Hochschulentwicklung. 2004 Professur für Soziologie, Universität Dortmund. Forschungsschwerpunkte: Wissenschaftssoziologie; Politische Soziologie; Elitenforschung.

Jürgen Kaube
Seit 1999 Redakteur Wissenschafts- und Bildungspolitik, Frankfurter Allgemeine Zeitung. Studium der Wirtschaftswissenschaften, Philosophie, Kunstgeschichte und Germanistik an der Freien Universität Berlin. Wissenschaftlicher Mitarbeiter an der Berlin-Brandenburgischen Akademie der Wissenschaften und am Lehrstuhl für Soziologische Theorie der Universität Bielefeld. Lehrbeauftragter an der Universität Luzern im Fach Soziologie.

Wolfgang Kemp
Seit 1995 Professor für Kunstgeschichte, Universität Hamburg. Studium der Kunstgeschichte, Philosophie und Germanistik, Promotion 1970. Professuren an der Gesamthochschule Kassel und der Universität Marburg. Internationale Gastprofessuren, Fellow am Wissenschaftskolleg zu Berlin und am Getty Research Center Los Angeles. Forschungsschwerpunkte: Methodologie der Kunstwissenschaft; mittelalterliche Kunstgeschichte; Fotografie; Erzählforschung.

Elisabeth Lack
Seit 2006 Referentin für das wissenschaftliche Leitbild im Stab des Präsidenten der Humboldt-Universität zu Berlin. Studium der Allgemeinen und Vergleichenden Literaturwissenschaft und Germanistik an der Freien Universität Berlin und der University of Cambridge. Promotion 2008 über »Kafkas bewegte Körper. Die Tagebücher und Briefe als Archive von Bewegung«.

Christoph Markschies
Seit 2003 Professor für Theologie, Humboldt-Universität zu Berlin, seit 2006 Präsident der Humboldt-Universität zu Berlin. Studium der Theologie, Klassischen Philologie und Philosophie in Marburg, Jerusalem, München und Tübingen, Promotion 1991. Professuren für Kirchengeschichte bzw. Historische Theologie an den Universitäten Jena und Heidelberg. 2001 Leibniz-Preis der

DFG. Forschungsschwerpunkte: Wandel des antiken Christentums in der »Wissensgesellschaft« von Alexandria; Strukturgeschichte des antiken Christentums.

Manfred Nießen
Seit 2001 Leiter der Fachgruppe Geistes- und Sozialwissenschaften der DFG. Studium der Erziehungswissenschaft, Psychologie und Soziologie an der Rheinisch-Westfälischen Technischen Hochschule Aachen und der Universität Trier, Promotion 1976. 1979–1981 Scientific Secretary am European Coordination Centre for Research and Documentation in the Social Sciences (Wien).

Bernd Stiegler
Seit 2007 Professor für Neuere deutsche Literatur, Universität Konstanz. Studium der Germanistik und Philosophie in Tübingen, München, Paris, Berlin und Freiburg, Promotion 1992. 1993–1999 lehrte er an den Universitäten Freiburg, Tübingen und Mannheim. 1999–2007 Programmleiter Wissenschaft, Suhrkamp Verlag. Forschungsschwerpunkte: Theorie und Geschichte der Fotografie; Deutsche und französische Literatur des 19. und 20. Jahrhunderts; Literatur und Medien.

Frank Suder
Seit 1997 Vertreter des Vorstands der Fritz Thyssen Stiftung. Studium der Biologie an der Universität Köln, Promotion 1994. 1994–1996 Unternehmensberater bei Boston Consulting in Düsseldorf und Vorstandsassistent der DFG in Bonn.

Margret Wintermantel
Seit 2006 Präsidentin der Hochschulrektorenkonferenz. Studium der Psychologie und Publizistik in Mainz, Promotion 1972. 1992 Professur für Sozialpsychologie, Universität des Saarlandes. Ab 2000 Präsidentin der Universität des Saarlandes. 2001–2006 Vizepräsidentin der Hochschulrektorenkonferenz für Forschung und wissenschaftlichen Nachwuchs. Forschungsschwerpunkte: Prinzipien von sprachlichen Produktions- und Verstehensprozessen; Soziale Urteilsbildung.